赢战
数智时代

国有企业战略转型的
方法与路径

许 可 冯 怡 李 鑫 王 筑
马 涛 李文娟 张瑞卿 虞戍明　　著

人民邮电出版社
北 京

图书在版编目（ＣＩＰ）数据

赢战数智时代 : 国有企业战略转型的方法与路径 /
许可等著. -- 北京 : 人民邮电出版社，2023.2（2023.9重印）
ISBN 978-7-115-59929-2

Ⅰ. ①赢… Ⅱ. ①许… Ⅲ. ①国有企业－企业发展战
略－研究－中国 Ⅳ. ①F279.241

中国版本图书馆CIP数据核字(2022)第156205号

内 容 提 要

　　本书围绕数智时代国有企业面临的外部环境变化、技术政策演变等内容，以及建立企业战略管理模型的诉求，深入解读当前的时代背景，梳理了数智时代战略管理的跨界融合理论，明确了战略规划制定本身及战略管理全过程中可以使用的、科学有效的微观工具、方法，寻找国有企业赢战数智时代的路径，帮助企业了解外在趋势、提炼战略理论指导、提供战略转型的思路及建议。

　　本书适合国有企业管理者，ICT 行业从业人员，研究国有企业改革、ICT 行业发展的学者、学生，国内外相关机构的管理咨询师，以及国内外 ICT 行业创业者、投资人阅读。

◆ 著　　　　许　可　冯　怡　李　鑫　王　筑　马　涛
　　　　　　 李文娟　张瑞卿　虞戍明
　责任编辑　苏　萌
　责任印制　马振武

◆ 人民邮电出版社出版发行　　北京市丰台区成寿寺路 11 号
　邮编　100164　　电子邮件　315@ptpress.com.cn
　网址　https://www.ptpress.com.cn
　固安县铭成印刷有限公司印刷

◆ 开本：720×960　1/16
　印张：20　　　　　　　　　2023 年 2 月第 1 版
　字数：302 千字　　　　　　2023 年 9 月河北第 2 次印刷

定价：89.80 元

读者服务热线：(010)81055493　印装质量热线：(010)81055316
反盗版热线：(010)81055315
广告经营许可证：京东市监广登字 20170147 号

前言

当前经济社会已经全面进入数字经济时代，所有企业都将向数字化企业转型。随着国务院国有资产监督管理委员会印发《关于加快推进国有企业数字化转型工作的通知》，部分国有企业已经进入数字化转型2.0——数智化的新发展阶段。数智化转型是企业的战略再造，是持续的管理创新，是秉承新发展理念、打造新发展格局的具体应对。因此，想要顺利实现企业的战略升级，构筑面向数智时代的新竞争优势，完成创建世界一流企业的战略目标，必须在方法、工具、路径等方面，创建一套国有企业推进数智化转型的新型战略管理体系，本书的写作就是这样应运而生的。

一方面，从时代要求和企业发展诉求来看，数智时代国有企业面临百年未有的大变局，环境变化剧烈且复杂，传统的在工业经济时代建立的，基于产业边界清晰、竞争态势稳定下的战略方法难以匹配，5G、新基建等重大技术进入更新换代的关键时期，大国博弈带来科技攻关与产业链、供应链安全要求日益提高，产业发展政策出台快速频繁，国家推进数字经济发展的力度不断加大，行业监管在维护市场竞争秩序、推进市场化变革、反垄断、网络信息安全与保护消费者权益等方面日益严格，生态竞合成为主流，直接竞争与替代竞争同时存在，跨界融合与升维降维打击交织在一起，数智化创造的机遇与挑战前所未有，国有企业面对的经营环境不确定性高，目前指导国有企业推进战略转型的专业化、定制化的战略管理书籍仅有寥寥数本，且出版年限偏早，时代背景与当前存在较大差异，而以国有企业为特定对象的数智化转型的理论与方法研究成果更是较为缺乏，业界对战略管理创新类书籍的诉求越来越强烈。

数字经济包括数字产业化、产业数字化、数字化治理与数据价值化。以电信企业、互联网企业、IT 软件服务企业、智能硬件设备制造企业为代表的数字产业主体企业，成为数字化转型的先锋，也是最先赢战数智时代的探索者、实践者。随着政府大力建设数据要素市场，国家治理体系和治理能力现代化深入推进，产业互联网进入高速发展阶段，数字产业化和产业数字化的经济价值已经占到 GDP 的 40%，成为中国经济增长的核心引擎。如何快速萃取数字化企业战略转型的成功经验，提炼理论方法，提供给更多的实体企业借鉴，变得非常重要。本书作者是一群多年从事 ICT 企业管理咨询和数字化转型咨询服务的研究者，大家急行业之所急，本着为企业开放、共享数智化转型的方法与经验的初衷，在人民邮电出版社的领导与编辑的大力支持下，尝试写作一部这样的专著，希望以此书为载体，架起管理咨询界、理论研究界与企业之间的沟通桥梁，形成理论体系共创、案例经验共享、方法工具共用、路径举措共走、风险挑战共克的局面。

另一方面，从中国国情和企业特点来看，基于中国管理环境、管理文化、管理体制的特殊性，西方的战略管理思想面临与中国国情匹配的要求，以数智化为核心内容和发展形态的战略管理，要在国有企业落地，同样需要理论方法与管理工具的再创新。从西方一流企业诞生的管理经验是否适合中国企业，数字化企业的理论经验能否移植到实体企业？这些问题都需要再思考、再研究、再探索。国有企业作为资本构成、经济社会责任、体制要素、市场地位、政策与资源支持条件、内部组织结构等方面与民营企业有着极大不同的市场经济组织，如何探索走出一条符合自身特点、匹配发展规律、兼顾国家社会使命的数智化转型之路，需要给出一个答案。

综上，本书作者力求通过案例研究、实践探索和方法创新，在全面梳理战略管理发展历程与标杆企业战略转型实践的基础上，体系化地为业界生成一套战略管理指南，更好地在数智化时代为国有企业赋能，帮助相关企业建立战略罗盘，走好稳健的发展之路，同时也可以为国有企业中从事战略工作的管理人员提供可操作的方法与路径指南。

具体而言，全书共分为 5 篇 14 章，借用中国传统文化背景下的经典战略管理逻辑——势、道、法、器、策作为篇章布局结构，通过察势、明道、知法、御器和献策 5 部分，展开对国有企业推进数智化转型的研究分享。

在第一篇中，作者依托 PEST[Political（政治）、Economical（经济）、Society（社会）、Technology（技术）] 框架，从宏观、中观与微观 3 个层面，通过国家政策要求、宏观经济趋势及社会发展环境 3 个章节的研究形成对数智化时代政策经济社会的基本研判和启示建议。

第二篇通过梳理中西方战略管理思想流派、体系，找到数智时代战略管理发展规律，提出在中国国情下，国有企业数字化战略转型的有效路径。

第三篇从经典理论、企业案例、咨询公司案例、管理大师独创 4 个类型，按照时代背景、主要内容、适用环境、优劣分析 4 个维度对比分析，形成了一套企业战略管理方法论。在此基础上，对比数智化时代西方企业与中国企业的异同可以得出结论，基本的战略管理方法论的框架是可以沿用的，以能力建设为主线，追求可持续发展的基本出发点没变，但是环境条件、产业边界、生产要素、组织形态、资源禀赋都发生了变化，那么一些方法和工具也要做出新的调整。

第四篇按照基本战略管理框架，从战略分析、战略制定、战略执行、战略评估 4 个步骤，对比不同工具的提出背景、基本内容、优劣特点、适用场景，探讨数智化时代国有企业在运用这些战略管理工具时应如何进行调整适配。

第五篇从理论、方法、工具、策略 4 个方面打开数智化时代国有企业战略转型的全新视角。在理论部分明确数字化转型是战略再造、系统工程、闭环演进、全面驱动、颠覆创新五大认识，并基于此提出数智化时代对战略范式的要求。在方法部分提出四步走"Idea⁴"战略方法论，同时考虑数智化时代的非线性、动态性特点，在推进四步走的过程中采用团队共创的敏捷迭代的方式，不断推进企业数字化转型螺旋上升。在工具部分，针对方法中的 4 步具体环节提供了对应工具，并搭配使用"软"技能，使人们在快速变化的世界和稍纵即逝的机会面前实现高效的战略管理。在策略部分，形成了一个国有企业战略转型框架，并对应提出国有企业战略转型 1+8 策略指引。

当然，本书从概念设计到最终成型，主要是基于创作团队这些年的管理研究与咨询经历的总结和心得体会，肯定还存在很多不足之处，而且战略转型是一个迭代演进的过程，我们会继续独立思考，与业界同仁分享交流，让战略转型路径指南在未来也能不断得到迭代。希望本书能为在数智时代寻求转型与成长的中国企业家和管理者们提供真正有价值的参考与支持。

| 目 |
| 录 |

第一篇

察势篇：
数智化时代国有企业战略转型的环境研判

随着新一轮科技革命和产业变革迅猛发展，全球正处于前所未有的"数智化"大发展时期。我国将全面进入数智化时代，政策大力牵引科技创新驱动发展，技术驱动社会各个领域加速数智化转型，数智化成为经济高质量发展的重要驱动力。国有企业一方面迎来了数字经济发展的新动能、新空间，另一方面也面临着发展方式、创新动能、运营效率等方面的新挑战、新问题。

第1章
宏观洞察：数智化时代宏观环境趋势研判

1.1 国家政策要求

1.1.1 坚持党的领导，把握基本方向

1. 坚持党的领导和改革的基本原则

国有企业战略转型，首先要认清自身"国有企业"的基本属性，要在"坚持党的领导"原则下，从国家大局出发，把握转型的基本方向。国有企业改革历经40多年发展，凝练出"三个有利于"的价值判断标准和"两个一以贯之"的明确要求，即"有利于国有资本保值增值，有利于提高国有经济竞争力，有利于放大国有资本功能""坚持党对国有企业的领导是重大政治原则，必须一以贯之；建立现代企业制度是国有企业改革的方向，也必须一以贯之"。因此，国有企业战略转型要在党的领导下，建立现代企业制度，保障国有资本的保值与增值，助力国有经济竞争力的持续提升。

2. 立足"两个大局"，把握"三新""三高"

数智化时代，国有企业战略转型要立足中华民族伟大复兴战略全局，把握世界百年未有之大变局，深刻洞察我国所处的重要战略机遇期，遵循"三新""三高"的发展思想和主线，从服务党和国家发展大局出发，整体、系统和协同地推进自身战略转型。

国有企业转型，首先要认识到我国已进入向第二个百年奋斗目标进军的**新发展阶段**，经济由高速发展转向高质量发展。其次，国有企业转型要贯彻**新发展理念**，坚持创新在企业转型发展中的核心地位，坚持系统观念和集约化管理，

助力推动国家区域协调发展、提升人与自然和谐共生的现代化水平、推动实现更高水平的对外开放。最后，我国将加快构建以国内大循环为主体、国内国际双循环相互促进的**新发展格局**，国有企业要重点提升创新驱动力，在服务经济社会中引领和创造需求，服务国家战略。

国家强调要推动各领域**高质量发展**，国有企业要深化改革，深入推进系统化创新，增强企业发展新动能，在国家现代产业体系中发挥重要作用。国家始终坚持以人民为中心，国有企业作为国民经济的支柱，更要关注高质量就业、劳动者收入，提升员工获得感、幸福感和安全感，承担创造人民**高品质生活**的社会责任。国家正在大力推动构建**高效能治理**的体制机制，加快推进国家各级政府治理体系和治理能力的现代化，破除制约高质量发展、高品质生活的体制机制障碍，为国有企业战略转型提供制度保障，充分激发国有企业参与市场经济的活力，提升国有企业的市场竞争力。

1.1.2　明确发展目标，落实转型要求

1. 争创世界一流，实现"五力目标"

2017 年，党的十九大提出要"深化国有企业改革，发展混合所有制经济，培育具有全球竞争力的世界一流企业"。2020 年 6 月，国务院国有资产监督管理委员会（以下简称"国资委"）正式印发《关于开展对标世界一流管理提升行动的通知》，中央和地方国资委、国有企业纷纷开展对标世界一流管理提升行动、制订实施方案。国有企业作为国民经济的重要支柱，要加快创建世界一流企业的进程，在助力国家提升全球产业影响力、创造企业效率效益领先力、树立社会典范方面发挥重要作用。

我国自 2015 年以来陆续发布多项国有企业改革指导意见和行动方案，国务院国有企业改革领导小组组织开展了"双百行动""科改示范行动"等一系列国有企业改革专项行动。一系列国有企业改革重要文件明确要求国有企业要更加坚定社会主义市场经济的改革方向，将改革重心放在抓重点、补短板、强

弱项上面，助力优化国有经济布局和加快国有经济结构调整，增强国有经济竞争力、创新力、控制力、影响力、抗风险能力。在数智化时代，国有企业的战略转型要按照国家的要求和方向，紧抓政策和数智化技术机遇，培育核心能力，围绕"五力"目标不断做大、做强、做优。

2. 加强自主创新，打造产业链链长

当前，国内产业基础能力、产业链和供应链现代化水平是制约我国经济高质量发展的因素之一。在全球产业链分工更加精细化的发展趋势下，提升我国的产业链和供应链现代化水平，是构建新发展格局的关键着力点。我国国有企业在产业链和供应链中处于中上游，之前对产业链和供应链的控制能力是资源导向，而非创新导向。

新发展阶段，国有企业要完成从基于基础资源的优势控制产业链，向基于创新能力的优势控制产业链的转化。一方面，国有企业要提升自身的创新能力，努力成为"原创核心技术的需求提出者、创新组织者、技术供给者、市场应用者"，在国家科技创新、关键技术攻关领域扮演"创新中心"的角色。另一方面，国有企业要努力提升自身"基础固链、技术补链、融合强链、优化塑链"的产业链控制能力，努力成为我国各类重要产业发展方向的引领者、产业链和供应链现代化水平提升的支撑者，为增强我国产业链的安全性、稳定性和竞争力做出应有的贡献。因此，国有企业要高度重视基础技术的研究，包括共性技术、前瞻技术和战略性技术等，准确把握我国的产业链、供应链、价值链分布和关键技术现状，在产业基础再造工程中发挥核心作用，成为真正意义的基于创新能力的产业链和供应链"链长"[1]。

3. 加快数字化转型，勇担时代责任 [2]

数字化转型是实现企业发展方式、运营模式和增长动能变革，实现高质量发展的必由之路，提升技术与数据要素发展占比是实现数字化转型的主要手段，打造领先的数字化能力、赋能产业数字化是国有企业的时代责任。

2020 年 8 月 21 日，国资委印发《关于加强推进国有企业数字化转型工作的通知》，要求国有企业要从产品创新、生产运营、用户服务、产业体系 4 个方面

系统推进数字化转型，打造行业数字化转型示范样板，引领产业与行业变革。国有企业要加快推动**产品创新的数字化**，着力提升产品设计和服务策划、产品实施和优化等过程的数字化水平，通过打造场景化、智能化的数字产品和服务来更好地满足和引导客户需求。国有企业要积极推动**生产运营智能化**，通过对 5G、物联网、云计算、大数据、人工智能、区块链、数字孪生等新一代信息技术的规模化集成应用，推进整个生产运营端到端环节的智慧化，实现智慧办公、智慧车间、智慧运输等应用，提高全要素生产率。国有企业要推动**用户服务敏捷化**，通过数字营销网络，实现用户需求的实时感知、分析和预测，为用户创造更大价值，提高用户的满意度和忠诚度。国有企业要努力推动**产业体系生态化**，依托自身产业资源和创新技术控制优势，加快建设电信、能源、制造、医疗、旅游等领域的产业链数字化生态合作平台，构建优势互补、合作共赢的协作网络。

国有企业在数字化转型进程中，要在技术、管理、数据、安全 4 个方面夯实数字化转型基础。**技术方面**，国有企业要推进企业内网和基础数字技术平台的建设，运用云计算、区块链、人工智能等新一代信息技术，加快形成集团级的数字技术能力平台，提升平台核心架构的自主研发水平，为业务数字化转型提供高效的数据赋能及一体化服务支撑。**管理方面**，国有企业要加快建立数字化的闭环管理机制，以两化融合管理体系促进数字化转型战略架构的构建。**数据方面**，国有企业要充分发挥数据要素驱动作用，打破传统要素有限供给对企业增长的制约，加快数据治理体系建设，对企业生产现场、服务过程等数据进行动态采集，深入挖掘数据价值，提升数据洞察能力。**安全方面**，国有企业要强化信息安全保障工作。

1.2 宏观经济趋势

1.2.1 面对百年未有之大变局，构建"双循环"新发展格局

1. 中国经济对外贸的依存度逐渐降低，亟须激发内需潜力

当前，全球经济受多种因素影响，增长面临下行风险，例如，能源价格不断

上涨，供应链中断引发通货膨胀水平超出预期，2022 年全球经济状况相比此前更加脆弱。根据国际货币基金组织（IMF）的预测，2022 年全球经济将增长 4.4%，较 2021 年 10 月预测值下调 0.5 个百分点，其中，发达经济体预计将增长 3.9%，较此前预测值下调 0.6 个百分点，新兴市场和发展中经济体预计将增长 4.8%，较此前预测值下调 0.3 个百分点 [3]。面向未来，地缘政治紧张局势升级、气候变化加剧，国际环境的不确定性将持续存在，当今世界正处于百年未有之大变局。

中国经济对外贸的依存度逐渐降低，如图 1-1 所示，2020 年出口对经济的贡献率已由 2010 年的 60% 下降到 30%。我国经济以产业链"两头在外"、出口与投资双驱动为主的发展模式的弊端逐渐显现，正确处理国内大循环与国际大循环的关系是构建新发展格局的关键 [4]。

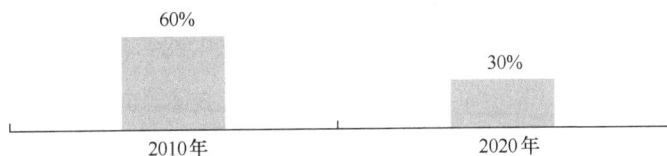

图 1-1 中国经济对外贸的依存度逐渐降低

2. 基于大变局，面向中长期，立足持久战，打造"双循环"新发展格局

"双循环"既要推动各种要素在国内和国际充分自由流动，也要通过更大力度的开放和自主创新解决核心技术的问题，提高关键技术和重要产业链的可替代性，增强中国经济的韧性。

面对国际环境的不确定性与"两头在外"的产业链问题，国有企业必须主动适应国内市场的需求，加强构建国内现代化产业链和供应链流通体系，持续改进产品和服务的供给质量和效能，在加快我国形成以国内大循环为主、国内国际双循环相互促进的新发展格局过程中发挥主要作用。国有企业要成为"以内促外"的重要市场主体，积极落实国家战略部署，坚定不移地深化对外合作，更深、更广地融入全球供给体系。

1.2.2　进入高质量发展阶段，数字经济迎来发展机遇

中国进入"经济运行平稳、经济结构优化、发展动力强劲"的高质量发展阶段，推动经济高质量发展仍是国家"十四五"规划期内的核心，新常态经济要求企业加快创新转型，实现高质量发展。

1. 紧抓转型升级机遇，加快推动质量变革、效率变革、动力变革

"十四五"时期，中国经济社会发展的主要目标是"经济发展取得新成效"，相比"十三五"规划纲要中"经济保持中高速增长"的描述更加务实，这标志着国家从政策层面将更加注重经济的高质量发展。中国国内生产总值增长率如图 1-2 所示。

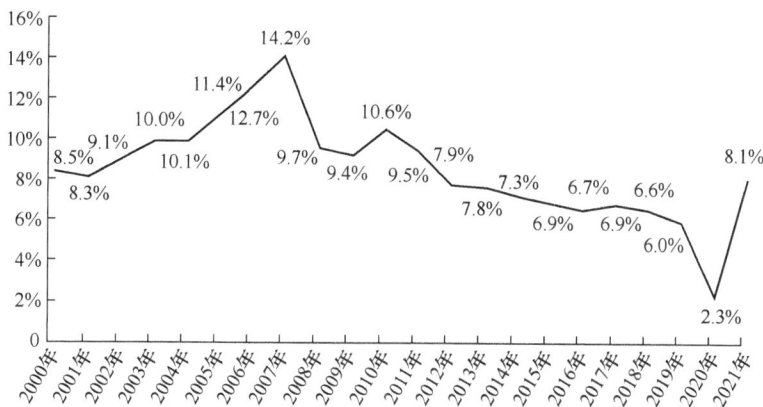

图 1-2　中国国内生产总值增长率[5]

中国经济已处于转变发展方式、优化经济结构、转换增长动力的攻关期，国有企业要抓住四大转型升级机遇，实现高质量发展。"生态文明"写入宪法带来环境升级机遇，中国将逐渐实现从"工业文明"向"生态文明"的跨越；产业转型后工业时代带来城市升级机遇，城市更新、城市发展模式转变，智慧城市兴起、产业迭代加速；中等收入人群消费观念变化推动消费升级，品质、场景、心情成为中等收入人群最愿意为之买单的因素；文化升级催生文创类消费机遇，本土文化意识提升，精神消费超过物质消费而占主导，文创类消费兴起。国有企业要紧抓转型升级机遇，加快推动质量变革、效率变革、动力变革，实现高质量发展。

2. 紧随数字经济浪潮，推动经济社会"数智化"转型

各行业高质量发展的需求为数字经济与实体经济融合发展带来了重大机遇，我国数字经济占 GDP 比重加速提升。中国信息通信研究院数据显示，2020 年中国数字经济规模达到 39.2 万亿元，占 GDP 比重达 38.6%。

"十四五"时期，我国数字经济仍将保持快速增长势头。中国信息通信研究院院长余晓晖在"中国加入 APEC 三十周年工商界主题活动暨 2021 年 APEC 工商领导人中国论坛"上表示，预计中国数字经济有望保持年均 9% 的增速，到 2025 年，我国数字经济规模将超过 60 万亿元 [6]。"十四五"规划纲要提出的数字经济核心产业增加值占 GDP 比重指标引人注目，预计到 2025 年数字经济核心产业增加值占 GDP 比重达 10%。我国数字经济发展及预测如图 1-3 所示。

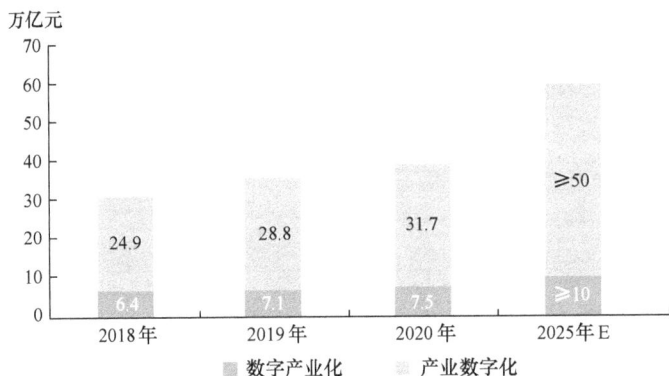

图 1-3 我国数字经济发展及预测

数字经济已呈现产业化趋势，技术创新和产业落地提速，在需求侧创造新的消费场景，在供给侧提供数字驱动的产品与服务，并创造新的就业岗位。国有企业要抓住传统产业数字化的机遇，创新物联网、大数据等新技术，推动传统产业数字化升级，推动产业数字化与高度数字化的居民生活相连接，引领全国从"大规模生产时代"走向"数字化生产时代"。国有企业要抓住治理数字化的机遇，以基础设施和政府服务的数字化升级为契机，为社会治理提供数字化服务。同时，国有企业要加快生产方式、运营管理的数字化升级，提升数据治理能力，实现高

效智慧运营。

1.3　社会发展环境

1.3.1　全社会数字化进程加速

1. 社会治理智能化进程加速

社会治理加速向智能化方向发展。一是智慧化技术的应用助推基层管理专业化，基层的感知将会更全面、更精细，管理技术有机融合，例如当前已经实现健康码全国互认、公共场所各大出入口智能测温等。二是数据和大数据技术带动决策响应高效率，数据积累变被动为主动，基础数据成为重要战略物资，社会治理决策响应向数据要效率，例如运营商基于用户大数据进行流行病学分析。三是云上建设城市强中枢，城市大脑高速进化，例如城市数据分析由单向采集分析转向由城市中枢双向转发，最终实现服务编排灵活分布。社会治理智能化需求为相关国有企业在信息化、数字化服务领域提供了广阔的空间。

2. 经济发展数字化进程加速

在宏观层面，数字经济对宏观经济引领带动作用突出，新冠肺炎疫情发生以来，数字经济受疫情影响增速放缓，但仍显著领先于宏观经济增速。在微观层面，新兴数字化创新创业模式，加速经济结构优化升级，生产生活管理向数字化、网络化、智能化发展，例如金融业服务线上线下融合，智慧网点、视频授权、虚拟银行等服务形态逐步普及；制造业产业链智能化，智能仓储、智慧物流、工业机器人等快速兴起。

3. 线下服务线上化进程加速

近年来，在线教学、线上办公迅猛发展，娱乐、社交、电商等线上业务更加成熟。据悉，腾讯教育服务了中国 30 多个省市的教育主管部门、1 亿多名学生、数百万老师，腾讯会议在上线 8 个月后拥有了过亿用户。线上办公方面，据"阿里大数据"披露，2020 年，钉钉增加了 1 亿用户，远程办公快速普及。休闲娱乐方面，喜马拉雅网站 2020 年一季度营收增长 32%，直播带货销售额达到历史高点，2020 年一季度游戏消费增长 270%，电脑消费增长 35%[7]。众多线下活动在数字技术的推动下加速向线上转移。

1.3.2 数字技术催生新型经济模式

数字技术催生多种新型经济模式，平台经济、共享经济、社交经济等一方面消除信息壁垒、提升经济社会便捷化和智能化程度；另一方面给传统经济模式带来冲击，国有企业转型要勇于接纳新型经济模式，推动传统业务升级。

1. 平台经济

根据国务院发展研究中心产业经济研究部部长、研究员赵昌文的研究，"平台经济是一种基于数字技术，由数据驱动、平台支撑、网络协同的经济活动单元所构成的新经济系统，是基于数字平台的各种经济关系的总称。"作为一种新兴业态，平台经济的发展使得传统产业转型升级步伐加速，有利于提高国有企业的智能化、全域化、个性化、精细化水平。

平台经济对于国有企业转型既是机遇也是挑战。其一，推动实体产业与数字技术相结合是国有企业转型的重中之重，充分运用平台化、信息化手段，将虚拟技术同实体产业紧密结合，是推动业务升级、服务升级、管理升级的重要路径。其二，国有企业战略转型升级的难点是如何在企业内部形成战略转型的共识，并推动各部门采取一致行动。国有企业的决策部门与执行部门协调一致，并共同带领员工参与，是企业内全员达成共识的两个基本动力，平台经济为国有企业进行科学决策与高效执行提供了有效工具。其三，国有企业在战略转型中，要充分整合能同自身业务形成耦合关系的市场主体，通过平台进行相关市场主体的资源整合，建立多方长期合作关系，并提前布局必要的战略性资源，将企业内部效率与企业外部资源有机地结合起来。

2. 共享经济

早在 1978 年，美国得克萨斯州立大学社会学教授马科斯·费尔逊（Marcus

Felson）和伊利诺伊大学社会学教授琼·斯潘思（Joe L.Spaeth）提出了共享经济的概念。他们认为，由于经济的高速发展，社会由短缺经济逐步转向过剩经济，人们不能充分使用所拥有的物品，于是在移动通信等科技的支撑下，人们将闲置资源使用权有偿让渡给他人，共享经济开始盛行。

共享经济的发展为国有企业低成本、高效率地获取资源，实现企业做大、做强、做优提供了有效的途径。国有企业可以通过共享创新产品和服务、共享技术、共享人才、共享产能、共享金融、共享知识技能等，在推进供给侧改革、优化调整经济结构中发挥国有企业作用、体现国有企业担当。

3. 社交经济

社交经济是指建立在互联网空间、以社交关系为基础的新型经济形态。社交经济由网络中形成的社交关系驱动，依托网络社区自主发展，注重发挥集体智慧和协同作用[8]。网络社交平台在一定程度上代替了传统线下社交场所，平台不仅可供人们进行日常交流，还可以应用到故事传播、观点分享、办公协作等社会经济生活的很多方面，其本身可以创造巨大的社会经济价值；同时，社交网络可以快速形成面向固定群体的信息分享和传播渠道，具有信息自由分享、快速传播的特点，可以跨越在地域、时间等方面的限制，实现信息传播价值的最大化，因此，社会经济还有助于推动社会经济的快速发展。

国有企业，尤其是面向公众市场提供产品和服务的国有企业，要积极拥抱新型经济模式，充分利用社交平台、社交营销工具，提升营销、服务的效率和体验。

1.3.3　社会老龄化带来新的机遇和挑战

1. 老龄化对国有企业用工提出要求

按照联合国教科文组织的界定，一个国家或地区 60 岁以上的人口数量占其总人口数的 10% 及以上，或者 65 岁以上的人口数量占其人口总数的 7% 或以上，那么该国家或地区就进入了老龄化社会。中国老龄化问题在 20 世纪 80 年代初就初现端倪，老龄化程度正在逐年加深，国家统计局报告显示，截至 2021 年年末，我国人口数量为 141 260 万人，其中 65 岁及以上人口数量为 20 056 万人，占总人口数比重为 14.2%，与 2020 年相比增加 0.7 个百分点[9]。同时，受生育观念转变、初婚初育年龄推迟等多方面因素影响，我国人口增长持续放缓，2021 年人口自然增长率为 0.34‰，比 2020 年下降 1.11 个千分点[10]。2011—2021 年全国人口数量及自然增长率如图 1-4 所示。

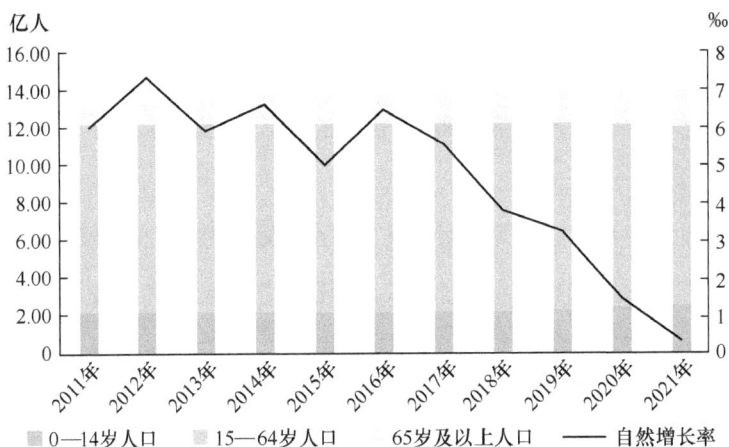

图 1-4　2011—2021 年全国人口数量及自然增长率

中国发展基金会也对我国老龄人口变化趋势做了预测，到 2050 年左右，中国 65 岁以上人口数量将达到约 3.5 亿人[11]。2000—2050 年中国老龄人口变化趋势预测如图 1-5 所示。

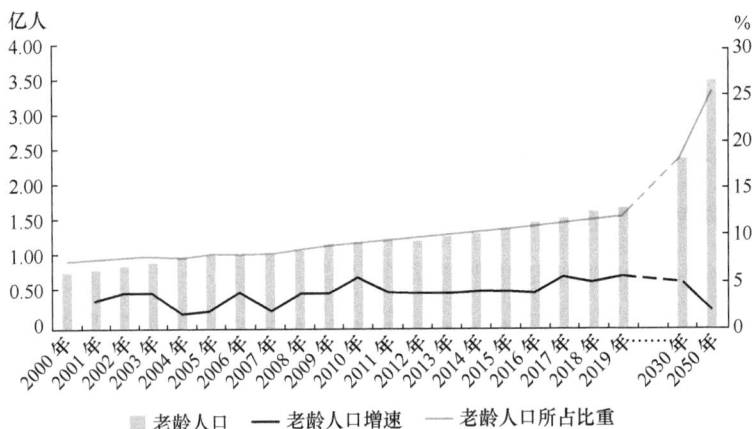

图 1-5　2000—2050 年中国老龄人口变化趋势预测

未来劳动力供给将会下降，劳动力工资成本将会增加，国有企业数字化转型一方面要优化用工队伍，提升数字化人才占比；另一方面要平衡国有企业的社会责任，设置高龄人群就业岗位，缓解社会养老压力。国有企业要在经济效益和社会责任中做好平衡。

2. "银发"经济带来潜在发展机遇

根据相关机构统计，截至 2020 年 3 月，50 岁及以上网民群体占比 16.9%，未来 5 年将新增 1 亿中老年网民。中国 50 岁以上网民的人口比例将不断上升，"银发族"将成为中国经济未来的重要参与者[12]。

"银发族"具备消费基础能力，追求健康、快乐、时尚、兴趣，愿意为品质和服务买单。相关国有企业一方面可从"银发族"的品质消费切入，满足其对美好生活的需求；另一方面要重点关注高龄老人、孤独老人、病残老人和空巢家庭老人的需求，利用数字技术推动专业化养老服务的数智化升级。2020 年，工业和信息化部组织开展"互联网应用适老化及无障碍改造专项行动"，相关国有企业应当主动承担企业社会责任，积极参与互联网应用适老化及无障碍改造专项活动，推动"银发"市场走向数字化、专业化，开启数字化美好生活。

第 2 章
中观洞察：数智化时代区域和技术变革研判

2.1 区域战略机遇

　　企业是组成区域经济的最小单元，国家区域发展战略会对企业战略定位选择和业务布局产生最直接的影响。国有企业是推动区域经济发展的重要力量，其发展战略的制定更要顺应区域产业结构调整要求、紧密结合区域发展规划，推进企业战略转型。当前，我国制定了多项重点区域协同发展战略，同时持续推进区域协调发展，对国有企业的战略转型具有重要影响。

2.1.1 重大区域战略影响国有企业产业布局

1. 京津冀协同发展战略

　　京津冀协同发展战略旨在疏解北京非首都功能，打造以首都为核心的世界级城市群，带动津冀地区高质量发展。京津冀三地定位不同，聚焦的产业集群不同，该城市群范围内的国有企业战略转型，一要明确符合区域产业定位的企业战略定位，发挥疏解非首都功能的产业转移的示范作用，二要充分利用产业要素转移的各种政策，主动调整自身业务融入津冀地区产业布局。

2. 粤港澳大湾区建设战略

　　粤港澳大湾区定位为国际一流湾区和世界级城市群，为国有企业战略转型营造了良好的政策环境。相关国有企业要借助大湾区建设机遇积极开拓国际市场，推动国际国内市场资源有效对接，同时积极融入区域以创新为主要支撑的发展模式，促进企业在区域内新兴产业、先进制造业和现代服务业的布局，不断提升新兴技术原创能力和科技成果转化能力。

3. 长三角一体化发展战略

长三角地区是我国经济活力最强、创新能力最优、开放程度最高的区域之一，是长江经济带和"一带一路"的重要交汇点。长三角一体化发展战略是全面推进社会主义现代化建设的示范工程，国有企业要充分利用长三角地区在创新能力、开放程度方面的环境优势，一方面把握地区大量高端的科创资源，进一步提升创新能力，推动自身转型升级；另一方面利用地区对外开放政策优势，引入海外的先进技术、人才和资本，并在"一带一路"建设中发挥示范引领作用。

4. 长江经济带发展战略

长江经济带横跨我国东中西三大区域，覆盖 11 个省、直辖市。"十三五"规划纲要提出，要依托长江黄金水道，构建高质量综合立体交通走廊。把长江经济带建设成为我国生态文明建设的先行示范带、创新驱动带、协调发展带。长江经济带的建设为国有企业在环境保护、绿色生产等方面带来机遇，国有企业要承担起打造生态环境保护和经济协同发展的样板的企业责任，主动调整产业布局与沿江产业结构的适配度，利用产业集聚增强企业竞争力，挖掘中上游蕴含的巨大内需潜力，推进企业效益高质量增长。

5. 黄河流域生态保护和高质量发展战略

黄河流域是我国重要的生态屏障和经济地带，其经济形态以农林养殖等基础产业和煤炭等能源产业为主，黄河流域生态保护和高质量发展战略既是自身转型发展的内在需要，也是为全国提供农产品和能源基础保障的重要后盾。黄河流域生态保护和高质量发展战略对于国有企业而言，既是责任也是机遇。一方面，促进区域协调高质量发展是国有企业的责任，国有企业要发挥产业带头作用，以科技创新、供应链金融等为抓手驱动区域产业高质量发展；另一方面，生态保护需求带来潜在机遇，尤其是在 ICT（信息与通信技术）领域的国有企业，可利用物联网、大数据、人工智能等新一代信息技术提供河道监控、空气监测、污染治理等服务，为监管部门、企业等社会主体创造价值。

2.1.2 区域协调发展战略中的企业责任

1. 西部大开发战略

国家持续推进西部大开发战略，推动形成西部新发展格局。国有企业作为国家经济的主力军，业务范围覆盖广，在深化东西部地区协同创新、推动西部地区创新发展方面，有望发挥作用。同时，国有企业要在培育新动能和传统动能改造升级上迈出更大步伐，促进信息技术与传统产业的深度融合，构建富有竞争力的现代化产业体系。西部能源行业国有企业要积极转型升级，发挥带头示范作用。

2. 东北全面振兴

国家将持续推动东北振兴取得新突破，推动东北地区农业、工业等产业全面转型升级。农业方面，国有企业要承担起巩固现代农业体系建设的责任，在资源优势、农业支撑体系及产业化等方向发力。工业方面，国有企业要发挥带头作用，深化混合所有制改革，积极优化提升传统工业，大力发展接续替代产业，如战略性新兴产业、服务业及海洋经济，构建可持续发展的业务体系。

3. 中部地区崛起

国家要求开创中部地区崛起新局面，大力发展中部地区先进制造业。相关国有企业要积极响应区域产业转移的号召，引领中高端产业集群的建设，吸引先进制造业在中部地区的集聚，助力其构建以先进制造业为支撑的现代产业体系。

国有企业的转型发展要紧密结合国家区域重大战略、区域协调发展战略，立足各地区优势，发挥大型骨干企业强大的产业带动作用，促进各类要素合理流动和高效聚集，促进重大基础设施、重大生产力和公共资源优化布局，支持发达地区加速现代化进程，帮助欠发达地区补强短板，推动国家经济布局持续优化[13]。

2.2　技术创新趋势

随着人口和资源红利逐步消失，要素驱动的发展模式已难得市场，商业竞争正在从"要素"竞争向"要素 + 能力"竞争加速转变，技术创新是国有企业提升竞争能力、构建竞争壁垒的核心抓手。

2.2.1　数字技术创新成为构筑企业竞争优势的关键支撑

传统经营要素边际效能降低。在市场趋于成熟的经营领域，经营设施、地理位置等资源投放收益率趋于平均水平，传统商业信息透明化难以形成信息优势，传统线上、线下渠道效能难以继续提升，行业生态与竞争模式复杂化提高了资本投入风险，人员素质能力的不稳定性成为经营瓶颈。

技术赋能实现效能突破。系统上云降本增效，万物互联拓展信息维度，大数据建模和挖掘提升产品渠道匹配度、提升生产效率，人工智能提升决策效率、精准度与安全性，区块链安全高效、智能辅助技术大幅提升人效。5G 与云计算、大数据、人工智能等新技术的融合，将推动新型智慧城市、工业互联网、无人驾驶等场景落地，催生虚拟现实等新应用、新场景、新业态。

国有企业要在科技创新中发挥积极作用，依托资源优势、组织优势，加大对新基建项目的投入，推动经济高质量发展。加强新基建顶层设计，统筹规划，完善组织管理，促进新基建应用场景落地；整合云计算、大数据、物联网、人工智能、区块链、边缘计算等新一代信息技术，推进 5G 边缘中心、网络切片等核心关键技术研究；加快推进新型基础设施建设，加大建设步伐，提升 5G 网络覆盖，推进 5G、AI 等技术与实体经济深度融合。

2.2.2　重点核心技术对国有企业发展的要求

当今世界正处于百年未有之大变局，企业要想保持竞争领先地位，需要在变局中掌握技术先机，国有企业转型更应当以技术为先、创新为本，提升企业的技术驱动发展能力，开创国有企业竞争发展新格局。

国有企业要加强原创性、引领性科技攻关。《中华人民共和国国民经济和社会发展第十四个五年规划和 2035 年远景目标纲要》为国有企业科技攻关指明了方向，国有企业要"在事关国家安全和发展全局的基础核心领域，制定实施战略性科学计划和科学工程。瞄准人工智能、量子信息、集成电路、生命健康、脑科学、生物育种、空天科技、深地深海等前沿领域，实施一批具有前瞻性、战略性的国家重大科技项目。"

国有企业要进一步加大研发力度。一方面，通过健全研发考核制度，从制度层面激发研发创新活力；另一方面，通过设立独立核算、容错纠错的研发准备金制度，从资金层面给予创新研发空间；最后，国有企业要设置明显高于全国平均水平的研发支出年增长率，体现国有企业在攻克关键核心技术中的责任担当。

国有企业要引领产业关键共性技术研发。基于国有企业的产业影响力，通过组建联盟构建关键共性技术的行业研发平台，联合高等院校、科研院所和行业上下游企业，通过多方优势互补共同推动国家科技创新研发。国有企业要积极发挥大企业对产业链的引领支撑作用，支持中小微创业企业快速发展，并成长为重要的创新发源地。地方性国有企业要依托本地商务产业集群特色优势，服务区域关键共性技术研发。

第 3 章
微观洞察：数智化时代市场竞合演化研判

3.1　用户需求变化

3.1.1　新时代涌现新兴消费群体

1. 新青年群体成为互联网消费主力军

1990 年以后出生的"90 后"，以及 1995 年以后出生的"95 后"是成长于中国经济腾飞时期的一代，也是互联网的"原住民"。北京师范大学新闻传播学院发布的《新青年新消费观察研究报告》将这类人群称为"新青年"。报告显示，19 ～ 35 岁的移动互联网用户数达 6.5 亿 [14]。新青年已经成为互联网消费的主流人群。

新青年用户逐渐成为互联网消费主力军。根据《2020 年中国购物者报告》分析，都市白领、都市中产、精致妈妈是当前的消费主力，"Z 世代"（"95 后"和"00 后"消费人群）和小镇青年将成长为消费新势力。中国八大消费人群消费潜力指数如图 3-1 所示 [15]。

国有企业数字化转型要适应互联网消费趋势，在产品研发、品牌营销、渠道构建等端到端环节，以新青年主力用户线上消费特点为核心推进生产运营全链条的数字化转型。

2. "Z 世代"成为移动互联网新势力

"Z 世代"是随着互联网发展起来的一代，"Z 世代"的消费特征印证了互联网时代下用户消费的变化，同时以"Z 世代"为主的用户结构逐渐形成。

"Z 世代"是移动互联网的主要群体,增长显著,截至 2020 年 11 月,"Z 世代"

活跃用户规模已经达到 3.2 亿，占全体移动网民数的 28.1%，是移动互联网用户的主力军[16]。

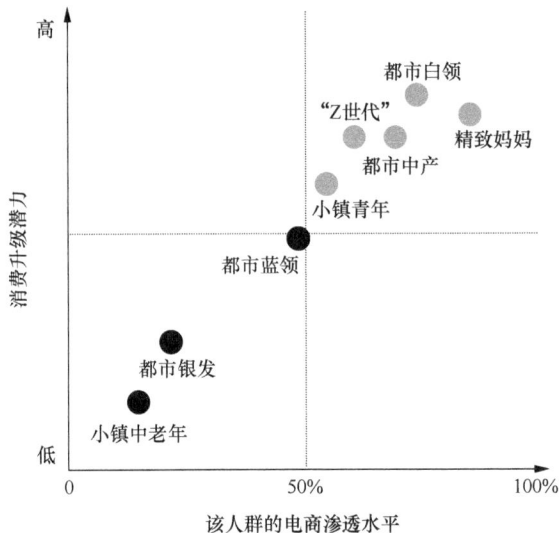

图 3-1 中国八大消费人群消费潜力指数

"Z 世代"的消费趋势具有以下特征：新国货消费、奢侈型消费、悦己型消费、颜值型消费、社交型消费、便携化消费、情感化消费。

"Z 世代"的服务需求走向社交化、潮流化、个性化、数字化。社交方面，面向陌生人的泛社交成为主流，社交媒体成为主要服务平台。潮流方面，二次元文化成为"Z 世代"主流审美与价值观，信息的接收渠道则以视频优先，借助视频分发平台传播原创内容，成为"Z 世代"的新需求与新文化。个性方面，"Z 世代"拥有定制化的服务需求，通过创作自我表达、追求社会认同与自我实现，希望按照自己的方式与品牌互动。数字方面，"Z 世代"习惯于科技带来的便利，希望自助解决。

3.1.2 用户消费呈现圈层化趋势

数智化时代，移动互联网为用户提供了表达需求的开放平台，使得具有一定文化认同和共同兴趣的用户聚集，圈层经济逐渐兴起，在兴趣不断细分和垂直化发展下，圈层消费大爆发。

1. 大众消费经济时代向圈层经济演进

在大众消费经济时代，企业之间主要比拼规模、产能、品牌、质量等，而消费者则被动接受品牌的产品和服务，大众视野由传统媒体主导，消费者对品牌的信任度高。数字技术使得拥有相同兴趣爱好的用户聚集，促使他们形成一定文化认同的圈层，追求个性化体验，大众视野由社交媒体主导，媒介渠道开始向多元化发展。大型品牌也开始关注与特定圈层用户的沟通，圈层用户规模和类型不断拓展，用户不仅是消费者，也是生产者和传播者。

2. 圈层用户呈现个性化、专家化消费趋势[17]

圈层以文化认同为基础，消费者选择与有着共同兴趣爱好、态度、价值观的人群形成独特的社交圈子，以之为基础的经济形态形成圈层经济。

（1）用户追求个性定制、原创

消费者愿意为个性化、定制、原创的内容和服务买单；市场复杂多变，用户需求也呈现多样化。数智化技术催生数字生活"新消费"，由数字技术等新技术、线上线下融合等新商业模式及基于社交网络和新媒介的新消费关系所驱动，中国新消费市场已经由产品主权时代、渠道为王时代，转入消费者主权时代。新一代消费者自我意识觉醒带来消费行为改变，用户需求行为呈现定制化趋势。新消费形式使消费过程变得更有个性和效率，用户更需要企业提供定制化及个性化的服务。

早在 2017 年，海尔就通过建设互联工厂实现定制化生产。当消费者个性化的需求被工厂接收，从订单确认到将产品送达消费者手中，最快仅需 7 天，海尔互联工厂正在不断地将消费者需求直接对接到工厂，个人定制化生产变为现实。用户甚至可以通过远程视频实时监控自己所订产品的生产场景。

在新消费趋势和数智化技术发展背景下，企业生产侧到用户需求侧的链条不断缩短，围绕用户需求的生产模式成为未来主流，国有企业亟须推动生产运营方式的数字化转型升级，提升面向用户个性化需求的产品和服务提供能力。

（2）网红经济催生专家型用户

移动互联网虽然降低了信息沟通的成本，但随之而来的信息量爆炸也导致了信任感下降，消费者更相信社交圈子内的口碑传播和网红意见。网红促使用户成长为专家型用户，反过来专家型用户的消费决策却很少受网红所影响。用户"专家化"的背后还有"消费投资化"的因素驱动，即用户更加注重长期效用和产品体验的消费，更加关注长期垂直自媒体的"种草"科普教育，而品牌营销效果则逐步减弱。专家型用户不再轻信包装出来的概念及网红的推荐，而是自己进行产品成分、参数的分析对比，进而做出理性购买决策。

新兴消费群"Z世代"的专家化特征明显。《腾讯00后研究报告》显示，66%的"00后"表示"很多决定都是我自己做的"，72%的"00后"表示"在某个领域的深刻见解更能代表自己"，73%的"00后"表示"会主动获取资源发展自己的兴趣领域"，69%的"00后"表示"遇到问题问过专家后，依旧会自己查资料"。以"Z世代"为代表的主流用户群体正在走向专家化。

3.1.3　消费场景加速向线上转移

受新冠肺炎疫情影响，个人生活和工作都发生了很大变化，远程办公、在线教学等需求急剧增长。

1. 网民对移动互联网应用依赖加深

在新冠肺炎疫情的影响下，移动互联网应用场景进一步深化，线上应用不仅限于社交、娱乐，生活、学习、工作等各个场景的移动互联网应用也得到更快的发展。QuestMobile报告显示，疫情发生以来，用户对移动互联网的依赖程度继续加深，如图3-2所示，2020年3月的移动互联网用户使用时长比去年同期增加28.6%，用户使用的移动互联网应用也更加丰富，人均使用数量超过25个[18]。

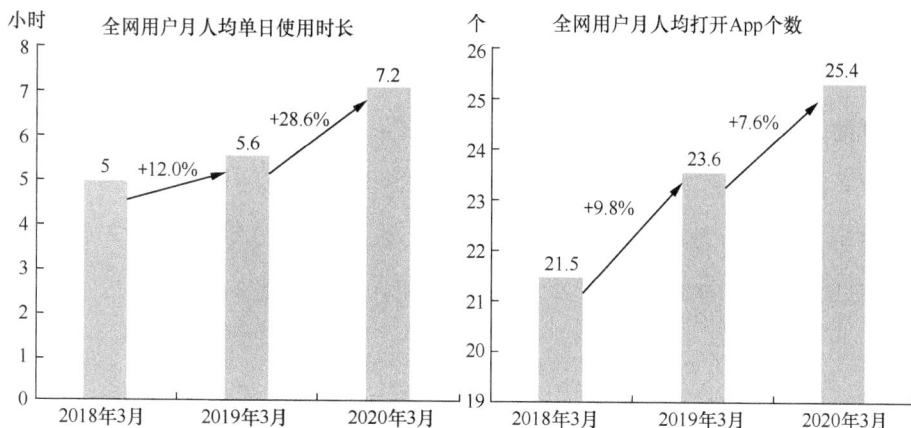

图 3-2　用户对移动互联网的依赖程度继续加深

2. 远程办公、在线教学等服务快速发展

受新冠肺炎疫情影响，原来以线下为主的办公、教学等场景迅速转移到了线上，远程办公、在线教学应用迅速普及。如图 3-3 所示，2020 年 3 月，除传统的娱乐、资讯类应用的用户规模稳居前列外，办公、教学类应用的用户规模同比增长超过 100%[18]。

类型	同比增长率	同比变动量（万）
效率办公	242.2%	30 784
短视频	16.4%	12 246
视频工具	169.5%	9143
浏览器	16.0%	8860
教学工具	105.8%	7920
益智休闲	51.5%	7442
K12	30.3%	6953
搜索下载	11.6%	5963
微博社交	11.7%	4898
支付结算	6.8%	4803
外卖服务	-22.4%	-3263
拍照摄影	-13.8%	-3431
用车服务	-29.3%	-3526
本地生活	-15.3%	-4507
在线旅游	-36.0%	-5122

图 3-3　2020 年 3 月细分领域的移动互联网用户规模的变化

在中国市场，钉钉、企业微信等协同办公软件在新冠肺炎疫情期间都迎来爆发式增长。QuestMobile 的数据显示，钉钉在 2020 年 2 月 10 日的日均下载量达到 593.9 万，企业微信在 2020 年 2 月 3 日的日均下载量达到 184.62 万，而新冠肺炎疫情之前，两款应用的日均下载量都在 50 万左右。在国外，视频会议软件提供商 Zoom 公司首席执行官袁征表示，"截至 2019 年 12 月底，Zoom 上每天免费和付费会议参与者的最大数量约为 1000 万人，在 2020 年 1—3 月的时间里激增至超过 2 亿人。"Zoom 视频 2020 年 1—3 月用户数如图 3-4 所示[19]。

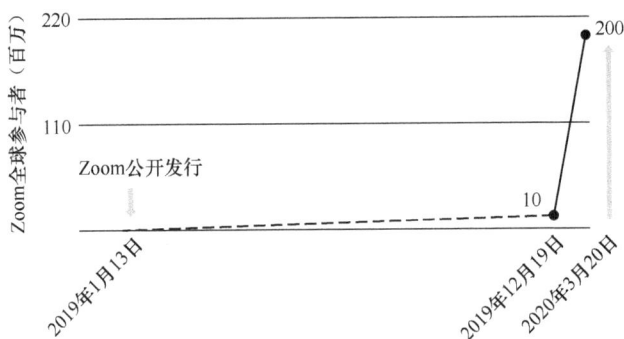

图 3-4　Zoom 视频 2020 年 1—3 月用户数

同时，受新冠肺炎疫情影响，很多学校通过远程授课等方式开展在线教学。截至 2020 年 10 月，在线教育企业新增 8.2 万家，新增占比在整个教育行业中达到 17.3%。

3. 线上线下融合的新消费行为涌现

随着线上化进程的不断加速，用户对渠道的选择向线上转移，除大型电商平台等传统线上渠道之外，基于社交的新型销售渠道正在不断创新拓展，微商、社区团购的兴起，使得企业不断尝试利用社交平台扩宽销售渠道。如图 3-5 所示，美国社区 O2O 平台 Instacart 用户数量在 2019 年 4 月至 2020 年 4 月激增[20]。

以拼多多旗下的多多买菜为例，小区团长在社交群中发起拼团，邀请熟人加入已经开始的拼单中。在这种拼团模式中，每个人都可以成为拼团发起者，同时他们也是宣传和购买的参与者。建立在熟人社交的基础上，人们对于拼团模式的信任度更高，参与度和活跃度也更强。多多买菜最早就是通过这种营销模式，获取了大量的用户流量，实现了在社区团购市场上的快速扩张，完成了社区线下买菜需求的线上化转移[21]。

人

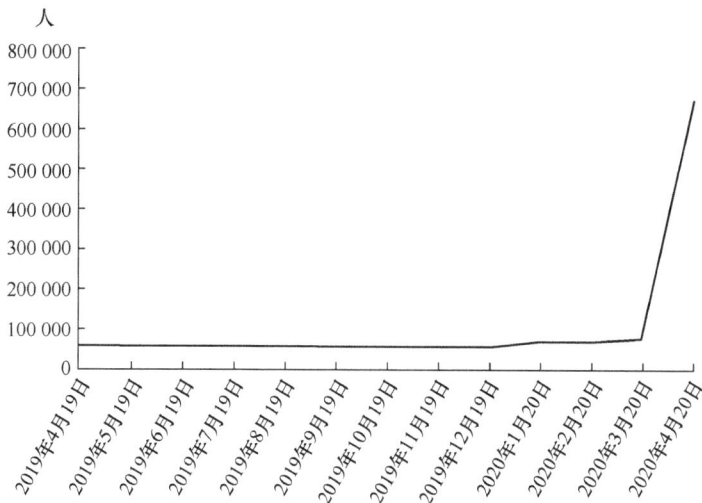

图 3-5　2019 年 4 月至 2020 年 4 月美国社区 O2O 平台 Instacart 用户数量

3.2　企业由"竞争"走向"竞合"

3.2.1　创新潜能加速企业裂变

面对快速变化的外部环境，企业颠覆性创新加速，通过技术变革、商业模式的变革、数据要素的积累换道超车，从而使企业在竞争替代中加速裂变。

1. 跨界竞争：　能力使然的竞争趋势

企业选择超出自己的主营范围，进入另一个领域，可能并不单单是要和对手争夺利润，而是源于一些其他的动机，这些动机既可能是经济上的，也可能是非经济上的。

以腾讯发展智慧零售业务为例，其目的是更好地适应环境的需要，匹配现有的资源，促进业务生态建设。企业的组织形态和业务结构本身也是企业的重要资源。在某些条件下，企业增加或删减业务，可以更好地适应环境，让整个业务生态更好地发挥合力，产生"范围经济"效应。腾讯以社交起家，积累了大量的用户数据，这让腾讯拥有了洞悉消费风潮变化的优势。在业务的发展过程中，腾讯还积累了云服务、大数据、人工智能等技术，这些技术可以直接用于服务小微零售商。基于这些技术，腾讯进入零售市场，将已经积累的能力投入应用，一方面零售业务为腾讯带来新的利润增长点，另一方面进一步整合、夯实已有数据和技术优势，是一举多得的选择。

2. 替代竞争：　互联网服务替代传统服务

数智化时代，市场由多个公司提供相同的产品或服务、争夺相同市场的直接竞争模式，逐渐转向由不同企业生态提供不同类型的产品和服务、满足相同需求的替代竞争模式。

最具代表性的替代竞争发生在零售领域。随着电子商务的崛起，传统线下商场受到了严重威胁。以电商巨头亚马逊为例，其电商零售与大多数传统百货商场不同，亚马逊构建了"线上选购 +Prime 物流服务"的电商零售服务体系，为其用户提供与在传统百货商场购物近乎相同的服务体验，Amazon Prime wardrobe 为会员提供免费试衣服务，Prime 会员还可免费享受含服装在内的产品 2 日送达服务，在亚马逊电商平台购物的便利性大大优于梅西百货。在美国投资银行 Cowen 公司的一次调查中，购物者称 Amazon Prime 是他们选择在亚马逊购买服装的最大原因，并且对亚马逊丰富的客户服务和产品称赞有加。数年来，亚马逊电商业务客流量不断攀升，而梅西百货等实体店的客流量锐减。

3. 代际竞争：　新模式颠覆市场格局

随着我国经济从高速增长转向高质量发展，我国许多行业整体发展放缓，传统市场几近饱和。在传统电商领域，用户规模增长逐步变难，平台获客成本水涨船高，市场新进竞争者通过新模式颠覆市场格局、参与市场竞争，代际竞争拉开序幕。

2015 年，传统电商行业已是一片红海，不仅有阿里巴巴、京东等综合类别的巨无霸，还有蘑菇街、当当网、网易严选等细分领域的小巨头。在激烈的厮杀中，电商行业整体发展放缓，市场扩张几近饱和。同年，拼多多成立，并很快从夹缝中厮杀而出。如果说此前京东是通过新的物流模式来颠覆阿里的电商逻辑，那拼多多的主要模式是"社交＋电商"。这一模式的内涵可以概括为借助低价爆款叠加好友砍价，利用微信群的转发、分享、探讨等社交网络元素，在微信中实现快速传播。从 2015—2017 年，拼多多通过在三四线城市创新用户分享模式，实现了用户的高速裂变，在与其他电商巨头的激烈竞争中，开拓出了几大电商平台较少深入拓展但人口庞大的下沉市场。

4. 动态竞争：　企业竞争互动过程更加经济、理智

动态竞争目前还没有统一的定义，综合各方观点来看，在特定行业内的某些企业采取的一系列竞争行动，会引起竞争对手的一系列反应，这些反应又会反过来影响到最先采取行动的企业，这些企业间的竞争互动过程被称为动态竞争。

由于各行各业信息化和数智化的进程加快，企业开展竞争的行动也将随之加速，企业之间的竞争由过去的相对静态的竞争转变为现在更加动态的竞争。腾讯和阿里巴巴在支付、社交、生活服务领域的竞争是动态竞争的代表。阿里巴巴淘宝网首先推出支付宝服务，紧随其后的腾讯微信创新推出二维码支付，支付宝则迅速采取行动，推出二维码支付、扫码支付等相似功能，从而保持了其在第三方支付领域的领先地位。支付宝的这种快速竞争回应，是基于其在线上移动支付领域的长期技术积累，是符合阿里巴巴战略规划，在领先战略目标导向下的一次理性的竞争回应。而在腾讯创建公众号、推出微商，对淘宝、天猫等阿里巴巴的电商产品不断形成竞争压力时，阿里巴巴选择推出与微信功能十分相似的"来往"予以回应，但效果一般，"来往"无法撼动微信已经奠定的庞大用户群基础。因此，从企业动态竞争的结果来看，企业在超出自身战略业务范畴且并不擅长的业务上的竞争行为，不仅不能击败对手，还容易消耗自身的大量资源。因此，补齐自身技术短板，优化内外部资源配置，采取经济、理性的竞争行动，是国有企业未来开展动态竞争的必然选择。

数字技术带来了企业开展跨界竞争、替代竞争、代际竞争的技术条件，快速变化的竞争趋势要求国有企业要推动组织更加扁平化、虚拟化，以适应临时多变、快速获取资源的竞争需要。

3.2.2 企业呈现生态融合趋势

数智化时代，行业和市场的边界不再清晰，企业、客户、合作伙伴共同组成了一个新的数字生态系统，身处这个生态系统的参与者的共同目标是获得整个生态的生长空间，而不是单纯抢占别人的生长空间，因此企业不仅需要具备竞争逻辑，还需要具备共生逻辑。

以互联网金融行业为例，互联网公司和金融机构的关系也从"竞争"走向"竞合"。互联网公司对金融业务的快速渗透、叠加鲶鱼效应下传统金融行业的快速转型，使得我国金融行业企业纷纷加速推动数字经济的高速发展。对于互联网公司和传统金融机构来说，其关系正由"竞争"快速走向竞争加合作的"竞合"关系，未来有望基于各自在客户触达、风险评估、资金成本等方面的优劣势开展错位竞争，共同分享增量蛋糕。

借鉴互联网和金融企业的竞争经验，国有企业要转变竞争模式，走向竞合模式，重新定义顾客价值，唤醒和创造需求，获得新的市场和更多的生长空间。国有企业要充分整合生态资源，将生产和协作从产业链协作转向多元化生态合作，通过构建生态体系把竞争模式转变为竞合模式，双边交易转变为多边交易，在市场竞合中促使共同获利。

第二篇

明道篇：

数智化时代国有企业战略转型的理论借鉴

中西方战略管理思维有何异同？现代战略管理理论发展的规律是什么？在数智化时代会产生哪些新的变化，有哪些新的提法？对数智化时代国有企业战略转型又将会有哪些影响？本篇会给出答案。通过回顾中西方战略管理理论发展历程，研究中西方企业数智化战略转型新实践，找寻数智化时代下中西方战略管理理论的发展规律，为后续国有企业数智化战略管理实践带来启示。

第4章
掌握规律之髓

4.1 数智化时代中西方战略管理的思想指引

战略管理的概念在 20 世纪 80 年代被引入中国，中国企业和企业家从西方企业学习了企业管理，拓宽了战略视野，但由于中西方思想、文化等各方面的差异，我们不能直接照抄西方管理方法，需要结合本土实际情况进行应用。因此，中国战略管理实践需要厘清中西方在思想、文化、历史等方面形成的差异，认识清楚组织环境对战略思想的影响，实事求是发展适合中国组织环境的战略管理理论[22]。中国和西方在不同的影响因素作用下，形成了中西方特有的、差异化的战略管理思想体系。中西方战略管理思想对比如表 4-1 所示。

表 4-1　中西方战略管理思想对比

比较项	中国	西方
流派	儒、道、法、兵、墨、纵横等	计划、设计、定位、资源、能力等
管理观念	人本观、和谐观、中庸观、义利观	征服观、现世观、科学观、利益观
管理本质	人人为人	资本为王
管理假设	天人合一	经济人、社会人
管理核心	人本	物本
管理方法	情、理、法、礼	理性、法治、民主、分权
管理目标	治国、治生、治家、治身	治企
竞争观念	共赢	零和
形成路径	诸子百家思想流派的融会贯通	科学技术在管理中的移植应用

中国管理思想源自中国传统历史文化，儒、道、法、墨、纵横等管理流派，

创造了辉煌的东方古代文明。时至今日，中国数千年传统文化积淀及其形成
的哲学思想，对于中国式管理模式，特别是国有企业管理模式的生成及行为
范式仍然产生着深远影响，我们也要从中国优秀传统文化中汲取营养和智
慧。中国发展迈入新时代，"文化自信"进一步彰显，东方传统战略思想
将为世界战略管理理论的研究做出更多的贡献。

经历了文艺复兴、历次工业革命的西方，形成了以科学技术为基础，社会、
文化、政治、经济等因素共同作用的组织环境，这一组织环境也成为西方经
典战略管理理论繁衍生长的土壤。以 20 世纪 50 年代美国哈佛大学一批专家
教授对企业长期规划问题的研究作为现代战略管理的起点，距今也有 70 年了。
回顾西方战略管理理论，不难发现，其长足发展离不开对企业看法的根本性
转变，学派纷起有效地促进了战略管理理论的发展。虽然我国国有企业的组织
环境与西方存在明显差异，但西方战略管理理论发展的过程及内容对我国国有
企业的战略管理仍有借鉴意义。在切实了解东方管理哲学的基础上学习西方
先进管理理念、工具和方法，将会为我国国有企业数字化转型提供强有力的
理论支持。

4.1.1 中西方战略管理研究发展历程

自 20 世纪 50 年代末期以来，战略管理学逐步确立，其采用了丰富多样的
科学方法论构建自身的理论范畴和知识体系。西方战略管理学研究走过了数十
年的发展历程，众多流派、学说精彩纷呈，经典学术成果频出，如表 4-2 所示 [23]。

表 4-2 西方战略管理学研究的发展历程

时期	背景	代表理论
20 世纪 50 年代	经济恢复，企业 开始多元化发展	◆ 彼得·德鲁克（Peter Drucker）：企业经营三准则（1954）

续表

时期	背景	代表理论
20 世纪 60 年代	经济发展提速，多元化战略发展达到顶峰	◆ 艾尔弗雷德·钱德勒（Alfred Chandler）：事业部制组织结构与多元化企业战略的匹配影响企业经营绩效（1962） ◆ 莱纳德（Learned）等：企业政策研究和教学传统战略分析框架（1965） ◆ 伊戈尔·安索夫（Igor Ansoff）：企业增长矩阵、协同作用、竞争优势（1965）
20 世纪 70 年代	石油危机，多元化经营扩大而来的业务亟须整顿	◆ 肯尼斯·安德鲁斯（Kenneth Andrews）：公司战略的概念基础（1971） ◆ 罗伯特·巴泽尔（Robert Buzzell）等：战略规划对企业利润率的影响（1975） ◆ 乔治·斯坦纳（George Steiner）：战略前景分析、战略规划制定框架与工具（1979）
20 世纪 80 年代	世界趋于和平，科学技术取代战争成为获取利益的重要手段	◆ 迈克尔·波特（Michael Porter）：产业结构分析与战略定位（1980） ◆ 迈克尔·波特：基本竞争战略（1980） ◆ 迈克尔·波特：竞争动态分析（1981）
20 世纪 90 年代	两极格局瓦解，互联网开始普及，逐渐改变人们的生活方式	◆ 普拉哈拉德（Prahalad）和加里·哈默尔（Gary Hamel）：核心竞争力（1990） ◆ 罗伯特·伯格曼（Robert Burgelman）：公司内创业（1994） ◆ 迈克尔·希特（Michael Hitt）等：国际多元化战略（1997） ◆ 杰弗瑞·戴尔（Jeffrey Dyer）和哈比·辛格（Harbir Singh）：合作战略关系观（1998）
21 世纪 00 年代	互联网泡沫破裂，世界经历金融危机，但信息技术、生物技术等高新科技发展迅速	◆ 兰杰·古拉蒂（Ranjay Gulati）等：战略网络与战略联盟（2000） ◆ 迈克尔·波特：网络时代的战略（2001） ◆ 罗恩·阿德纳（Ron Adner）和丹尼尔·列文萨奥（Daniel Levinthal）：实物期权（2004） ◆ 金伟灿（W. Chan Kim）和勒妮·莫博涅（Renee Mauborgne）：蓝海战略（2005）
21 世纪 10 年代	VUCA 时代（指变幻莫测的时代）来临，发达经济体增长放缓	◆ 阿尔奇·卡罗尔（Archie Carroll）和阿米尔·巴纳（Amir Barnea）：企业社会责任与可持续发展（2010） ◆ 大卫·蒂斯（David Teece）和克里斯托夫·左特（Christoph Zott）：商业模式升温（2010）

与西方相比，中国国内的战略管理研究起步相对较晚。20 世纪 80 年代前，中国学者对于战略管理的研究基本处于空白。改革开放后，国内学者开始研究

战略管理理论。虽然初期以介绍西方战略管理概念、理论、方法为主，但仍然有部分学者在不断反思西方战略管理理念在中国落地的指导意义、实践意义，并提出了不少具有中国特色的战略管理理论，如表 4-3 所示 [24]。

表 4-3 中国战略管理研究发展历程

时期	背景	理论引入 / 理论思考
20 世纪 70 年代后期	改革开放初期百废待兴	战略管理理论研究基本处于空白，管理科学学科尚未受到重视 ◆ 钱学森：发表《组织管理的技术——系统工程》（1978）
20 世纪 80 年代	随着社会改革的不断深入，我国逐渐由计划经济转型为市场经济	逐渐引入西方战略管理理论 ◆ 许是洋：翻译伊戈尔·安索夫的著作《企业战略》（1981） ◆ 徐二明：翻译迈克尔·波特的著作《竞争战略》（1985） ◆ 李世俊：用军事战略思想研究企业战略（1984）
20 世纪 90 年代	改革开放进入新的历史时期，社会主义市场经济体制初步建立，竞争格局呈现多元化	吸收西方理论与研究方法，并开始尝试与中国企业的实践相结合 ◆ 王凤彬：探讨中国企业管理组织变革的经验与方向（1993） ◆ 胡祖光：提出"东方管理学"（1994） ◆ 李占祥：运用马克思主义方法研究战略管理（1997） ◆ 徐二明：总结企业战略管理理论的发展与流派（1999）
21 世纪 00 年代	中国正式加入 WTO 组织，国际国内市场竞争更加激烈，互联网经济开始起步	开始构建具有中国特色的战略管理理论和框架 ◆ 李怀祖：总结管理研究方法论（2000） ◆ 王凤彬、陈高生：虚拟一体化组织研究（2000） ◆ 席酉民：和谐管理理论（2002） ◆ 苏东水：提出东方管理学的目标是构建社会的"和贵、和合、和谐"（2005） ◆ 魏江、陈劲：创新管理（2006）
21 世纪 10 年代	社会蓬勃发展，数字经济全面提速	聚焦战略管理细分领域，深入探讨战略管理理论在中国企业的落地应用情况及实践意义 ◆ 蓝海林：基于中国企业战略管理实践探讨情境理论化方式（2012） ◆ 李维安、戴文涛：基于战略管理视角构建公司治理、内部控制、风险管理的关系框架（2013） ◆ 林亚清、赵曙明：将战略柔性作为动态能力并运用于战略研究（2013） ◆ 皮圣雷、蓝海林：动态竞争战略理论（2014）

4.1.2 20世纪50年代管理研究的发展

20世纪50年代，全球经济开始复苏，如何激励员工、提升工作效率是这个时代企业和管理学家关注的重要问题，激励理论由此应运而生。

1954年，彼得·德鲁克凭借《管理的实践》（*The Practice of Management*）确立了在管理学领域的领导地位，书中揭示了经理人的角色职责，提出了企业经营三准则（即企业长期规划应关注的3个方面）。虽然德鲁克的研究成果当时并未得到学术界的认可，但美国的企业家却接受了德鲁克的思想并付诸实践。因此，我们在本书中将德鲁克作为这一时期战略管理领域的代表人物之一。

4.1.3 20世纪60年代管理研究的发展

20世纪60年代，西方经济快速增长。由于企业面临的经营环境比较简单，政策限制相对缓和，企业开始集中提升生产效率，摸索长期发展的战略和计划。经济学家迈克尔·戈特（Michael Gort）是最早关注企业战略的学者之一。随后伯纳德·巴鲁克（Bernard Baruch）的《经理职能》、艾尔弗雷德·钱德勒的《战略与结构》、伊戈尔·安索夫的《企业战略》等著作相继问世，其研究集中在3个方面：研究战略与环境的关系、研究战略的设计过程、研究战略的实施过程。

商业战略计划意味着寻求改变，那么企业应该如何应对多元化的市场环境呢？安索夫在1965年出版的《企业战略》中，给出了公司制定和实施战略时可采用的一系列系统分析方法，认为战略分析应该重点考虑产品市场范围、竞争优势、协同等因素，并认为公司发展与多样化也是战略的内容之一。

在20世纪60年代之前，战略管理、战略规划从未进入企业管理者的视野；从20世纪60年代开始，管理者们重新认识并重视战略规划和战略管理，让企业所有管理活动置于同一个框架——企业战略之下。钱德勒的《战略与结构》一书，正是来源于对通用汽车公司、标准石油公司等大型企业经营历史的潜心研究。至 1965 年左右，当代战略管理学诞生，形成了初步的理论框架与研究议程 [23]。

4.1.4　20世纪70年代管理研究的发展

这一时期，战略管理研究有了较大进步。理查德·鲁梅尔特（Richard Rumelt）于 1974 年发表了《战略、结构和经济绩效》，提出了对后世具有广泛影响的"公司层"战略提法，认为选择与企业战略相适应的组织结构对企业经营绩效至关重要。哈佛商学院罗伯特·巴泽尔等领导的市场营销科学研究所同样尊崇实证研究，提出了市场营销战略对利润率的影响（PIMS）研究方法，其研究框架是"市场结构＋竞争地位——战略＋策略＋绩效"，与贝恩（Bain）的"市场结构（Market Structure）——行为（Market Conduct）——绩效（Market Performance）"分析框架（即著名的 SCP 分析框架）非常相似。

雷蒙德·迈尔斯（Raymond Miles）和查尔斯·斯诺（Charles Snow）在这一时期也提出了一种被称为"基本竞争战略"的分类体系，帮助不同企业在对待外部市场定位、内部组织程序和技术操作过程等任务时采用不同的战略态势，强调企业战略和组织结构及过程的有机组合与理想状态 [23]。

在这一时期，经济学研究领域的实证研究方法被广泛引入西方战略管理研究。研究方法主要是通过对个别企业的案例进行研究，得出企业战略制定、实施、控制的方法和技能。虽然这种研究方法得出的结论不够系统、无法广泛运用，但这一时期的研究仍然为后续的研究搭建了思维逻辑基础。

20 世纪 70 年代末，中国战略管理研究发展尚未起步。这一阶段为数不多的启蒙著作只有钱学森于 1978 年在《文汇报》发表的《组织管理的技术——系统工程》一文，可以说是我国管理科学的奠基之作。

4.1.5　20世纪80年代管理研究的发展

这一时期，在战略管理理论中处于主流地位的是迈克尔·波特的竞争战略理论。1980 年，迈克尔·波特在《竞争战略》中提出了以产业结构分析为基础的战略理论，并认为企业盈利能力主要取决于其选择何种竞争战略。竞争战略的选择基于两点，一是对有吸引力、高潜力产业的正确选择，二是在选择的行业中确立自己的优势竞争地位。

这一时期，改革开放不断深入，企业开始获得一定的自主权，企业活力明显提升。1983 年，中国企业管理协会召开了第一次企业管理现代化座谈会；1984 年，全国企业管理现代化第二次座谈会提出推广、全面计划管理、全面质量管理等 18 种现代化管理方法；1986 年，国家经济贸易委员会提出"七五"《企业管理现代化纲要》，进一步加快了学界、企业界对企业管理现代化的探索。海尔集团、扬子集团、长虹集团等企业，均在这一阶段通过施行全面质量管理等先进管理方法，有效提升了企业管理水平。

这一时期，由于缺乏战略管理相关理论基础，无法进行深入的研究，也没有充足的案例研究对象，我国战略管理领域的学者通过直译西方著作文献的方式向国内输入战略管理理论方法。例如，许是洋于 1981 年翻译了伊戈尔·安索夫的《企业战略》，为国内学者介绍了战略管理理论及概念、安索夫战略管理方式等内容，这是我国最早引进的战略管理专著 [23]。《管理世界》也于 1985年连续刊出了由徐二明翻译的迈克尔·波特的《竞争战略》前三章的内容；《外国经济与管理》在 1987 年和 1988 年连续刊发了冯正虎的《安索夫与他的战略管理思想》《论安索夫的战略管理模式》，逐步提升了学术界对于战略管理的重视。吕师实于 1987 年在《华东经济管理》发表了《企业战略管理浅论》一文，提出了我国当前企业管理的重要任务就是做好对企业战略管理的判断。这也是中国学者对于西方战略管理理论在中国实际应用的较早思考。

中国传统战略管理思想在 20 世纪 80 年代得到了延续。国内部分学者尝试通过对东西方战略管理思想的比较，提炼出适用于国内现代企业战略发展的指导方法。在中国企业管理协会于 1983 年举办的"借鉴外国企业管理经验座谈会"上，袁宝华提出了"以我为主、博采众长、融合提炼、自成一家"的学习外国管理经验；李世俊于 1984 年出版著作《孙子兵法与企业管理》，用军事战略思想研究企业战略；《社会科学》也于 1988 年刊发《智慧胜刚强——孙子战略管理思想解析之一》。

4.1.6 20世纪90年代管理研究的发展

这一时期，我国改革开放进入新的历史时期，一系列重要政策的颁布与实施进一步鼓励了企业参与市场竞争，促进了企业对于战略管理实践、理论、人才的需求。中国战略管理在学术研究、实践应用等方面进入新的发展阶段。

20 世纪 90 年代初，以国有企业为代表的中国企业开始组建独立的战略管理部门 [25]，如上海宝钢 1993 年成立的"计划发展部"，青岛啤酒 1999 年成立的"公司战略发展与投资委员会"等；而海尔集团、联想集团等国内知名企业的战略管理发展经验，也成为中国战略管理"走出去"的重要名片。

在学术研究方面，中国学者开始更多地消化吸收西方理论与研究方法，并尝试与中国企业实践相结合。王凤彬于 1993 年对中国企业管理组织变革的经验与方向进行了探讨，认为要适应社会主义市场经济的发展，中国国有企业管理组织变革的总目标应是建立新型的"面向市场"、符合企业自身生产经营需要的高效能的管理组织 [26]。武亚军于 1999 年研判了企业战略管理理论的发展与研究趋势，认为"为未来而竞争"的战略管理模式初步显现轮廓 [27]；徐二明于 1999 年总结了企业战略管理理论的发展与流派，明确提出了设计学派、计划学派、学习学派、定位学派、资源学派的学派分类方式，将西方主流战略管理理论系统化引入国内 [28]。

同时，部分学者也结合中国国情、中国传统文化，开始探索新的战略管理理论方向。李占祥于 1997 年提出企业本身就是一个多元矛盾的复合系统，矛盾出现和矛盾解决的循环运动构成了企业成长的动力，管理的过程就是正确处理矛盾的过程。运用马克思主义方法研究战略管理，开创了中国战略管理理论创新的先河 [29]。胡祖光于 1994 年以中国优秀传统文化与管理哲学思想为核心价值体系，以西方现代管理思想与方法为比较对象，提出了"东方管理学"，国际上称之为中国发展模式的系列管理方法与理论实践[30]。谷书堂、李维安则是中国最早研究公司治理的学者，他们于 1999 年聚焦上市企业、大中型企业，初步构筑了以公司治理边界为核心范畴的公司治理理论体系，进一步拓展了公司治理的研究领域，实现了从公司治理结构到公司治理机制，从单一法人治理到集团治理、跨国治理、网络治理的突破，这也成为中国战略管理创新标志性成果之一[31]。

4.1.7　21世纪管理研究的发展

进入 21 世纪后，西方学者的研究视野明显趋于多元化，开始对公司制度及治理结构、创新变革、数字化转型等方向展开探索，对如今的企业管理实践产生了非常积极的作用。学者们逐渐认识到战略管理是动态发展的，需要不断根据外界条件调整战略目标和战略方向。而同一时期的中国学者，也逐渐意识到西方战略管理理论在中国落地实践的问题，开始尝试更多地与中国实际结合，思考有中国特色的战略管理理论。

李怀祖、周三多等学者，开始探讨管理研究方法论、战略管理思想史等，通过明确管理研究方法、流程，以及对国内外企业战略管理研究成果的总结与梳理，系统地介绍了战略管理思想的发展脉络和最新前沿方向[32][33]。

王凤彬于 2002 年对虚拟企业、网络型企业展开了探索，认为虚拟一体化是现代企业有效利用社会资源的常用组织形式，不仅增强了企业的柔性和敏捷性，还降低了交易成本和管理成本，这一研究成果也是互联网时代企业组织管理研究的标志性成果之一[34]。魏江、陈劲于 2006 年对创新管理进行了深入研究，提出了数字创新的开发步骤和传统企业进行数字商业模式创新的基本思路[35]。蓝海林在长期调研珠三角企业的变迁过程后，于 2014 年提出了动态竞争战略理论，其本质是战略管理在不确定性环境下的具象表现[36]。

同时，中国学者仍然坚持将西方战略管理理论与中国传统管理思想进行结合。苏东水于 2005 年提出了"以人为本,以德为先,人为为人"的理念,同时还提出了东方管理学的目标是构建社会的"和贵、和合、和谐"[37]。席酉民于 2002 年也提出了和谐管理理论,通过对组织系统要素的分析,以及对"主题和谐"的强调,形成了一套独特的组织管理理论[38]。

4.2 数智化时代中西方战略管理的发展规律

从 20 世纪 50 年代到现在,西方战略管理理论历经数十年发展。战略理论的内容从最初关注企业内部的战略计划、战略分析过程,到关注整体的产业结构发展,然后回到了关注企业内部核心能力、资源,最终转向关注企业间的多元合作。对于市场竞争研判,从最初的对抗到近期的合作共生;从最初追求有形产品、短期竞争优势到后期寻求长期的、内在的、持久的竞争优势,发生了明显的变化。

中国战略管理研究虽然起步较晚,但也从 20 世纪 90 年代对西方战略管理概念、理论、方法的学习,转向 21 世纪对中国企业自身战略管理问题的思考,逐步构建了具有中国特色的战略管理理论和框架,实现了战略管理理论在中国的本土化创新。中国学者在虚拟网络企业、企业治理、企业战略与马克思主义政治经济学等方向上不断探索,在数智化时代产出了一系列有深度、有影响力的成果。

纵观数十年来东西方战略管理理论的发展,中西方战略管理思想已逐步去除藩篱,交融发展,整体理论发展的脉络跟随时代的进步而不断变化。战略管理理论在 21 世纪(特别是 20 世纪 80 年代)之前,外部环境呈现产业边界清晰、经营环境长期稳定的特点;进入 21 世纪后,数智化时代虚拟化、信息化、网络化、数字化、智能化、颠覆性创新等特征愈发凸显,也对战略管理研究产生了影响。例如,迈克尔·波特在 2001 年提出了互联网时代战略、胡安·桑塔洛(Juan Santaló)在 2013 年提出了平台战略、迈克尔·库苏曼诺(Michael Cusumano)在 2015 年提出了分享经济等概念。学者们纷纷在原有战略管理理论概念及框架的基础上，结合新的时代背景对战略管理进行了诠释与解读。在新的时代背景下，学者们开始更多地关注企业外部的多元竞争环境，探讨合作、联盟或其他商业拓展模式；而对企业内部能力进行研究时，也开始关注企业的数据分析能力、信息技术创新能力等方面。

纵览战略管理理论的发展历程，对我国国有企业在数智化时代的战略选择仍然具有重要意义。战略管理的产生，就是企业为了应对环境的变化而进行的谋划和调整。面对新时代瞬息万变的组织环境，国有企业数智化转型进程正在不断加速。对于中国国有企业而言，在坚持人本观、和谐观、中庸观、义利观的基础上，也同样需要更加尊重、重视科学技术的力量，运用大数据、物联网、人工智能、5G 等新一代信息技术提升管理水平与管理质量；在坚持合作共赢的基础上，也需要在激烈的市场竞争中寻找到属于自身的核心竞争力；在坚持以"情、理、法、礼"为主的传统式管理之余，也需要思考如何更好地处理集分权关系、贯彻民主集中制等问题。理论的牵引只能作为企业未来发展方向的一盏指路灯，如何在数智化时代走得更好、走得更远，仍然需要企业家们结合历史规律、时代特征及企业现实条件，探索更符合企业自身特点的发展道路。

第5章
选择路径之道

5.1 数智化时代企业战略管理的新变化

5.1.1 数字化、数智化、数字化转型的概念解读

1. 数字化

国内外专家、学者、机构对于数字化的定义存在一定差异。例如，Gartner将数字化定义为信息由模拟形式变成数字形式的过程；IBM 认为数字化就是通过整合数字和物理要素，进行整体战略规划，实现业务模式转型，并为整个行业确定新的方向；MIT 研究院认为，数字化就是利用数字化有关技术来改善企业的效益或提高企业效益可达的限度[39]；杰哈德·奥斯瓦尔德（Gerhard Oswald）和迈克尔·克莱因梅尔（Michael Kleinmeier）则认为数字创新与转型就是数字化[40]。

部分学者、机构也对数字化的驱动要素展开了探讨。例如，艾德里安·伯曼（Adriane Berman）认为数字技术的广泛传播和应用与人们的态度、行为和期望的转变密不可分[41]；MIT 研究院认为，数字化战略是数字化转型的驱动因素，企业开展数字化转型的初期往往因数字化战略的缺失受到影响；马利克·科沃克维奇（Marek Kowalkiewicz）提出数字技术是数字化的驱动因素，同时网络物理系统、网络安全等对数字化发展也有重要作用[42]。

整体来看，数字化是企业由物理世界向数字世界的迁移，并形成全新的商业模式和服务模式。随着大众对数字技术认识的不断提升，数字技术已成为企业数字化转型重要的驱动要素。

2. 数智化

近年来，"数智化"被频频提起，与"数字化"又有何异同？

事实上，"数智化"一词被频频提起，其关键在于不同时代的关键生产要素在持续变化。原先，最重要的生产要素是土地、劳动力、资本；随后，技术、管理、知识等要素也逐渐被重视。如今，数据、算力、算法将逐渐成为更重要的生产要素。未来的市场环境也将是数据驱动、算力驱动、算法驱动。从发展阶段的角度看，数字化、在线化只是第一步，智能化、智慧化才是未来。"数智化"更强调在"数字化"基础上的"智能化"应用，是数字化、智能化和万物互联"三位一体"发展而成的更高级的发展阶段。虽然只有一字之差，但"数智化"使得生产方式、商业模式和经营理念发生了颠覆性变革。

当然，我们也要承认，各个行业、多数企业的数字化进程还处于探索、起步阶段，少数优秀企业的智能化程度还有巨大的提升空间，"数智化"的大幕刚刚开启。因此，本文将探讨的仍是数智化时代下的企业数字化战略转型。我们认为，未来所有的企业都将会是数智化的企业。

3. 数字化转型

如表5-1所示，不同的机构对企业数字化转型的定义不同，但在企业数字化转型过程中的模式创新、技术驱动、数据赋能等关键内涵上却有着共识。

表 5-1　不同的机构对企业数字化转型的定义

机构	对数字化转型的释义
国务院发展研究中心	利用信息技术，构建数据采集、传输等闭环，打通不同层级与行业间的数据壁垒，提高运行效率，构建全新的数字经济体系
埃森哲	通过数字化应用提升运营效率
CIO Pages	数字化转型是建立在数字化转换、数字化升级的基础上，进一步触及企业核心业务，以新建一种商业模式为目标的高层次转型，是开发数字技术及支持能力以新建一个富有活力的数字化商业模式
华为	通过新一代数字技术的深入运用，构建一个全感知、全连接、全场景、全智能的数字世界，进而优化再造物理世界的业务，对传统管理模式、业务模式、商业模式进行创新和重塑，实现业务的成功

续表

机构	对数字化转型的释义
IDC	利用数字技术和能力来驱动企业的商业模式创新和商业生态系统重构的途径和方法
麦肯锡	战略与创新、客户决策旅程、流程自动化、组织变革、技术发展、数据与分析
微软	客户交互、赋能员工、优化运营、产品转型
中国信息通信研究院	信息通信技术与各个行业的全面深度融合，不仅意味着技术变革，还带来了生产组织方式、管理方式和商业模式的重塑，这是企业或者产业核心竞争力提升的系统性转型过程

当今时代，学者、企业家们纷纷意识到数字化、智能化的企业运营模式能够有效助力企业抗击风险、提升效能、获取长远发展。但正如阿贾伊·阿格拉瓦尔（Ajay Agrawal）等学者指出的，全球企业的数字化转型实践都亟须具备现实洞察力和战略导向的系统性理论框架来指导[43]。在数字化不可阻挡的趋势背景之下，使用合适的战略管理理论指导企业实践关乎一个企业的兴衰存亡。事实上，数字化对战略管理理论的部分假设也提出了挑战，同时给理论拓展带来了全新的机会。

知名学者萨蒂什·南比桑（Satish Nambisan）认为，数字化挑战了传统创新理论的核心假设。例如，传统理论认为创新是有界限的，但是数字化的可延展性、可编辑性、开放性和可转让性等挑战了这种假设；传统理论认为创新需要集中，但数字化带来的创新显然是分散、开放且以网络为中心的[44]。

美国麻省理工学院的乔治·韦斯特曼（George Westerman）认为，数字化创新带来了新的行动者、结构、实践和价值观，这些行动者、结构、实践和价值观在生态系统、行业或组织内部改变、取代或补充了现有的规则和领域[45]。

企业创新战略专家罗恩·阿德纳（Ron Adner）等在总结数字化 4 个特点（呈现性、连接性、聚合性及三者交互作用）的基础上，讨论了数字化对资源基础观、产权理论、企业理论、生态系统理论及意义构建理论等传统理论可能产生的影响[46]。

格雷戈里·比亚尔（Gregory Vial）认为应该将数字化转型看作一个过程，在这个过程中，数字技术会产生中断，触发那些寻求改变其价值创造路径的组织的相应战略。他认为数字化转型是一个通过信息、通信、技术的组合触发对其属性的重大改变来改进实体的过程[47]。

综上所述，国内外学者、企业家均认为数字化转型既是一种由内而外的自我变革，也是利用数字技术的变革。这种变革的核心是提高生产力，改善生产关系。数据在数字化转型后彻底被激活，生产要素重构、生产效率显著提升、信息藩篱被打破，解决了过去很难解决的生产或管理问题，实现降本增效，有效提升企业竞争力。我们可以认为，数字化转型将进一步加速新型数字化基础设施的建设和发展，形成新型业态、新型生产组织方式，并带动发展理念和社会认识的不断演进。

5.1.2　数智化时代企业战略管理新特征

结合前文分析，可以将数智化时代企业战略管理的新特征归纳为以下 6 点。

（1）变化频繁：VUCA 时代的企业战略管理不再是长期、稳定、一成不变的，而将随着内外部环境的不断发展滚动前进。

（2）路径颠覆：借助数字技术，企业战略、发展方向的升级将可能另辟蹊径，实现跨越式发展。

（3）要素革命：数据、算法、算力将成为新的生产要素。原有的企业发展模型被打破、替换。

（4）组织变革：企业内部组织架构将呈现扁平化、虚拟化的特征，以适应临时多变的外部环境，实现快速的资源获取和转化需要。

（5）创新加速：以小步快跑的形式实现快速迭代、创新。

（6）生态合作：数智化时代企业间的生产协作由上下游产业链走向了多元化、松散耦合的生态合作。

5.1.3　数智化时代企业战略管理新选择

在变化频繁、路径颠覆、要素革命、组织变革、创新加速、生态合作等特征的影响下，国内外企业战略选择又将产生哪些新的变化？

1. 战略目标

从企业追求的终极目的出发，企业过去所追求的战略目标是依托能力形成竞争优势。在数智化时代背景下，当今企业之间的竞争转向竞合，合作成为数智化时代企业战略管理的新的根本任务。

2. 战略环境

数智化时代，要对内外部战略环境的变化更加关注。只有适应数智化时代发展特征的企业，才能够继续在主航道上守正创新。

3. 战略内容

在新的战略目标、战略环境影响下，企业战略管理的内容体系也在发生剧烈变化。制度创新研究、创业研究、生态联盟研究、颠覆性创新研究、数字化转型成熟度评估研究、企业生态位选择研究等成为新的研究方向。

4. 战略方法论及工具

在相对稳定的环境下，竞争优势矩阵、波士顿矩阵（BCG Matrix）、GE 九方格等成为企业为获取竞争优势而常用的方法论及工具；而 OKR（目标与关键成果法）、海盗模型等则在数智化时代更为广泛流行。

数智化时代，国内外企业在战略目标、战略环境、战略内容、战略方法论及工具等方面均发生了明显变化，从而迫使各企业建立灵活适用的组织架构，也要求各企业的商业模式、运营模式进行一系列重大调整。以我国信息通信企业为例，网格化运营、云网融合等战略调整，都是运营商为适应数智化时代而做出的变化。如今学界、企业界在不断总结经验教训的基础上，正在逐渐形成数字化战略转型的理论体系，并不断在实践中进行迭代、优化。

5.2 中西方企业数字化战略转型理论与实践

数智化时代，专家学者、研究机构、企业家们纷纷提出了企业数字化战略转型的理论体系，部分企业在数字化战略转型的进程中也走在前列。

5.2.1 以战略牵引为核心的企业数字化转型理论

1. 华为：行业数字化转型方法

如图 5-1 所示，华为在行业数字化转型实践中，摸索积累了一套应用数字技术实现业务成功的战略框架与战术工具集，提炼了其中具有通用性、普适性的关键点和要素，形成了华为特色的行业数字化转型方法。

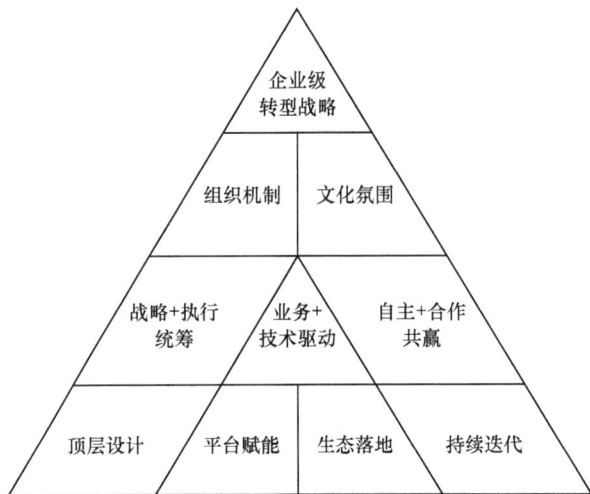

图 5-1 华为的行业数字化转型方法

2021 年，华为又结合 100 多个国家的案例与数据，从 6 个角度（个人、家庭、企业、城市、行业、国家）、4 个阶段（基础信息化、应用数字化、全面系统化、智慧生态化），系统解读了数字化转型从战略到执行的全景框架。笔者认为，华为的行业数字化转型方法虽然架构偏理论化，但能够指导企业结合自身行业特点动态转型发展，具有一定的理论价值。

2. 新华三：数字化转型规划五段论

新华三认为，数字化转型是跨领域、跨部门，甚至需要跨企业的系列工程。数字化转型的成功，需要依据合理的规划方法，制定有效可行的蓝图目标。如图 5-2 所示，新华三将数字化转型的规划划分为 5 个阶段。

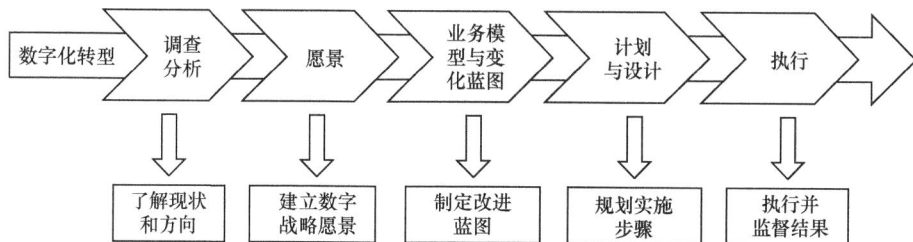

图 5-2　新华三的数字化转型规划五段论

• **了解现状和方向**：业务外部环节、业务内部能力、业务战略方向、分析企业数字化现状。

• **建立数字战略愿景**：数字价值定位、制定未来数字目标、宣扬共享愿景。

• **制定改进蓝图**：目标业务模型、目标业务数字流程、业务现场改进、应用 / 数据 / 技术架构、管理框架、人员组织。

• **规划实施步骤**：战略举措优先级、迁移策略和途径、投资计划、衡量标准、计划实施时间表。

• **执行并监督结果**：项目管理、变革管理、质量管理与评估。

同时，新华三还给出了一个数字化转型框架（H3C DXF），用于制定合理的战略愿景蓝图与路标。业务战略、业务架构、业务现场、IT 架构是这一框架的重要组成部分。

5.2.2　以业务再造为核心的企业数字化转型理论

1. 艾瑞咨询：基于"开源、节流、提效"的企业数字化转型执行框架

艾瑞咨询公司认为，企业数字化转型首先要"摸清家底"，通过全面扫描自身情况认清企业想要通过数字化转型解决哪些问题，以及企业实施数字化转

型的基础如何。

艾瑞咨询公司认为，对于大部分的企业，拓客增收是第一需求；其次可以运用数字管理工具进行精准营销。针对企业的提质增效需求，可以从企业的痛点和行业特性入手，通过数字化转型实现相应的目标。艾瑞咨询公司提出的企业数字化转型执行框架如图 5-3 所示。

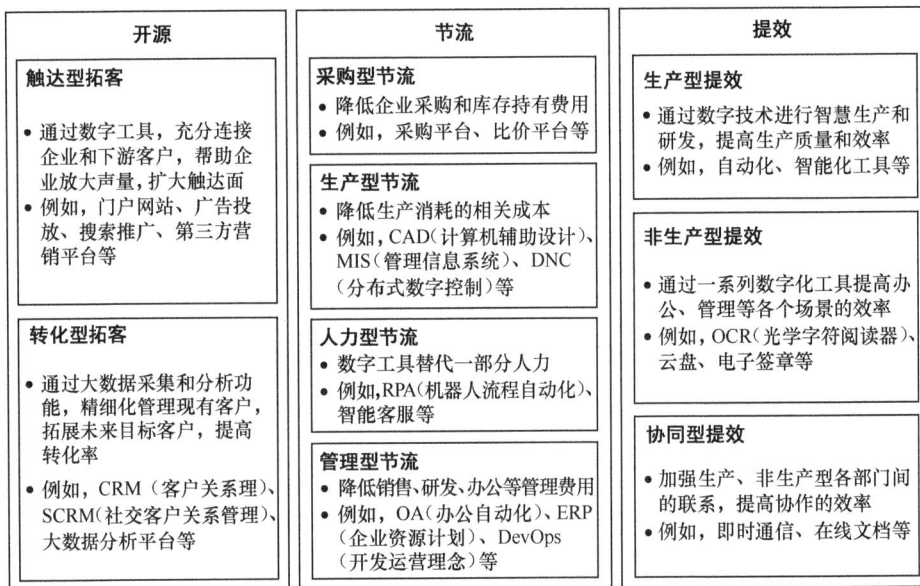

开源	节流	提效
触达型拓客 • 通过数字工具，充分连接企业和下游客户，帮助企业放大声量，扩大触达面 • 例如，门户网站、广告投放、搜索推广、第三方营销平台等	**采购型节流** • 降低企业采购和库存持有费用 • 例如，采购平台、比价平台等 **生产型节流** • 降低生产消耗的相关成本 • 例如，CAD（计算机辅助设计）、MIS（管理信息系统）、DNC（分布式数字控制）等	**生产型提效** • 通过数字技术进行智慧生产和研发，提高生产质量和效率 • 例如，自动化、智能化工具等
转化型拓客 • 通过大数据采集和分析功能，精细化管理现有客户，拓展未来目标客户，提高转化率 • 例如，CRM（客户关系管理）、SCRM（社交客户关系管理）、大数据分析平台等	**人力型节流** • 数字工具替代一部分人力 • 例如，RPA（机器人流程自动化）、智能客服等 **管理型节流** • 降低销售、研发、办公等管理费用 • 例如，OA（办公自动化）、ERP（企业资源计划）、DevOps（开发运营理念）等	**非生产型提效** • 通过一系列数字化工具提高办公、管理等各个场景的效率 • 例如，OCR（光学字符阅读器）、云盘、电子签章等 **协同型提效** • 加强生产、非生产型各部门间的联系，提高协作的效率 • 例如，即时通信、在线文档等

图 5-3　艾瑞咨询公司提出的企业数字化转型执行框架

2. 国信院 & 中信联：数字化转型工作手册

北京国信数字化转型技术研究院（国信院）与中关村信息技术和实体经济融合发展联盟（中信联）联合推出了《数字化转型工作手册》（以下简称《工作手册》），并提出了以价值效益为导向的数字化转型 5 项重点任务，如表 5-2 所示。

《工作手册》认为，数字化转型可实现的价值效益包括生产运营优化、产品 / 服务创新、业务转变 3 类。按照价值体系优化、创新、重构的要求，应该从发展战略、新型能力、系统性解决方案、治理体系、业务创新转型 5 个方面构建系统化、体系化的关联，有效推进数字化转型进程。

表 5-2　以价值效益为导向的数字化转型 5 项重点任务

5 项重点任务	解读
发展战略	提出价值主张：根据数字化转型的新形势、新趋势和新要求，提出新的价值主张
新型能力	支持价值创造和传递：根据价值主张新要求，构建信息时代新型能力体系，支持价值创造和传递
系统性解决方案	提供价值支持：创新价值支持的要素实现体系，形成支持新型能力打造、推动业务创新转型的系统性解决方案
治理体系	提供价值保障：变革价值保障的治理机制和管理模式，构建推动业务创新转型的治理体系
业务创新转型	实现价值获取：根据价值主张新要求，基于新型能力体系、系统性解决方案和治理体系，形成支持最终价值获取的业务新模式和新生态

此外，《工作手册》还将企业数字化转型分为初始级、单元级、流程级、网络级、生态级 5 个阶段；2021 年 12 月，其《国有企业数字化转型发展指数与方法路径白皮书》中将企业数字化转型分为规范级、场景级、领域级、平台级、生态级 5 个阶段。其中，进入生态级阶段的企业将被认为已经实现了基于生态圈数据的智能获取、开发和利用，能够发挥数据作为信息沟通媒介和信用媒介的作用，并基于数据实现价值智能化在线交换、提升生态圈价值智能化创造能力和资源综合利用水平。

虽然《工作手册》将制定发展战略作为企业数字化转型的重要任务，但重点强调的依然是数字化转型能够为企业带来哪些价值效益。

3. IBM：智慧企业转型升级蓝图

IBM 认为，企业数字化重塑已经进入深水区，向"智慧企业"前行的道路充满了险阻。基于此，IBM 联合长江商学院等机构绘制了智慧企业转型升级蓝图。

- **业务层面**：智慧企业以打造全方位的体验为终极目标，并以平台为战略，与合作伙伴、客户甚至竞争对手共同构建生态系统。

- **运营层面**：智慧企业以数据为驱动，以呈指数级发展的技术为引领，用智能的工作流实现卓越运营、推动业务创新。

● **数字能力层面**：智慧企业需要构建完整的体系架构，并运用全新的运营管理手段，形成整体的数字能力，有效地应对内外部的动态变化。

● **执行层面**：智慧企业可通过敏捷转型方式，将企业数字化战略敏捷而有力地落地执行，推动企业转型升级，成为智慧企业。

在 IBM 的智慧企业转型升级蓝图中，业务层成为企业转型升级的关键，并重点提及了建立全方位体验、打造开创性平台两大方向。打造全新商业模式、敏捷加速智慧转型，也被 IBM 认为是企业打开数字化转型之门的钥匙。

5.2.3 以成熟度评估为核心的企业数字化转型理论

1. TM Forum：电信企业数字化成熟度模型

2018 年，TM Forum（国际电信论坛）推出了面向电信企业的数字化成熟度模型（DMM），目前已迭代至 4.0 版本，如图 5-4 所示。

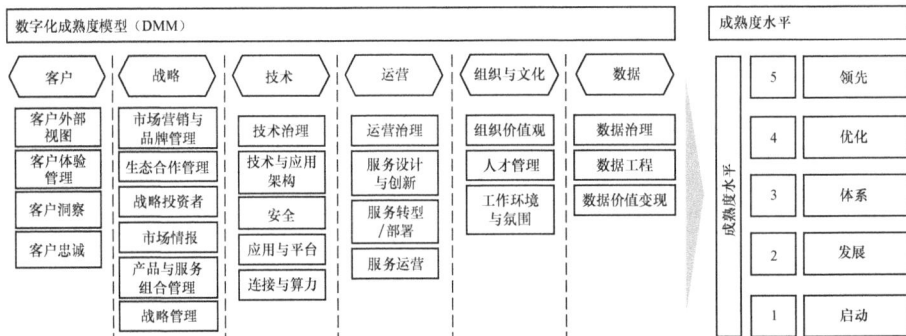

图 5-4　TM Forum 推出的面向电信企业的数字化成熟度模型

从客户、战略、技术、运营、组织与文化、数据六大维度展开评估的 DMM 模型，直观体现了电信企业数字化成熟度的演进流程，清晰地展示了电信企业的数字化转型是什么、怎么做、可能达到的程度。

对比其他数字化成熟度模型，DMM 模型在视角、内涵等方面都更贴近信息通信企业的实际情况，对信息通信企业数字化转型现状评估、未来发展方向建议等有着较强的借鉴意义。

2. 普华永道：企业数字化成熟度评估架构

普华永道认为，在企业推进数字化转型的过程中，各项工作相互之间需要紧密衔接。如图 5-5 所示，普华永道从战略引领、业务应用、技术支撑、数据支撑、组织支撑及数字化变革 6 个维度对企业的数字化成熟度进行评估。

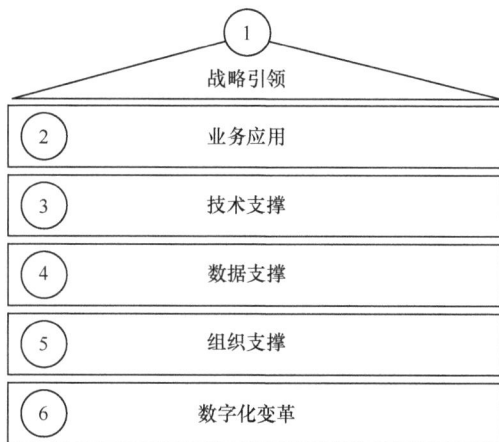

① 战略引领

② 业务应用

③ 技术支撑

④ 数据支撑

⑤ 组织支撑

⑥ 数字化变革

图 5-5　普华永道对企业的数字化成熟度评估架构

其中，"战略引领"是引领性指标，"业务应用"是结果性指标，"技术支撑""数据支撑""组织支撑""数字化变革"4 项指标作为支撑型要素。根据企业的数字化成熟度不同，可以将企业数字化转型所处的阶段分为在线化、集成化、数字化、智能化 4 个阶段。普华永道判断，目前中国大部分传统企业处于在线化和集成化阶段，少数企业进入数字化阶段。智能化的局部应用已经出现，大规模成体系地应用在传统企业的情况尚不多见。笔者认为，该框架通过 6 个维度、5 个层级，系统地勾勒出企业数字化能力的评估标准，适用范围较为广泛。

5.2.4　中西方企业数字化战略转型实践

1. 中西方企业数字化转型的痛点

（1）缺乏高层次数字化转型战略

数字化时代的竞争要求企业的领导者对数字技术、新兴商业模式保有高度敏感的洞察力，并时刻调整企业战略。然而，数字化转型需求的提出与执行往往并非由高层发起，个别技术部门、业务部门对数字化转型的概念认知可能存在偏差，且难以推动公司整体数字化转型进程。

（2）缺乏统一的数字化转型文化

企业推进数字化转型过程中没有赋予企业文化新的数字化内涵，或者在各部门人员的认识没有统一的时候就启动了数字化转型，导致数字化转型的失败。

（3）缺乏高水平的数字化人才

缺乏数字化人才，尤其是缺乏数字化转型领导者是企业在数字化道路上的一个重要障碍；事实上，数字化人才绝不仅仅来自于技术部门，与客户直接接触的市场、销售等业务部门同样需要更多高水平的数字化人才。

（4）缺乏符合内外部转型需求的技术平台

在业务需求快速多变、新技术层出不穷的转型道路上，数字化系统需要稳定扩展与平滑推进，要求企业技术平台在数字化转型过程发挥重要作用。如果封闭的平台无法快速响应数字时代客户的需求，将阻碍数字化转型。

（5）缺乏系统化顶层设计能力

缺乏系统化顶层设计的数字化转型必然不会成功，仍旧有众多的企业错误地认为数字化就是上系统，从而将数字化转型变成一个IT项目。

2. 中西方企业数字化转型实践借鉴

在日益激烈的行业竞争背景下，不少企业已经进行了数字化转型尝试，从而实现了改进管理体系、优化运作流程、创新营销模式、重塑产品/服务等目标。

（1）改进管理体系

通过数字技术的应用，企业对其管理体系进行了改进，在内部协作、综合管理等方面获得提升。例如，国家电网有限公司通过混合云的集团和省网统一管理及数据、应用、AI三大使能构筑数字新基建的核心底座，推进集团及省级公司实现一级运营、两级运维，搭建物联管理平台，支撑电网企业传统基础设施转型升级。在这一核心底座的支撑下，实现输电业务提升、配电业务提升、综合能源服务及多站合一 4 个方面的成效。

（2）优化运作流程

这一类企业通过数字技术的应用，成功优化了企业内外部运作流程，提升了效率。例如，戴森中国整合服务模块，搭建一站式服务平台，解决了客户服务模块（产品报修、会员服务等方面）彼此孤立的问题。通过一系列数字化转型举措，最终建立了支持跨部门联合作业的任务工单架构。叠加 AI 能力后，还进一步实现了售前机器人、外呼机器人的场景化应用，进一步提升了成单转化率及用户消费体验。

（3）创新营销模式

这一类企业通过数字技术的应用，对企业的营销模式进行了创新，进一步放大了资源价值。例如，北京王府井百货（集团）股份有限公司随着规模的扩张和业态的发展，通过创新直播带货模式、融合线上线下资源，构建全渠道顾客运营体系。此外，还通过升级内存数据库一体机应对数据增长挑战，从而保证了线上业务的不断更新及架构中各个节点业务流的高速运转，加速了销售、商品及人员等数据处理整合分析的过程，进一步提升了企业核心竞争力。

（4）重塑产品 / 服务

仍有部分企业在应用数字技术之后，对自身的产品和服务进行了重塑。例如，战略咨询公司麦肯锡，在进入 21 世纪后进一步加速了其数字化转型进程。2013 年，麦肯锡成立数字化实验室，聘请超过 200 名技术专家利用敏捷开发和快速模型验证帮助客户开发 App 及其他定制化软件，从而帮助麦肯锡为客户提供的咨询方案落地。2015—2016 年，麦肯锡先后收购了 Lunar Design、Veryday 等设计公司，由设计师为客户创造产品、服务和体验。

虽然多数企业数字化转型实践仍然停留在初级阶段，但随着数字化转型理念的不断完善，技术短板制约、转型路径不明确等问题有望逐步得到解决。

5.3　国有企业数字化战略转型路径思考

我国企业和企业家向西方企业学习了现代商业管理思想，拓展了战略视野，但中国战略管理实践还是需要厘清中西方政治、思想、文化方面的差异，找到适合中国企业战略转型的方向路径。

5.3.1　国有企业的特殊性解读

1. 国有企业的发展阶段

纵观世界，国有企业发展总体可以分为 5 个阶段，在全球范围内及较长的历史时期存在，并发挥了积极作用。

第一阶段（17—20 世纪）：国有企业在少数领域发挥作用，其业务范围多为供水、供电、铁路运输等。

第二阶段（1914—1945 年）：国有企业在工业发展、缓解经济危机方面发挥重要作用，英国、法国、德国等西方国家都出现了经济国有化现象。

第三阶段（1945—20 世纪 80 年代）：扶持国有企业成为各国在这个时期促进经济发展的主要手段，且除了公共事业外，也涉足部分一般竞争领域。在这一期间，东亚、拉美部分国家也开启了经济国有化进程。

第四阶段（20 世纪 80 年代—2004 年）：国有企业私有化行为出现，英国钢铁公司、英国石油公司等均是在这一时期完成了国有企业私有化。

第五阶段（2004 年至今）：由于受到经济、互联网浪潮等影响，西方国家再次开始收购金融、汽车等企业，部分发展中国家也通过国有化实现了对银行、能源等关键领域的控制。

2. 中国国有企业的发展历程

新中国成立后，中国国有企业体制在"一五"期间 156 个苏联援建项目和 694 个限额以上建设项目的基础之上建立起来，大型汽车、电力、钢铁等工业企业均在这一时期成立。自 1978 年以来，我国不断探索国有企业改革方向，在推动国家工业化、健全工业体系方面做出了卓越贡献。

改革开放后，通信行业蓬勃发展，为国家的经济建设做出了重要贡献，并诞生了包括中国移动、中国电信和中国联通等一批优秀的国有企业。这些企业根据内外部环境变化，也在不断调整自身的发展战略。

中国电信成立于 1995 年，完成转型 1.0、转型 2.0、转型 3.0 后，在 2020 年提出"云改数转"战略。中国移动成立于 2000 年，先后经历了"双领先""新跨越""可持续发展""大连接"和"创世界一流力量大厦"5 个战略发展阶段。2009 年中国联通实行"3G 领先与一体化创新"战略，2015 年开始推进"聚焦战略"，2021 年将战略升级为"强基固本、守正创新、融合开放"。

笔者认为，早期的国有企业在制定战略转型规划过程中，受到了世界主流战略理论的影响。以中国移动"双领先"战略为例，"双领先"中的"领先"提法，注重在竞争中获取领先地位，体现了迈克尔·波特竞争战略理论的特点。此外，"双领先"战略聚焦内部能力，要"锻造企业核心竞争力"，也符合能力学派的主要观点。

当前，信息通信技术发展日新月异，对国家经济发展、国际格局产生重要影响。作为中国特色社会主义经济的重要力量，国有企业正处在新一轮产业变革和技术革命的关口，亟须开展经营模式、管理模式的数智化转型，加快传统产业升级改造步伐，做大、做强数字经济产业链，推动数字经济高质量发展。

5.3.2　国有企业数字化战略转型的主要矛盾

随着国有企业数字化转型的深入，涉及组织、部门、业务越多，转型的复杂度就越高，矛盾也会更加尖锐，普遍存在 4 个主要矛盾。

1. 整体转型诉求与碎片化供给之间的矛盾

数字化转型并不是一个新鲜概念，很多国有企业已经走过了单点、局部上的转型，进而迈入全局的转型。这一阶段，企业需要端到端、集团级的整体数字化转型解决方案，以此推动价值链、产业链各个环节的相互联动。然而，并非所有的企业或为企业提供数字化转型服务的供应商都具备数字化转型所需的知识体系，往往只能满足局部的数字化转型诉求。

2. 集团集中式管理要求与业务单元追求敏捷创新的矛盾

集团层面，自然希望从全局出发思考转型，需要顶层设计、需要做长期规划，要求统一大平台、大架构、大中台；而具体业务单元或下属企业，则更希望能够小步快跑，迭代式创新，与集团企业的诉求不一致。如何在稳和快、严谨和惊喜之间找到平衡，需要一个磨合的过程。

3. 管理层的高期望值与中层领导信心不足之间的矛盾

对于数字化转型，企业管理层往往会寄予较高期望，而数字化转型也必将是国有企业改革下一阶段的核心战略。在实践过程中，可能会遇到的问题是，中层干部具体实施时缺少抓手，对于数字化转型这一新事物认知不足、信心不足，在执行时思路不够清晰、动作不够敏捷。

4. 旧有 IT 资产与新技术导入之间的矛盾

在数字化转型全面推进之前，国有企业已有较大信息化投入。但实际上，很多信息化技术、工具还是停留在 20 世纪。在认知没有跟上、没有跳出旧有的思维定式的现状下，新技术投资意愿仍然偏保守。

5.3.3 国有企业数字化转型选择

数字化是时代的必然，也是时代的潮流。随着国资委下发的《关于加快推进国有企业数字化转型工作的通知》，无论是传统企业还是新兴行业的国有企业，都需要进一步加快企业数字化转型的脚步。

对于中国国有企业而言，数字化转型应当以用户为中心，建设数字化能力，完成企业架构及业务的数字化转型。数字化能力可包括数字化组织、数字文化、数字人才及数字技术等；而业务数字化也包括管理基础及业务流程，包括组织、文化、技术、人才、研发、采购、生产、营销、客服等各个方面。

以中国电信为例，2020 年，中国电信正式提出实施"云改数转"战略，重点从云网融合、体制机制创新、开放合作、内部数字化 4 个方面加快数字化转型和全面上云步伐。在网络方面，中国电信致力于打造具有自身特色的信息基础设施，构建简洁、敏捷、集约、开放、安全的新一代全云化、全光化的智能网络；在开放合作方面，中国电信为企业与合作伙伴提供丰富的上云咨询方案、迭代 IaaS（基础设施即服务）/PaaS（平台即服务）产品和运维能力；在内部数字化方面，中国电信融通企业级数据，运用大数据和人工智能技术，提升自身营销能力、服务能力和企业管理能力[48]。

国有企业数字化战略转型的 4 个主要矛盾，在长时间内都将存在，只有在具体的数字化转型实践过程中，通过不断的磨合、试错与优化才能够逐步化解。随着时代的发展，国有企业数字化转型进程将逐渐深化，数字化转型之路将更加顺畅。

5.3.4　小结

数字化转型从提出概念到政府出台政策，在业界形成了相对统一、相对固定的共识。

第一，在概念认识层面，业界在企业数字化转型过程中的模式创新、技术驱动、数据赋能等关键内涵上达成了一定共识。

第二，在意义价值方面，企业界、学术界都认识到了数字化转型对于企业、社会乃至国家发展的重要价值与深远意义。

第三，在基本原理方面，业界出现了 5 层彼此不同但原理相通的认识。

• 第一层，业界强调数据要素的价值，认为要重新认识数据，数据构成了数字化转型的基础要素和核心设施。

• 第二层，业界强调应用数智化技术，如人工智能、大数据、物联网、云计算、边缘计算、XR（扩展现实技术）等。

• 第三层，业界认为数字化转型依托于智慧中台、能力，这一驱动、推进数字化转型进程的能力与平台格外重要。

• 第四层，业界认为数字化转型要在市场侧、商业侧形成新模式、新业务、新价值，通过业务创新创造商业价值。

• 第五层，业界认为数字化转型是一次全面的战略再造。

第四，企业在数字化转型实施路径方面存在着 3 类主流路径。

• 一是从组织人力入手，数字经济要主动引领，为了保持领先地位，组织需要变革适应。

• 二是企业进行业务、服务、营销模式的再造。

• 三是企业通过 IT、平台升级，锤炼核心数字能力，从而提升效率。

第五，不同主导企业、权威机构、咨询公司，都推出了自己的数字化转型方法、工具、数字化成熟度评估模型，进入企业数字化评估模型的丛林时代。虽然业界尚未出现一个对所有行业、所有企业都有借鉴意义的模型，但在数据、人才、平台等基础要素的重要性上已经达成了初步共识。

笔者认为，数字化转型的理论研究在逐渐走向成型，已经进入企业落地探索阶段。在未来的国有企业数字化转型过程中，可以结合自身所处的行业类型，制定与之相匹配的转型战略。通过设定不同的数字化转型目标与考核体系，制定不同的转型路径与解决方案，落实转型支持与协调机制，探索出一条属于国有企业自身的数字化转型之路。

第三篇

知法篇：

数智化时代国有企业战略转型的方法参照

通过从经典理论、企业案例、咨询研发和大师独创4个维度分析总结过去和现在战略管理方法论产生的时代背景、主要内容、适用环境及优劣分析，博采众长、兼收并蓄，对国有企业战略转型方法进行深入思考，为国有企业在数智化时代战略转型提供方法参照。

第6章
明晰战略管理方法论

6.1 经典理论输出

6.1.1 设计学派战略管理基本模型

1. 时代背景

设计学派起源于两本有影响力的书——《经营中的领导力》与《战略与结构》。菲利普·塞尔兹尼克（Philip Selznick）于 1957 年提出"独特竞争力"概念，探讨了组织"内部状态"与"外部期望"整合的必要性，认为应当将战略深入"组织的社会结构中"。艾尔弗雷德·钱德勒于 1962 年提出"战略决定结构，结构紧随战略"，结构应符合战略，并明确提出了企业战略的概念，创建了设计学派有关经营战略及经营战略与结构相互关系的思想体系。

设计学派思想发展的真正动力来自哈佛商学院的"通用管理小组"，特别是始于他们的基础教科书《经营策略：内容和案例》。这本由肯尼斯·安德鲁斯参与编制的教材，清晰、全面地表达了设计学派的思想，阐述了设计学派的基本模型。

2. 主要内容

设计学派构建基本模型的基础是坚信战略形成的过程是一个概念化的过程，寻求内部能力与外部环境的匹配。

战略是基于对外部环境和内部问题分析得到的，它是在一个交叉点上形成的，交叉点的一侧对于组织在环境中所面对的威胁与机会进行了外部评估；交叉点的另一侧是对组织本身的优势与劣势进行的内部评估。外部的机会要通过内部的优势加以利用，而外部的威胁要加以避免，内部的劣势要加以克服。设计学派战略管理基本模型如图 6-1 所示。

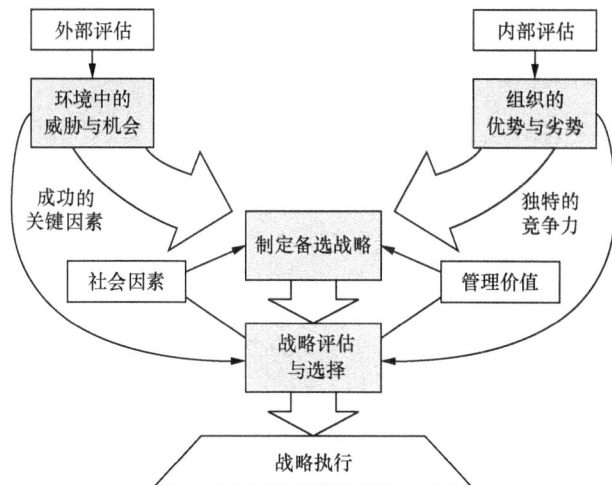

图 6-1 设计学派战略管理基本模型

另外，社会责任和管理价值对战略的制定具有重要的影响。社会责任是组织在社会道德中所应发挥的作用。管理价值是组织中领导者的观念和价值偏好。

关于战略的实际产生过程，则通过外部形成的战略与独特竞争力进行匹配，形成备选战略。一旦确定备选战略，模型的下一步就是评估这些备选战略，对它们进行筛选，找出最好的战略。

3. 适用环境

目前，很多政府和企业战略规划的制定框架基本上立足设计学派的基本模型，但还在不断优化。

设计学派基本模型适用于：一是拥有一位综合能力很强的首席执行官，能全面负责战略的设计过程。二是需要一位积累了丰富的一手经验的战略家。三是在执行新的预想战略以前，必须具备相关的知识。四是组织必须能够接纳一种中心枢纽式的战略。组织内的其他人必须愿意服从核心战略家的安排，并有时间、有精力、有能力去执行一个非常明确的战略。

4. 优劣分析

设计学派基本模型的优势体现在：一是在可操作性强或稳定性强的条件下比较适用；二是战略分析框架全面、完整；三是通过分析组织所处环境中的机会与威胁，评估出组织的优势与劣势。

同时也存在一些缺点：一是组织的优劣势并不容易识别，组织难以判断一项竞争力在新的领域能否成为优势。二是战略先于结构不一定成立，认为战略先于结构等于认同战略必须有优先于结构的能力，但能力却是镶嵌在组织中的。实际上，战略发展和结构之间是相互支持、共同支撑组织的。三是明确的战略难以应付多变的环境，将各种影响成功的因素进行精确匹配（得到合适的战略）是不可能做到的。各种因素尚未明了之时，过早确定战略也将使组织面临风险。四是战略制定脱离战略执行，管理者制定战略，组织底层只负责执行或者将战略设计任务外包，这样形成的战略往往难以反映组织的实际需求。战略的制定脱离战略的执行，战略实施会受到限制。

6.1.2 计划学派战略管理基本模型

1. 时代背景

计划学派起源于20世纪60年代，形成于20世纪70年代。计划学派最具影响力的书是伊戈尔·安索夫所著的《企业战略》。计划学派曾对战略管理实践产生重大影响，但因自身发展停滞，影响力在20世纪80年代被战略管理定位学派超越。

2. 主要内容

计划学派继承了战略管理设计学派的传统，同设计学派相似，计划学派也把市场环境、定位和内部资源能力视为制定战略的出发点，但侧重于阐述战略制定的方法，认为战略的形成是一个受到控制、有意识、规范化的过程，而不应该只停留在经验和概念的水平。战略行为是企业对外部环境的适应和由此而造成的企业内部结构化的过程。

基于这样的理念，计划学派引进了许多数学、决策科学的方法，提出了许多复杂的战略规划模式，但大多数战略规划模式都具有相同的基本思想：采用SWOT模式。将SWOT模式分解成清晰的步骤，通过大量的分析材料和分析技术来完成每个步骤。每个步骤开始时，要特别重视目标的确定；每个步骤结束时，要特别重视预算和对经营计划的评估。

计划学派战略制定基本模式主要分为5个阶段。

第一是目标确定阶段，在战略形成的过程中，要设计出全面的流程，以便详细地阐述组织的目标，并以定量的方式描述组织的目标。

第二是外部审查阶段，对组织外部环境进行审查的一个重要内容是对未来环境进行预测。计划学派提出了全面的外部环境检查列表，覆盖可能察觉到的每个外部因素，还开发出各类分析技术，包括从简单的移动平均法到复杂的情景搭建法等。

第三是内部审查阶段，对组织内部优势与劣势进行研究、全面解构，评价独特竞争力是一个判断的过程，具备更强的主观性，因此不太适合进行严格的分析，审查技术多采用简单列表和各类审查表格。

第四是战略评价阶段，对战略进行全面评价和选择，因评价过程要精心规划，这一阶段需要各种技术支持，从早期简单的投资回报率分析，到近期的竞争战略价值评估、风险分析、价值曲线分析、股东价值分析等，经过对多个战略的细致分析，从中选出一个适用的战略。

第五是战略实施阶段，所有的战略必须分解成可以执行的子战略。战略分解形成不同层次和时间跨度的计划，全面的战略计划处于最高层，之后是中期战略计划，最底层是短期经营计划。与计划体系配合的还有目标体系、预算体系和程序体系。最后，包括目标、预算、战略和程序在内的各工作环节被组合成一个经营计划体系，这个经营计划体系有时也被称为"总规划"。

3. 适用环境

计划学派基本模型适用于：一是战略产生于一个可控的、自觉的正式规划过程；二是原则上，高层管理者负责整个战略的形成过程；三是战略规划应该被明确地制定出来，以便通过详细的目标、预算、程序和各种经营计划来执行。

4. 优劣分析

计划学派克服了设计学派过于主观的分析方法，引进了以决策科学为代表的数量分析方法，提出了许多制定企业战略的数学模型和定量分析工具，具体包括：第一，计划人员可以作为分析人员在前端进行数据输入；第二，计划人员可以在后端检查战略，并对其可行性进行详细的评价；第三，战略产生于一个可控的规划过程，这个规划过程被分解成清晰的步骤，通过审查清单的方式，每个步骤都能得到详细的描述，并利用各种分析技术来完成。

计划学派基本模型也存在不足。第一，为了战略规划必须预测环境的变化。实际上预测往往很不准确，在战略实施过程中环境也不会保持不变。应急的战略不会出现在精心制作的计划表中。第二，战略制定与战略执行分割，易导致计划人员和管理人员之间的争执。有效的战略制定应把行动和思考联系起来，战略制定者必须参与战略实施，战略实施者也必须参与战略制定。第三，程序化抑制了创新和洞察力，而创新和洞察力在新战略的形成中起着关键作用，也就是程序化抑制了新战略。

6.2 企业案例总结

6.2.1 IBM：BLM模型

1. 时代背景

BLM（Business Leadership Model）模型，即业务领导力模型，源自IBM战略管理流程转型过程，逐步形成了一套战略管理、执行的方法论体系，后来这个方法论成为IBM公司从企业层面到各个业务部门共同使用的统一的战略规划方法。它是企业战略制定与执行连接的方法与平台。BLM模型是战略流程的7个方法体系之一，这套方法论是IBM在2003年提出的。

BLM模型是一个循环的过程，从差距分析中发现企业生存发展的机会与破局点，结合市场洞察与战略意图制定战略、完成业务设计、提炼创新焦点，通过战略解码确定关键任务，再通过建设组织、培养人才、打造文化等举措保障战略的执行。当战略周期结束之后，企业又可以通过战略执行结果来对战略进行复盘、改进，如此循环迭代。

2. 主要内容

如图 6-2 所示，BLM 模型包含领导力、价值观、战略规划、战略执行四大组成部分。BLM 模型以企业领导力为根本、价值观为基础，建立服务于企业战略目的的策略与战术，帮助管理层在企业战略制定、战略执行或某项重要工作过程中，进行系统思维、务实分析，完成有效的资源调配及执行跟踪，从而实现其战略意图。

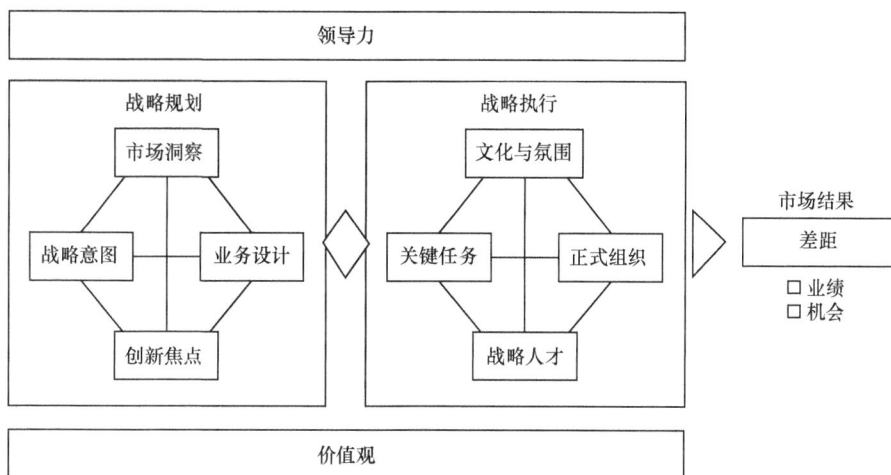

图 6-2 BLM 模型

领导力是战略制定和执行的根本，领导者及核心骨干都应该具有战略视野、战略思维，才能够带领企业、团队在正确的道路上前进；价值观则是战略内化的基础，是企业的第一竞争力，只有企业全员都能建立一致的价值观，企业战略才能够真正内化在企业的经营运作过程中。战略规划模块以战略意图为出发点，以市场洞察为环境，以创新焦点为竞争优势，完成业务设计。战略执行是根据战略规划和过程的依赖关系，对战略规划进行解码，找出关键任务、培养战略人才、构建正式组织、打造企业文化与氛围。其中战略规划与战略执行是落地实操的关键内容。

BLM 模型与其他业务模型的最本质区别在于以"差距"的识别与分析作为切入点。因为 IBM 认为战略的制定和调整是由于现状和期望业绩之间存在差距，差距包括业绩差距和机会差距，业绩差距是现有经营结果和期望目标之间差距的一种量化的结果；机会差距是对现有经营结果和新的业务设计所能带来的经营结果之间差距的一种量化的评估。业绩差距常常可以通过高效的执行填补，而机会差距则很难填补，它对领导者的前瞻性、敏锐度有较高的要求，并且减小一个机会差距通常需要有新的业务设计、新的成本投入和新的风险管控。

3. 适用环境

IBM 的 BLM 模型主要适用于咨询行业，常常与著名的波士顿矩阵、SWOT 分析及迈克尔·波特的五力模型相提并论。BLM 模型从市场洞察、战略意图、创新焦点、业务设计、关键任务、正式组织、战略人才、文化与氛围 8 个方面，协助管理层进行经常性的战略制定、调整及执行跟踪。除了 IBM、华为在用 BLM 模型外，国内很多知名企业，如顺丰、TCL 等也不同程度地采用了 BLM 模型。

4. 优劣分析

对外部的及时反馈以及对内部的流程再造，是 BLM 模型有别于其他企业管理模型最显著的不同。运用 BLM 模型，能够有效帮助企业正确认识现状，并在此基础上设计企业的未来，将企业未来的愿景变成当下可执行的关键任务，实现从战略制定到战略执行的闭环管理。

6.2.2　GE：管理方法论

1. 时代背景

美国通用电气公司（GE）成立于 1892 年，是全球数字工业公司，总部位于美国波士顿。自从托马斯·阿尔瓦·爱迪生（Thomas Alva Edison）创建公司以来，GE 在多元化发展当中逐步成长为出色的跨国公司，业务遍及世界上 100

多个国家及地区。

杰克·韦尔奇（Jack Welch）在 1981—2001 年任 GE 的首席执行官。任职期间，GE 各项主要指标一直保持两位数的增长，企业年收益从 250 亿美元增长到 1005 亿美元，净利润从 15 亿美元上升为 93 亿美元，而员工数则从 40 万人削减至 30 万人。1998 年年底，GE 市场价值超过了 2800 亿美元，已连续多年位居《财富》杂志评出的全球企业 500 强前列。

2. 主要内容

（1）GE 管理方法的基本理念分为战略与战术两方面。

战略方面包括：①数一数二。在全球竞争激烈的市场中，只有领先对手才能立于不败之地，任何事业部门存在的条件就是在市场上"数一数二"，否则就要被撤掉、整顿、关闭或出售。②面对现实。大部分经理和企业家都有乐观估计形势的倾向，很多人还抱有侥幸心理；只有做好充分的调查研究，才有可能制定出制胜的战略。③视变革为机会。变革要主动和超前，到了不得不变革的时候就太晚了，不应把变革看作威胁，变革带来的是新的发展机会。④人才工厂。企业对人才培养的重要性不亚于产品开发，应该将精力用在培养企业中具有正确价值观、对企业有贡献的员工上，把他们变成企业的模范员工和优秀业绩者，而不是将精力用在培养低效、零效的员工上。⑤把握命运。把握自己的命运，否则你的命运将由别人控制。

战术方面包括：管理简单化；机构扁平化；权力下放；建立自信心；管理无边界。

（2）GE 管理方法的基本机制如图 6-3 所示。

① 建立以事业部 / 责任中心为框

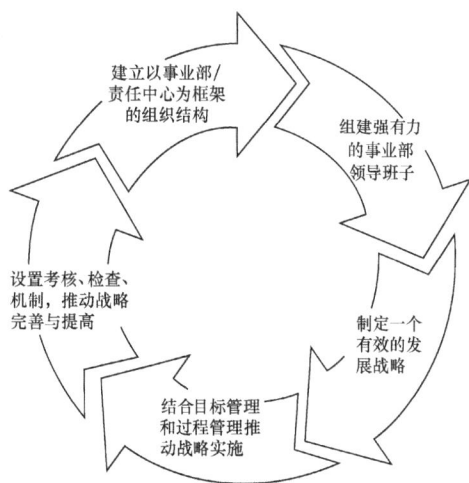

图 6-3　GE 管理方法的基本机制

架的组织结构。事业部必须独立具备的能力包括对人员的任免、制定预算并定期考核各个部门、制定并及时更新事业部的战略，各部门有明确的目标和资源分配计划。

② 组建强有力的事业部领导班子。GE 领导者应具备的能力包括活力、鼓动力、决断力、执行力等。

③ 制定一个有效的发展战略。

战略简单分为 3 类：一是长远的战略发展方向；二是 3 ~ 5 年的发展规模、发展路线、发展定位；三是短期（如 1 年）内的业绩发展目标。

参与制定战略的主要人员包括负责人、业务发展成员及第三方咨询公司等。

④ 结合目标管理和过程管理推动战略实施。

一个战略的实施需要准备预算并与企业每个人的经营目标关联，员工经营目标的制定需要考虑是否高于平均水平、高于竞争对手、高于员工去年同期水平等因素，不断深入和完善，及时解决问题。

⑤ 设置考核、检查机制，推动战略完善与提高。

设置业务检查和总结制度，按照部门维度设置每周行动计划，部门每周例会检查行动计划的执行情况，每季度部门要总结业绩和重点工作的完成情况，高层领导参与并积极讨论，及时总结，提高战略管理水平。

3. 适用环境

我国国有企业与 GE 有很多不同，不能够照搬 GE 的管理模式，但有一些经验值得借鉴。GE 的管理方法论是现代工商管理知识与企业实际情况相结合的系统工程。与其他美国制造业大型企业不同，GE 长期以来所代表的并不是某种产品或者某个行业，而是工业创新本身。

4. 优劣分析

GE 管理的基本机制优势体现在责权利下放、优秀的领导者、明确的制胜战略、严格的业务检查、落实人才发展等。

GE 事业部机制优势体现在 4 个方面。一是独立性，这种模式减少了基层单位企业或总公司在技术、财务和人力等方面的依赖性；二是主动性，中层管理者完成角色转换，更多地为基层管理者提供关键的资源，辅导和支持他们的工作，最高管理层的精力主要集中在驱动创新过程；三是高效性，管理和职能部门的工作相对简练，基层企业有必要的经营自主权，可以根据市场变化快速地做出反应，自主地根据具体的市场情况组织生产经营活动；四是协作性，部门横向整合是多元的，包括信息交流、人员流动、人际交往等社会交往过程。

但 GE 事业部机制有可能会出现一些问题。一是没有对如何实现目标明确清晰的战略；二是没有一个具体的行动计划明确各时间节点、责任人和截止日期；三是管理层没坚持定期检查行动计划的实施情况并采取相应的决策；四是没有分析总结目标未完成的原因，并提出解决方法或者制定新的行动计划来扭转局面。

GE 管理模式制定发展战略容易犯的错误包括缺乏前期对市场情况做全面的调研；没有明确市场定位；没有明确团队的工作重点，造成浪费资源；缺乏对竞争对手的了解；没有在市场和竞争发生变化时及时调整战略；不愿意在战略策划方面花费足够的时间和精力。

6.2.3　华为：“五看三定”模型

1. 时代背景

2005 年，华为销服体系和 IBM 合作领导力项目的时候，发现 IBM 的 BLM 模型可以弥补业务部门战略落地的缺失，促进业务和人力资源战略的有效连接，于是华为聘请 IBM 为自己设计了基于客户导向的产品研发、供应链和财务流程。后来华为对该模型的应用不再局限于企业战略层面，而是将 BLM 各个模块融入企业运营的具体过程，聚焦于企业整体战略和组织管理。基于深刻的战略思想，加之用 BLM 模型做市场洞察和战略执行，华为因此设计了一套“五看三定”战略规划方法，如图 6-4 所示。

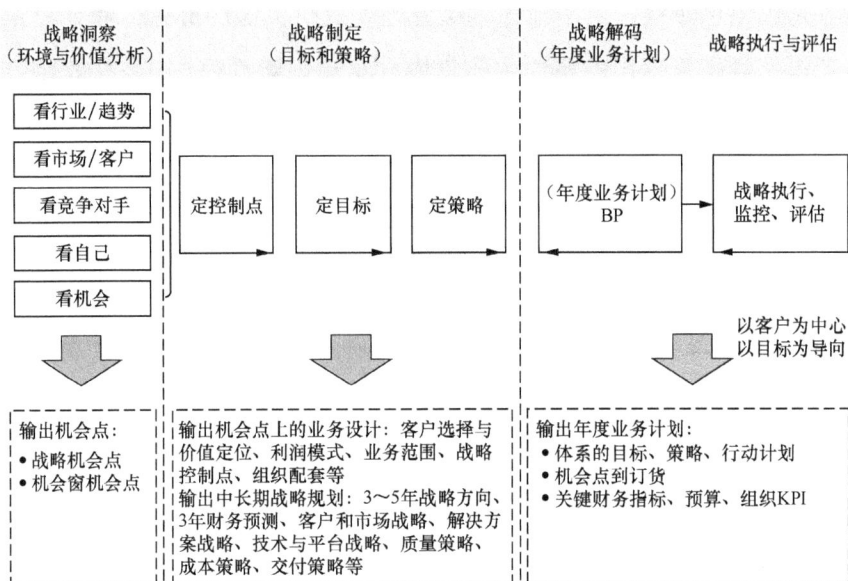

图 6-4 华为 "五看三定" 模型

华为的 "五看三定" 模型属于 SOPK 体系，常被用来服务于组织战略、目标计划、产品规划和解决方案。SOPK 体系是企业战略规划到战略执行的综合管理体系，包含战略、目标、策略与计划，以及 KPI（关键绩效指标）四大部分内容，是全方位、全流程的战略管理体系，涉及从战略制定、战略解码、目标澄清、策略推演、路径选择到战略执行、跟踪及反馈。

2. 主要内容

华为的战略制定首先要完成的任务便是市场洞察，在这个过程中，它通过5 种方式对战略机会点进行掌握，即 "五看"。

（1）看行业 / 趋势

需要企业对所处行业现状及行业未来发展趋势有一个清晰的认识。从宏观的角度，包括怎么看待政治、经济、文化、社会等方面的变化与发展趋势，这些趋势将会为行业带来什么样的影响与变化，整个产业未来的技术发展趋势是怎样的，会发生哪些变化等。

（2）看市场 / 客户

需要企业在观察市场短期的发展方向和态势方面做得非常到位，能够针对市场在未来 5 年的发展态势和发展的战略方向，以及客户在未来发展当中可能存在的问题做出预测方案。客户是谁？客户买什么？需求是什么？这些都需要企业进行详细的调查与研究。

（3）看竞争对手

所谓知己知彼，百战不殆。具体通过预测竞争对手未来的定位及发展态势和规模，研究其发展战略；在观察竞争对手时，不能只局限于观察它的产品，产品的强大只是外在表现出来的结果，而竞争对手内部的各种因素才是需要企业仔细观察的核心。

（4）看自己

在观察竞争对手的同时也要不断地审视自己和修正自己，择其善者而从之，其不善者而改之。利用竞争对手弥补自身的不足，并进一步挖掘自身的优点，利用 SMART 分析模型进一步明确企业所面临的机遇与挑战。企业在对战略进行洞察及规划阶段，会在其中寻找到众多的机会点，这算是一种加法；而在对自身进行观察时，则要对自身有一个明确的定位和判断，要准确地分析自身的能力，将企业自身能力之外的机会点舍去，这算是一种减法，最终得到的便是最符合自身发展的战略机会点。

（5）看机会

企业在寻找机会点时需注意 3 点：一是市场空间，二是增长速度，三是利润。企业要在观察客户的同时寻求投资机会，对市场的空间进行探索。

企业战略生成是一个过程，在这个过程中需要注意 3 个关键点，即"三定"。

（1）定控制点

战略控制点可以简单地理解成一种不易构建，但也不易被模仿、不易被超越的中长期的竞争力。战略控制点有不同的层级，最简单的战略控制点叫作"10% ～ 20% 的成本优势"，层级往上依次是功能、性能、品质的领先、技术领先一年、品牌、客户关系、绝对的市场份额、价值链的控制等，最高级别的战略控制点是拥有标准或者拥有专利组合。

（2）定目标

目标根据"五看"来制定，综合考虑外部发展机会与自身能力认识，结合机会、能力、环境、对手等分析，制定企业经营全方位的目标，不只是销售、订单的目标，还要包括研发、生产、供应链、内部管理的目标等。

（3）定策略

当定位和路线清晰了，如何实现是战术的问题。企业应该指派谁去开拓市场，如何解决市场前线和后续补给的问题，怎样处理客户与企业的关系等，这些问题的解决都需要企业制定合适的战术。

3. 适用环境

重视行业环境的变化、竞争对手的动态、自己的优劣势，以及市场客户的刚需，一直以来是所有企业提升经营水平必不可少的条件。华为"五看三定"战略方法论常被用来服务于组织战略、目标计划、产品规划和解决方案，华为已经使用此方法成功地制定了组织级的战略规划和若干解决方案。

企业可以通过"五看"确定机会点上的业务设计，即通过客户选择与价值定位、利润模式、业务范围、战略控制点、组织配套等形成系统思考。继而输出中长期战略规划，3～5年的战略方向、3年财务预测、客户和市场战略、解决方案战略、技术与平台战略、质量战略、成本战略、交付战略等。

4. 优劣分析

"五看三定"战略管理模型是一套非常系统的思考方法，对企业战略的制定具有重要的价值。

通过"五看三定"的方式，输出战略机会点，在"五看"的基础上来决定怎么做，从核心定位、产品形态、产品矩阵到解决方案，进行全面的规划，进而使战略执行更具科学性、合理性。基于"五看"的内外部因素分析，才能找准赛道，才能明晰定位，让企业站在更高的视点来看当下所做的事情。

6.2.4　阿里巴巴：战略三板斧

1. 时代背景

阿里巴巴集团控股有限公司（以下简称"阿里"）成立于 1999 年。从一开始，阿里所有的创始人就深信互联网能够创造公平的竞争环境，让小企业通过创新与科技拓展业务，并在参与国内或全球市场竞争时处于更有利的位置。自推出让中国中小企业接触全球买家的首个网站以来，阿里不断成长，成为一个涵盖核心商业、云计算、数字媒体、娱乐及创新业务的数字生态，并孵化出阿里云、菜鸟物流等新业务，培养出众多明星领导，可谓"良将如云，弓马殷实"，增长动力源源不断。它的管理之道非常值得借鉴。

2. 主要内容

阿里认为高层领导应该抓 3 件事——定战略、造土壤和断事用人，这 3 件事分别对应企业战略、组织战略和人才战略。阿里称之为"战略三板斧"。

"定战略"即明确企业做什么，不做什么。在制定战略时，要基于 3 个要素：使命、愿景和组织。与此相对应，企业战略也包括 3 个部分：战略定位、战略布局和战略目标。

"造土壤"即梳理出企业战略后，接下来要做的事就是迅速调整组织结构，优化流程，设置相应激励机制，在此基础上推动整个战略目标的达成。在这里，阿里会用到一个称为"六盒模型"的工具，目的是审视组织结构、制度、流程、人员、相互关系等能否支撑业务战略和业务目标的实现。

"断事用人"即当企业的未来战略确定后，马上就要开始人才布局。根据业务战略，确定组织架构，标出关键岗位所需人才，进行招聘或培养。

阿里"战略三板斧"由"上三板斧"和"下三板斧"两部分构成。"上三板斧"包括使命、愿景、价值观；"下三板斧"包括人才、组织、KPI。其中"上三板斧"对应"战略"，即目标与核心；"下三板斧"对应"战术"，即方法与手段，两者结合，便形成战略与战术的统一和落地。

使命往往在企业生死攸关、面临重大利益抉择时产生作用。使命不是为了挂在墙上展示，而是企业骨子里真正坚信的东西。使命是一种执着和热爱，没有这种动力，企业家不可能坚持走下去。

有了使命之后，接下来员工关心的是，这个企业会发展成什么样？员工有什么好处？所以管理者要思考企业在未来要达成的阶段性目标是什么，这就是企业的愿景。愿景不是说企业明年要增长 20%，愿景要有阶段性，要规划企业 10 年、20 年后会是什么样。

有了使命和愿景，企业就有了存在的意义和要实现的目标，接下来就是要约法三章，比如做事是否讲究诚信、讲究客户第一、讲究拥抱变化。价值观就是企业在前进路上的操作方法。

使命、愿景、价值观，是支撑企业战略的根本，是系统性的整体。战略是可以向全世界公布的，之所以无法简单复制，是因为企业的战略与文化息息相关，而使命、愿景、价值观是通过长期坚守形成的竞争力，不可复制才会突显其价值。

有了"使命、愿景、价值观"之后，战略的下三板斧是"人才、组织、KPI"。很多企业在某一阶段提出新的战略目标，但还是原班人马去干，组织没有任何调整，这样的战略变革基本会失败。

战略的本质不是企业做了多么完美的计划，而是计划由什么样的组织落实？谁来干？考核指标是什么？

有了人才和组织的调整，战略的最后一点是通过 KPI 保证执行。阿里对高管没有设置 KPI，因为高管的 KPI 可能会引起结果导向走偏，所以对高管更多的是考核软能力，比如"使命、愿景、价值观、人才引进、组织变革等"。而中层管理者和员工注重结果导向，需要设置具体量化的 KPI，但也不是战略目标的简单分解，而是由管理者结合"使命、愿景、人才、组织"进行巧妙地平衡后制定。

3. 适用环境

企业要想学习阿里的管理模式，需要满足 3 个条件：一是企业所处的行业

"天花板"要比较高，发展前景较好；二是企业自身要具备一定的先进性，在行业或者细分领域排名靠前；三是企业创始人要有担当，不要只看眼前利益，要切实履行社会责任。

4. 优劣分析

阿里"战略三板斧"能够制定有感召力、有大势能、有实现性的战略；能够优化人才结构，确立发展计划；能够优化管理机制，梳理文化体系。"战略三板斧"可以在一定程度上解决企业增长乏力，亟待变革升级，需要对业务、组织、人才战略进行全面重新梳理的问题；解决企业快速发展扩张，需要全方位提升组织能力，解决组织、人才与文化建设的问题；解决战略不明，策略不清，文化不彰，领导力弱，需要厘清业务战略、打造文化内核的问题；解决组织不顺，协同性差，人才不聚，流失率高，需要打通组织机制、优化管理体系的问题。

6.2.5 华润：6S战略管理体系

1. 时代背景

华润（集团）有限公司（以下简称"华润集团"）是一家多元化控股企业集团，是国资委直接管理的国有重点骨干企业。华润集团目前的业务格局和经营规模，涵盖大消费、大健康、城市建设与运营、能源服务、科技与金融五大领域。从20世纪90年代中期开始，华润集团的多元化经营面临一系列挑战。华润集团难以有效地把握和指导各业务板块的战略方向和执行，缺乏统一的管理和评价各业务板块业绩的体系，缺乏及时、准确地获取各业务板块和业务单元业绩完成情况的平台，这些挑战推动了华润管控模式的转型。

华润集团 6S 管理体系的发展分为两个阶段，第一阶段为 6S 管理体系的创建初期，时间为 1999—2003 年，在这一阶段 6S 管理体系更多地表现为一种"财务管理体系""全面预算管理体系"，它对华润集团的多元化扩张起到了非常重要的作用。第二阶段为 2003 年以后，为了适应战略管理的需要，华润集团对

6S 管理体系进行了改进和完善，改进后的 6S 管理体系更多地表现为一种"战略管理体系"。

2. 主要内容

华润在原 6S 管理体系的基础上将战略管理作为主线贯穿于 6S 管理体系的始终，同时加入两大变化，一是以业务战略体系替代业务编码体系，二是将平衡计分卡理念融入 6S 管理体系，形成了以战略规划体系、战略评价体系、战略审计体系、经理人考评体系、管理报告体系和商业计划体系为核心的"6S 战略管理体系"。如图 6-5 所示，该体系形成了华润集团战略管理闭环，体现了华润集团从财务管控到战略管控的转型。

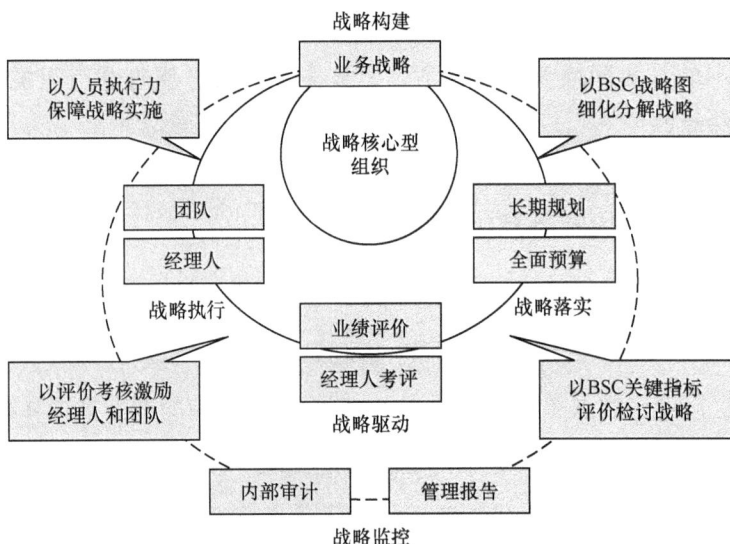

图 6-5　华润 6S 战略管理模型

（1）战略规划体系

战略规划体系是 6S 管理体系的起点，该体系确定业务单元的发展方向、中长期战略目标和重大战略举措，主要包括两大板块、9 个模块：①业务战略板块，包括战略业务单元（SBU）/利润中心业务战略；②职能战略板块，包括协同机制、SBU/ 职能矩阵式组织架构和权限、6S 管理体系改进、人才战略规划、企业文化战略、财务战略、风险管理机制、IT 战略。

（2）商业计划体系

商业计划体系是对战略举措进行分解，制定行动计划和预算，落实战略举措，并每年进行战略检讨。华润集团预算管理系统从以往的财务预算演变为以战略为导向的商业计划。其特征包括：①按照战略 - 行动计划 - 财务预算的顺序制定，与战略规划有机衔接；②强调对商业模式的详细描述和理解；③强调行业对标；④与相邻层级商业计划的衔接；⑤业务和职能的衔接；⑥是企业上下对全年计划的系统思考，达成一致的过程。

（3）管理报告体系

管理报告体系是对战略执行过程和结果展开多维度分析的内部报告，内容包括市场和竞争对手的变化、业务单元经营情况，以及商业计划中战略举措和全面预算的执行情况，是检验战略执行和重大决策的重要依据。管理报告服务于以下需求：①决策取舍的综合结果，带来的得失；②权责的具体划分；③行动效果的时间匹配性；④分清可控因素与不可控因素；⑤对未来预测的前期要素假设；⑥通过财务数据分析掌握数字背后的业务、运营情况。

（4）战略审计体系

战略审计体系是对战略执行的方向、行动计划与战略的一致性、战略执行结果的真实性等进行审计，为业绩评价、经理人考核和任免提供依据。战略审计通过对战略的推进实施、预算完成、管理报告的真实性、可靠性进行审查、评价和监督，为业绩考核和经理人考评提供依据，促进改善营运效率和效益，协助集团进行有效的战略管理。

（5）战略评价体系

战略评价体系是对战略执行过程和结果的评价。战略评价体系以 3 年为一个周期，第一期战略评价体系应与 5 年战略规划同步展开；在 5 年战略规划实施的第 3 年，各 SBU、一级利润中心必须进行全面战略检讨，并根据战略检讨结果制定第二期的 3 年战略评价；根据以上安排，各 SBU、一级利润中心在启动新一期战略评价体系建设工作时，应尽量配合集团 5 年战略周期的节奏，统一起点和终点。

（6）经理人考评体系

经理人考评体系是依据战略评价结果对经理人进行考核奖惩。经理人评价体系由战略评价、发展评价和晋升评价组成。华润经理人评价是依据具有华润特色的标准，多维度、多形式、持续地对经理人做出业绩评估、适任性判断和价值评价，以及提出职业发展建议等，为聘用好、激励好、发展好经理人提供依据。

3. 适用环境

对于其他企业而言，由于发展阶段、所处行业和企业核心竞争优势不同，无法照搬华润 6S 战略管理模型，但可以借鉴以下 4 个方面。

（1）建立以战略为核心的管理体系。在具有一定规模的企业里，简单地通过只关注结果的 KPI 数据的"经营管控"是远远不够的，还需要建立关注经营目标和过程的以战略为核心的管理体系。

（2）发挥各管理体系的协同作用。重点在于理解管理体系背后的逻辑性，利用战略形成管理体系的框架，在此框架下有所选择的引入、使用和改进管理体系，才能形成管理体系的"合力"。

（3）建立匹配管理体系的组织体系。管理体系的落地离不开组织体系的支撑，匹配管理体系要求的组织责权才能确保管理体系的长久和健康运行。

（4）强化信息化的作用。信息化在简化管理体系的操作性，实现初始阶段的强制落地，固化和强化管理体系的数据收集、分析和应用上，具有显著的作用。

4. 优劣分析

华润 6S 战略管理体系可以帮助华润将主要精力由管理企业转到管理主要业务与资产上来，由分别多元化管理转到各自专业化管理上来，推动行业整合，推进集团和利润中心发展战略的实施。华润的管理模式充分适应集团股权复杂和业务繁多等情况，把华润管理多元化企业的理念与实践融为一体。

它对企业管理的变革性推动作用体现在多个方面。一是有力地支持了集团清理、合并过多子公司的工作，防止大型国有企业庞杂无序的扩张；二是有效制止了整个集团投资失控的现象；三是使财务管理高度透明，堵住了绝大多数财务漏洞；四是逐步形成了以资本市场业绩评估标准为导向的新的财务业绩评价考核标准；五是解决了多元化控股公司管理架构下业务如何实现专业化发展的问题。

6.2.6　海尔：六次战略变革

1. 时代背景

海尔集团创立于 1984 年，是一家全球领先的美好生活解决方案服务商。在持续创业创新过程中，海尔集团始终坚持"人的价值第一"的发展主线，以用户体验为中心，踏准时代节拍，从资不抵债、濒临倒闭的小厂发展成引领物联网时代的生态型企业，连续 4 年作为全球唯一物联网生态品牌蝉联 BrandZ 最具价值全球品牌 100 强。

2. 主要内容

从 1984 年创立至今，海尔集团经历了名牌战略发展阶段、多元化战略发展阶段、国际化战略发展阶段、全球化品牌战略发展阶段、网络化战略发展阶段、生态品牌战略阶段 6 个发展阶段。

（1）名牌战略发展阶段（1984—1991 年）：要么不干，要干就干第一

20 世纪 80 年代，正值改革开放初期，包括海尔在内的很多国有企业引进国外先进的电冰箱技术和设备，进而抢占国内市场，但当时很多企业只注重产量而不注重质量。海尔实施全面质量管理，严抓产品质量，提出了"要么不干，要干就干第一"的口号。海尔也凭借差异化的质量赢得了竞争优势。1985 年，一位用户来信反映海尔冰箱有质量问题，海尔集团创始人张瑞敏让员工用大锤砸毁 76 台有缺陷的冰箱，砸醒了员工的质量意识。这一阶段的海尔专心致志做冰箱，在管理、技术、人才、资金、企业文化方面有了可以移植的模式。

（2）多元化战略发展阶段（1991—1998年）：海尔文化激活"休克鱼"

20世纪90年代，国家政策鼓励企业兼并重组，一些企业兼并重组后无法持续经营下去，认为应做专业化而不应进行多元化。海尔以"海尔文化激活'休克鱼'"思路先后兼并了国内18家企业，使企业在多元化经营与规模扩张方面进入一个更广阔的发展空间。同时，海尔在国内率先推出星级服务体系，当家电企业纷纷打价格战时，海尔又凭借差异化的服务赢得竞争优势。这一阶段，海尔开始实行OEC（Overall Every Control and Clear）管理法，即每人每天对每件事进行全方位的控制和清理。这一管理法也成为海尔创新的基石。

（3）国际化战略发展阶段（1998—2005年）：走出国门，出口创牌

20世纪90年代末，海尔提出"走出去、走进去、走上去"的"三步走"战略。首先进入发达国家创名牌，再以高屋建瓴之势进入发展中国家，逐渐在海外建立设计、制造、营销的"三位一体"本土化模式。这一阶段，海尔推行"市场链"管理，以计算机信息系统为基础，以订单信息流为中心，带动物流和资金流的运行，实现业务流程再造。

（4）全球化品牌战略发展阶段（2005—2012年）：创造互联网时代的全球化品牌

互联网时代的到来使得传统企业的"生产—库存—销售"模式不能满足用户个性化的需求，企业必须从"以企业为中心卖产品"转变为"以用户为中心卖服务"，即用户驱动的"即需即供"模式。同时，互联网也加速了全球经济的一体化，推动国内企业进一步国际化、全球化。这一阶段，海尔整合全球的研发、制造、营销资源，创立全球化品牌，同时创造"人单合一双赢"的商业模式。

（5）网络化战略发展阶段（2012—2019年）：网络化的市场，网络化的企业

互联网时代的到来颠覆了传统经济的发展模式，市场和企业更多地呈现出

网络化的新模式特征。这一阶段，海尔提出企业无边界、管理无领导、供应链无尺度的战略实施路径，主要体现在大规模定制，按需设计，按需制造，按需配送。

（6）生态品牌战略阶段（2019 年—至今）：人是目的，有生于无

海尔生态品牌战略的实质就是要跟用户交互，利用区块链、物联网等新技术，为用户提供所需要的产品和服务。具体而言，在物联网下，将持续以用户需求为导向，让员工发挥最大价值，为用户创造价值；以生活场景为目标，突破产品和行业的边界，深度挖掘和掌握用户动态的需求，持续为用户提供个性化产品和场景服务，打破过去价格交易的传统产品售卖逻辑，从而开启新的交互模式。

3. 适用环境

变革一直都是海尔发展的主旋律，从早期的名牌战略、多元化战略到后来的国际化战略、全球化品牌战略、网络化战略及生态品牌战略，海尔经历了 6 个清晰的变革阶段，海尔的每一次变革几乎都是主动在自己成功的情况下进行的。在几十年如一日的艰苦奋斗中，海尔的创业者们以"战战兢兢、如履薄冰"的心态摸着石头过河，在经历过了无数次的"痛苦选择"后，才不断地探索出与时代同频共振的前进方向。

4. 优劣分析

企业发展的每一个时期都有其特定的发展规划和企业目标，这就需要企业制定适应其发展的特定战略，因此，当企业发展到一定时期时，实施企业战略转型是必不可少的。

海尔是传统制造业转型比较成功的范例。海尔对员工的定义由雇员向合伙人、创业者思维推进，对企业战略及考核管理不仅仅重视短期目标，更关注可持续性发展。但是，海尔现在的战略落地理想与实际还有一些差距，人才断层是个关键问题。培养人才、改变管理者思维是关键，管理制度要适合自己企业的文化和人员基础。

6.3 咨询公司研发

6.3.1 麦肯锡：7S模型

1. 时代背景

20世纪七八十年代，汤姆·彼得斯（Tom Peters）和罗伯特·沃特曼（Robert Waterman）访问了美国历史悠久的62家大型企业，又以营收能力和增长速度为准则，挑选出IBM、德州仪器、惠普、麦当劳、柯达、杜邦等43家杰出的模范企业，并对这些企业进行了深入调查，与商学院的教授进行讨论，以麦肯锡咨询公司研究中心设计的企业组织七要素（简称7S模型）为研究的框架，总结了这些成功企业的一些共同特点，写作了《追求卓越——美国企业成功的秘诀》一书。

2. 主要内容

如图6-6所示，麦肯锡7S模型指出了企业在发展过程中必须全面考虑各方面的情况，包括结构（Structure）、制度（System）、风格（Style）、员工（Staff）、技能（Skill）、战略（Strategy）、共同的价值观（Shared Values）。

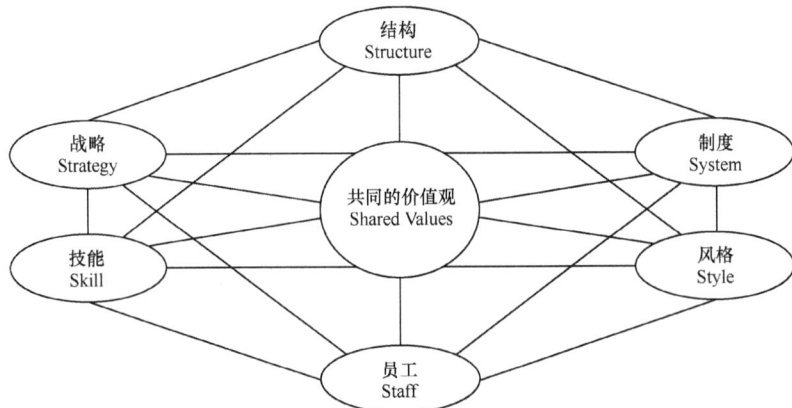

图 6-6　麦肯锡 7S 模型

在模型中，战略、结构和制度被认为是企业成功的"硬件"，风格、员工、技能和共同的价值观被认为是企业成功经营的"软件"，软件和硬件同样重要。

（1）战略（Strategy）

战略是企业根据内外部环境及可取得资源的情况，为求得企业生存和长期稳定地发展，对企业发展目标、实现目标的途径和手段的总体谋划，它是企业经营思想的集中体现，是一系列战略决策的结果，同时又是制定企业规划和计划的基础。

（2）结构（Structure）

组织结构是为战略实施服务的，它是企业组织的构成形式，是企业的组织机制赖以生存的基础。组织结构将企业的目标任务分解到职位，再把职位综合到部门，由众多的部门组成垂直的权利系统和水平分工协作系统的一个有机整体。不同的战略需要不同的组织结构与之对应，组织结构必须与战略相协调。

（3）制度（System）

企业的发展和战略实施需要完善的制度作为保证，而实际上各项制度又是企业精神和战略思想的具体体现。在战略实施过程中，应制定与战略思想相一致的制度体系，要防止制度的不配套、不协调，更要避免背离战略的制度出现。

（4）风格（Style）

杰出的企业都呈现出既中央集权又地方分权的宽严并济的管理风格，他们一方面让生产部门和产品开发部门自主运营，另一方面又固执地遵守企业的传统文化和价值观。

（5）共同的价值观（Shared Values）

战略是企业发展的指导思想，只有企业的所有员工都领会了这种思想并用其指导实际行动，企业的战略才能实施成功。因此，企业应该让执行战略的所有员工都了解企业的战略意图，使企业成员形成共同的价值观念，从而齐心协力地为实现企业的战略目标而努力。

（6）员工（Staff）

战略实施需要充分的、合适的人员去完成。人力储备是战略实施的关键。

（7）技能（Skill）

员工需要经过严格、系统的培训而掌握一定的技能，才能够更有效地执行企业战略。

因此，在企业发展过程中，要全面考虑企业的整体情况，只有在软件和硬件两方面很好地协调 7 个要素的情况下，企业才能获得成功。

3. 适用环境

无论变革是何种类型——组织内部的结构调整、新流程的引入、兼并收购、新系统的实施、管理层的变动等，麦肯锡 7S 模型都能够帮助理解组织的各要素是如何相互联系起来的，从而确保某个领域内的变革在更大范围带来的影响能够被全盘考虑在内。

麦肯锡 7S 模型可以用于解决各类组织或团队的组织有效性问题，如果组织或团队表现不佳，问题很有可能出在各个要素的不匹配上，运用麦肯锡 7S 模型分析组织的现状是有价值的，但是只有明确要素改进的方向，确保各要素都朝着共同的目标和价值观而努力，组织才能取得真正的进步。麦肯锡 7S 模型可用于组织，也可用于组织中的个人。

4. 优劣分析

麦肯锡 7S 模型指出一个企业想要运营良好，这 7 个要素需要互相配合，互相作用；要求企业不仅要注重"硬件"，更要关注"软件"，只有在软件和硬件协调的前提条件下，才能有效保证企业战略的成功实施。同时，麦肯锡 7S 模型还可以帮助管理者快速将组织的复杂问题分解为可管理的片段，为组织变革提供丰富的基础准备。

麦肯锡 7S 模型无法单独或在短时间内有效实施。管理者可能没有足够的知识来评估企业的每个要素，因此必须投入额外的时间和资源来构建总体评价并估算可行的变更。

6.3.2　麦肯锡：数字化转型四步法

1. 时代背景

数字化转型已经成了企业和组织特别重视的一项变革行动。数字技术使得市场竞争更加激烈，它在颠覆众多行业的同时，也带来了许多机会。麦肯锡的研究表明，各大企业希望在未来 3 ～ 5 年内通过数字举措实现 5% ～ 10%，甚至更高的年增长率和成本效率。为了更准确地了解当今企业所面临的数字挑战，麦肯锡对全球 150 家企业进行了深入调查。经过对各大企业在数字领域表现的考察，可以将数字化转型成功与否归结为以下 4 点。

第一，传统企业需要仔细考虑可供它们选择的战略，能够在行业中起到颠覆作用的企业始终是少数，而能够借助数字化平台，最终建设整个生态系统的企业更是少之又少。绝大多数传统企业不能只在既定业务的边缘旁侧敲击，而是要全心全意地采取一套清晰的数字化战略。

第二，企业数字化成功与否，取决于能否依据战略培养出相应的数字能力。拥有这种能力，即便消费者的消费心理和行为不断变化，企业也能适时做出调整。

第三，大数据分析、数字内容管理和搜索引擎优化等技术能力固然重要，但总有不完善的时候，而强大的企业文化可弥补该缺陷。

第四，企业需要调整其组织结构、人才培养模式、融资机制和关键绩效指标（KPI）等内容，与自身的数字战略保持一致。

2. 主要内容

麦肯锡数字化转型四步法如图 6-7 所示。

制定正确的战略　　加强关键能力的建设　　打造敏捷企业文化　　组织与人才

图 6-7　麦肯锡数字化转型四步法

（1）第一步，制定正确的战略。

制定一个明确而连贯的数字化战略，并将其完全整合到企业战略中去是非常重要的一步。数字领先企业与一般企业之间的差距集中体现在战略方面。制定正确的数字化战略对于很多企业来说是一个挑战，要想制定正确的数字化战略，绝大多数企业需要做到小规模转型自身业务模式，以进入新市场或重新定义现有市场；紧跟行业热点，抓住行业发展带来的价值；重新配置资产，从受到数字威胁的领域转向受益于数字化的领域；通过数字途径和工具，提高现有业务模式效率。

（2）第二步，加强关键能力的建设。

夯实关键流程和工作内容的能力对企业数字化转型的成功至关重要。其中，加强模块化 IT 平台与敏捷技术交付能力的建设，能够让企业在快速发展中与客户保持同步，并在基于大数据的决策、与消费者建立联系、流程自动化、双速 IT 四方面优化它们的成本效益。

（3）第三步，打造敏捷的企业文化。

企业可以将传统文化与速度、灵活性、开放度和学习能力相结合，弥补在技能中的缺失。塑造这样的文化一般会采取 DevOps（Development 开发和 Operations 运维）、持续交付等边测试边学习的软件开发方法。这些方法的应用不仅促进了核心人才的互动与沟通，还促进了职能部门和业务部门间形成新的凝聚力。这种边测试边学习的方法结合了自动化、监控、社区共享和跨部门协作，将各自为政的职能与流程融入快速变化、以产品工作为核心的文化。

（4）第四步，组织与人才。

除了战略、能力和文化之外，领先的数字企业在管理人才、流程和组织架构方面也采取了统一的举措，包括吸引和培养数字化人才，对数字化进程进行实时监控，采用非传统结构等。

3. 适用环境

国有企业的数字化转型不仅是由"技术应用"向传统业务、管理、服务模式的"数字重构"转变，更是向利用数据发现与提升"数字价值"、使用"数据思维"

进行商业模式与产业生态创新的方向发展。国有企业要想在数字时代紧跟潮流，企业的高管团队可以参考麦肯锡数字化转型四步法构建企业未来的发展规划。

4. 优劣分析

并不是所有企业按照麦肯锡数字化转型四步法都可以顺利完成数字化转型，有很多其他因素也需要考量。如果没有正确的企业发展规划和与之匹配的管理思维，极有可能走错方向。即便走对了方向，也可能速度太慢，抑或停滞不前。

6.4 管理大师独创

6.4.1 迈克尔·波特：行业组织模型

1. 时代背景

20世纪60～80年代，外部环境一直被视为企业获得成功的战略决定要素。只要企业能够有效地研究外部环境，以此为基础来识别有吸引力的行业，并采取适当的战略，企业是可以获得超额利润的。例如，在一些行业中，通过组建合资企业来减少竞争者，提高行业进入壁垒。因此，合资企业可以增加行业的获利能力。企业掌握外部环境所需的战略执行技巧，就可以增加成功的可能性，反之，则更容易失败。

2. 主要内容

迈克尔·波特的产业组织模型强调了企业选择进入的行业远比管理者对组织内部调整对企业的影响更大，它揭示了外部环境对企业战略行为的决定性影响。企业获取超额利润主要取决于所在行业的特征，包括规模经济、市场进入障碍、产品差异化及企业集中度等外部环境特点，而不是企业内部资源或能力。企业只有在实施了适用于总体环境、行业环境、竞争者环境的战略后，才能获得超额利润。

产业组织模型要求企业必须选择从最具吸引力的行业进入，只有当企业找到潜在利润最高的行业，并根据行业的结构特点来利用企业拥有的资源实施具体战略时，企业才会获得竞争力。竞争的五力模型可以帮助企业理解行业的利润前景和行业结构特点，从而采取相应的战略，确定竞争地位。超额利润的产业组织模型如图 6-8 所示。

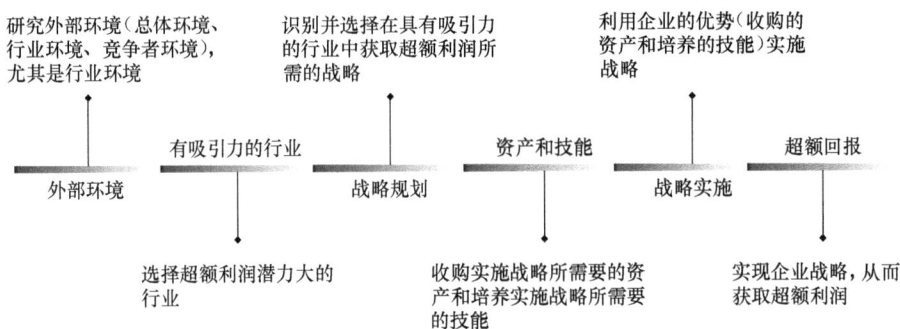

图 6-8　超额利润的产业组织模型

迈克尔·波特认为，获取超额利润的产业组织模型战略有 6 个层次，即 6 个步骤。

（1）研究外部环境（总体环境、行业环境、竞争者环境），尤其是行业环境。

（2）选择超额利润潜力大的行业。企业战略制定过程与企业的核心能力紧密相关，企业需要对标竞争对手来分析自身资源与能力的优劣势，找到核心竞争力。

（3）识别并选择在具有吸引力的行业赚取超额利润所需的战略，即通过对行业的深入分析，制定出在该行业中获取超额利润所需的战略，并分析企业要实现该战略所需的能力。

（4）收购实施战略所需要的资产和培养实施战略所需要的技能，培育实现企业战略的核心能力。

（5）利用企业的优势（收购的资产和培养的技能）实施战略。

（6）实现企业战略，从而获取超额利润。

该模型假设企业在很大限度上是同质的，任何企业都可以拥有其他企业所拥有的资源和能力。因而企业的盈利能力在很大限度上取决于企业所处的行业。

正因为企业的同质性，如果没有进入壁垒的话，一个行业不会长期存在超额利润。因而一个企业如果想要长期取得超额利润必须不断发现有潜力的行业，进入有潜力的行业，生产有潜力的产品。

3. 适用环境

迈克尔·波特的产业组织模型适用于：一是外部环境的压力和限制决定了获取超额利润的战略选择；二是大多数企业在某一行业或领域内互相竞争，掌握着类似的相关战略资源，并采取相似的战略；三是战略实施所需要的资源可以自由地在企业间流动，企业间的资源差异不会持续太久；四是组织的决策者是理性的，并致力于为企业谋取最大利益，追求利润最大化。

4. 优劣分析

迈克尔·波特的产业组织模型解释了外部环境对企业战略行为的决定性影响，与管理者做出的组织内部的决定相比，企业选择进入的行业或细分行业对业绩产生的影响更大。重视外部环境分析，企业可以很好地明确自身面临的机会与威胁，从而决定企业能够做什么。对外部环境的未来变化做出正确的预见，是战略能够获得成功的前提。

但同时也会导致一些问题，如企业长远发展规划没有清晰的发展战略和竞争战略；企业战略的制定缺乏科学的机制；对企业外部环境的判断仅仅依靠领导者和管理者个人的直觉和经验；对市场和竞争环境的洞察认识不足，缺乏量化的客观分析；盲目追逐市场热点，企业投资过度多元化，导致资源分散；企业上下对未来发展方向不能达成共识，内部存在较大的分歧。

6.4.2　加里·哈默尔：资源基础模型

1. 时代背景

在迈克尔·波特提出产业组织模型的 10 年后，普拉哈拉德和加里·哈默尔对迈克尔·波特的竞争优势思想进行了补充，用竞争优势诠释企业竞争力。两人通过对美国企业和日本企业经营实践的对比分析，提出了核心竞争力思想。他们没有放弃，而是对它做了补充。这种观点认为，企业在市场中的存在得益于企业具有独特的能力，只有根据资源基础模型进行战略结构设计才能使企业围绕核心竞争能力组织战略行为。

与产业组织模型不同，资源基础模型认为，在决定战略行动时，企业的资源和能力等内部环境比外部环境更重要。同时，企业无须因外部环境条件的限制而积累必需的资源，企业本身的资源和能力已经提供了战略基础。战略的选择应帮助企业抓住外部环境的机遇，最有效地利用自身的核心竞争力。

2. 主要内容

资源基础模型认为"企业是异质的"，即不同的企业拥有不同的战略资源与能力。任何一家企业都是不同的资源与能力的特定组合，这些资源与能力的组合形成了一个企业不同于其他企业的核心竞争力，这种核心竞争力是企业战略实施的基础。

同时，资源与能力不会在不同企业之间自由流动，同一行业的企业并非都会拥有同样的战略资源与能力，资源与能力的差异性带来了不同的竞争优势，是其他企业难以模仿的。企业正是依靠别人难以模仿的核心竞争力取得超额利润。

如图 6-9 所示，获取超额利润的资源基础模型战略有 6 个层次，即 6 个步骤。

（1）识别企业资源，研究自己相对于竞争者的优势和劣势。企业要认识和了解自身所拥有的资源，对标竞争者明确自身的优势和劣势，从而能够有效地应对各种竞争。

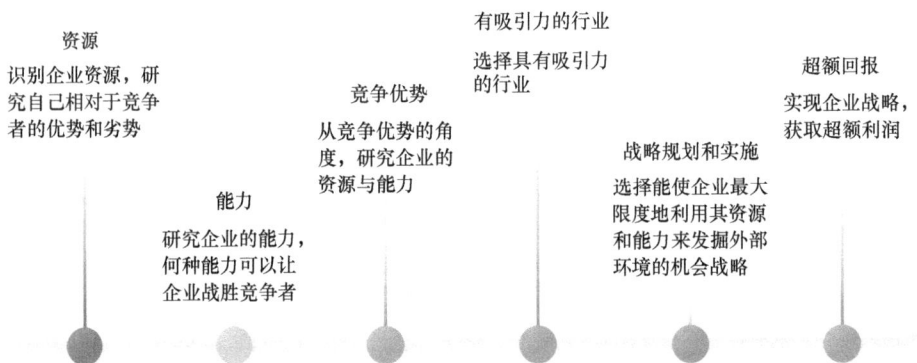

资源
识别企业资源，研究自己相对于竞争者的优势和劣势

能力
研究企业的能力，何种能力可以让企业战胜竞争者

竞争优势
从竞争优势的角度，研究企业的资源与能力

有吸引力的行业
选择具有吸引力的行业

战略规划和实施
选择能使企业最大限度地利用其资源和能力来发掘外部环境的机会战略

超额回报
实现企业战略，获取超额利润

图 6-9　获取超额利润的资源基础模型

（2）研究企业的能力，何种能力可以让企业战胜竞争者。面对如今日益激烈的市场竞争，企业需要具备战略意识和先进的理念，才能更好地整合所有资源，充分发挥资源的可增值性，创造突破性价值。

（3）从竞争优势的角度，研究企业的资源与能力。只有当企业的资源和能力是有价值的、稀缺的、难以模仿的、无法替代的，它才有可能成为竞争优势。

（4）选择具有吸引力的行业。充分利用企业独特的资源与能力发掘有机会的行业，并逐步扩大企业的行业竞争优势。

（5）选择能使企业最大限度地利用其资源与能力来发掘外部环境的机会战略。企业资源和能力达到上述 4 个标准时，就会形成核心竞争力。当核心竞争力在一家企业成熟并被应用后，就会产生战略竞争力。

（6）实现企业战略，获取超额利润。

3. 适用环境

首先，任何一家企业都是资源与能力的独特组合，是组织战略的基础和获取利润的重要来源，并非行业的结构特征所致。其次，企业可以不断获取不同的资源，但同一行业的不同企业并非都会拥有相同的战略资源与能力。最后，资源的差异性及独特性带来了企业不同的竞争优势。

4. 优劣分析

资源基础模型解释了内部战略环境是企业内部与战略有重要关联的因素，是企业经营的基础，是制定战略的出发点、依据和条件，是竞争取胜的根本。正确识别企业资源有利于了解企业现状，明确企业所具有的优势和劣势。

6.4.3　罗伯特·卡普兰和大卫·诺顿：战略地图

1. 时代背景

战略地图是罗伯特·卡普兰（Robert Kaplan）和大卫·诺顿（David Norton）提出的，同时他们也是平衡计分卡的创始人。两人通过对实行平衡计分卡的企业进行长期的分析研究中发现，平衡计分卡只是建立了一个战略框架，而缺乏对战略进行具体而系统、全面的描述，导致企业上下无法对战略达成共识。2004 年 1 月，两人在对平衡计分卡的研究基础上出版了《战略地图——化无形资产为有形成果》。

2. 主要内容

如图 6-10 所示，战略地图的核心内容主要分为学习与成长层面、内部流程层面、客户层面、财务层面，企业通过运用人力资本、信息资本和组织资本等无形资产，建立战略优势和提升效率，进而使企业把特定价值带给市场，从而实现股东价值。

战略地图源于平衡计分卡，相较于平衡计分卡，战略地图在每一个层面下可以分解为很多颗粒要素，并且可以结合战略规划过程来绘制。战略地图是以平衡计分卡为核心，通过分析财务层面、客户层面、内部流程层面、学习与成长层面这 4 个层面目标的相互关系而绘制的企业战略因果关系图。

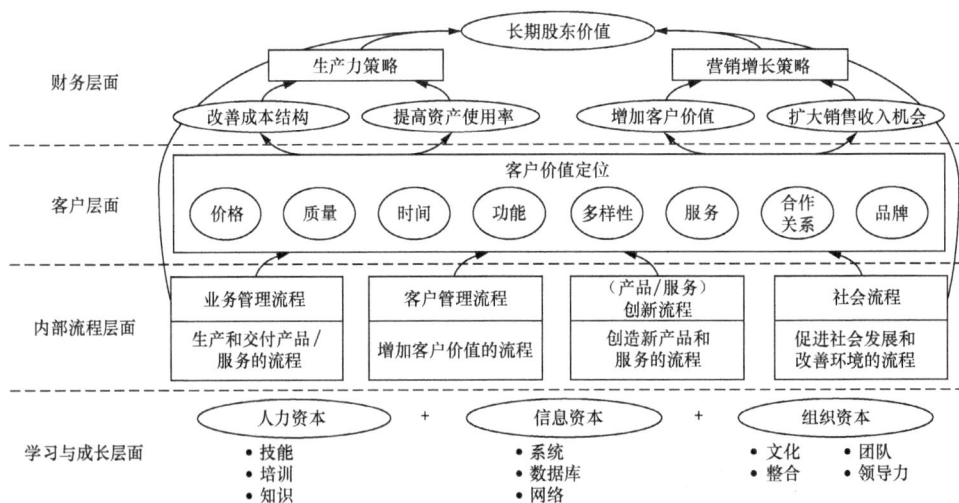

图 6-10　罗伯特·卡普兰和大卫·诺顿的战略地图

战略地图的应用绘制包括 6 个步骤。

第一步，确定股东价值差距，即企业的总体目标。

第二步，调整客户价值主张，对现有的客户进行分析，弥补股东价值差距。

第三步，针对股东价值差距的目标，确定价值提升时间计划。

第四步，确定战略主题，要找关键的流程，确定企业短期、中期、长期要做什么事。

第五步，评估战略准备程度，分析企业现有人力资本、信息资本、组织资本等无形资产的战略准备程度，是否具备支撑关键流程的能力，如果不具备，找出办法来予以完善。

第六步，形成行动方案。根据前面确定的战略地图以及相对应的不同目标、指标和目标值，制定一系列的行动方案，配备资源，形成预算。

战略地图可以将战略转化为企业的经营管理导向，并将其分解为与各部门相关的主题，为企业与战略目标之间绘制了一幅基本的路线图，让企业的各项经营管理活动直指目标。

3. 适用环境

越来越多的大型企业和事业单位都开始以战略地图为规划路径来整合管理体系、搭建战略架构，其中不少企业取得了较好的效果。但战略地图在中小型企业的应用，至今少有卓有成效的案例或者经验总结。对此，很多战略管理专家普遍认为，战略地图只适合大型企业或集团公司采用，对于中小型企业而言，没有实践意义。

当前战略地图适用于出现以下情形的大中型企业和事业单位，如高层管理者更迭频繁，但企业仍然业绩不佳；缺乏有效的绩效管理体系；正在寻求业绩突破的企业；需要转型变革的国有企业；希望打造百年品牌的企业；需要规范化管理，提高整体战略管控水平的企业；需要提高组织战略管理能力的企业；二次创业的大规模民营企业；希望对市场有更快反应速度的大中型企业等。

4. 优劣分析

战略地图的作用首先是可以用直观的描述来解释企业的战略，将战略转化为企业里各个部门都能理解的语言；其次是可以通过 4 个基本的模板划分实现企业战略的常用途径，也称为基本的战略实现路径/侧重点。这样可以将企业有限的资源和精力聚焦到重点关注的领域中，清晰地描绘出从战略目标到企业的经营管理重心之间的逻辑关系。

战略地图作为战略管理工具的适用范围相对有限，更适合在大型企业或集团公司采用。相比大型企业来说，小微企业的战略管理不需要太复杂，且要及时总结、分析和调整，以保证企业的适用性。战略定的是方向，战略地图和平衡计分卡是保证战略实现的路径和方法，初创期小微企业因为规模小，易受外部环境影响，业务尚不稳定，更需要经常对战略执行情况进行总结复盘，及时调整战略路径和方法，当发现内部环境和外部环境有巨大变化时还需要考虑战略方向的调整。

6.4.4 彼得·德鲁克：目标管理方法论

1. 时代背景

目标管理是管理专家彼得·德鲁克 1954 年在其名著《管理实践》中提出的，之后他又提出"目标管理和自我控制"的主张。彼得·德鲁克认为，要首先明确目标才能确定每个人的工作。如果一个领域没有确定目标，那么这个领域的工作可能会被忽视。因此，管理者可以通过设立目标对下级进行管理，当管理者确定了组织的最高目标后，通过对其进行有效分解，转变为部门及员工的子目标，管理者根据子目标的完成情况对下级进行考核、评价和奖惩。

目标管理的提出，时值第二次世界大战后西方经济由恢复转向迅速发展的时期，企业急需采用新的方法调动员工积极性以提高竞争能力，目标管理首先在美国企业中开始广泛应用，并很快为日本、西欧国家的企业所仿效。

2. 主要内容

由于各个组织活动的性质不同，目标管理的步骤可以不完全一样，但一般来说，可以分为以下 4 步。

（1）建立一套完整的目标体系

建立一套完整的目标体系一般是从企业的最高主管部门开始的，由上而下逐级确定目标，从而构成一种锁链式的目标体系。

（2）明确责任

目标体系应与组织结构相吻合，从而使每个部门都有明确的目标，每个目标都有人明确负责。同时，目标体系的建立在一定程度上反向推动组织结构的调整，有助于厘清组织机构的作用。

（3）组织实施

在建立好目标之后，管理者只需负责重点的综合性管理并对下级成员提供指导、协助工作、解决问题、提供信息等方面的帮助，完成目标主要靠执行者的自控能力。

（4）检查和评价

要定期对各级目标的完成情况进行检查。检查的方法可灵活地采用自检、互检或责成专门的部门进行检查。检查的依据就是事先确定的目标。对于最终结果，应当根据目标进行评价，并根据评价结果进行奖罚。

3. 适用环境

实行目标管理，要有以下的基本条件。

（1）要建立一定的思想基础和科学管理基础，要教育员工树立全局观念、长远利益观念，正确理解国家、企业和个人之间的关系。

（2）推行目标管理对企业管理者提出了更高的要求，管理者要对企业的各项指标心中有数，没有专业的知识、不熟悉生产、不会经营管理是无法有效实行目标管理的。

（3）推行目标管理有许多配套工作，包括提高员工的素质、健全各种责任制，因此目标管理要逐步推行、长期坚持、不断完善，才能取得良好的效果。

（4）推行目标管理要确定一个切合实际、通过努力可以达到的目标，这个目标必须具有关联性、阶段性，并兼顾结果和过程。

（5）信息管理在目标管理体系中扮演着至关重要的角色，确定目标需要获取大量的信息作为依据；展开目标需要对信息进行加工、处理；实施目标就是信息传递与转换的过程。

4. 优劣分析

目标管理方法有以下 5 个方面的优点。

（1）当目标成为组织的每个层次、每个部门和每个成员未来时期内欲达到的一种结果，且实现的可能性相当大时，目标就成为组织成员们的内在激励。

（2）目标管理方式的实施可以切切实实地提高组织管理的效率。目标管理是一种结果式管理，迫使组织的每个层次、每个部门及每个成员首先考虑目标的实现，尽力完成目标。

（3）目标管理一方面可以使组织各级主管及成员明确组织的总目标、组织的结构体系、组织的分工与合作及各自的任务，同时避免权力集中；另一方面，在目标管理的实施过程中会发现组织存在的缺陷，从而进行优化调整。

（4）目标管理实际上是一种自我管理的方式，或者说是一种引导组织成员自我管理的方式。在实施目标管理过程中，组织成员不再只是执行指示、等待指导和决策，而是成为有明确规定目标的单位或个人。

（5）目标管理方式本身是一种控制的方式，即通过目标分解后的实现最终保证组织总目标实现的过程就是一种结果控制的方式。组织高层在目标管理过程中要经常检查、对比目标，进行评比，如果有偏差就及时纠正。

目标管理方法有以下 3 个方面的不足。

（1）在目标管理方法的应用中，组织似乎常常强调短期目标的实现而对长期目标不关心。一方面短期目标比较具体、易于分解；另一方面短期目标易迅速见效。一旦这种思想深入组织的各个方面，将对组织发展没有好处。

（2）真正可用于考核的目标很难设定，组织实际上是一个产出联合体，它的产出是一种联合的、不易分解出谁的贡献大小的产出，即目标的实现是大家共同合作的成果，因此可度量的目标设定也就十分困难。

（3）目标管理执行过程中是不可以改变目标的，因为这样做会导致组织的混乱，也正是如此使得组织运作缺乏弹性，无法适应不断变化的外部环境。

6.4.5　爱德华兹·戴明：PDCA循环

1. 时代背景

戴明循环（Deming Cycle）又称 PDCA 循环（PDCA Cycle）、PDSA 循环（PDSA Cycle）。发明者威廉·爱德华兹·戴明（William Edwards Deming）是美国统计学家，他将一系列质量改进方法引入日本，其中就包括统计法和戴明循环。

PDCA 循环的研究起源于 20 世纪 20 年代，先是有"统计质量控制之父"之称的著名统计学家沃特·阿曼德·休哈特（Walter Andrew Shewhart）在当时引入了"计划 - 执行 - 检查（Plan-Do-See，PDS）"的雏形，后来由威廉·爱德华兹·戴明将沃特·阿曼德·休哈特的 PDS 循环进一步完善，发展成为"计划 - 执行 - 检查 - 处理（Plan-Do-Check-Act）"这样一个质量持续改进模型，如图 6-11 所示。

PDCA 循环在质量管理活动中，要求各项工作按照制定计划、计划实施、检查实施效果的步骤去完成，然后将成功的结果纳入标准，不成功的结果留到下一循环去解决。这一工作方法是质量管理的基本方法，也是企业管理各项工作的一般规律。

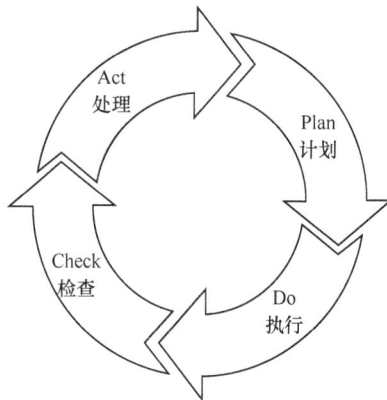

图 6-11　PDCA 循环

2. 主要内容

PDCA 循环是全面质量管理所应遵循的科学程序。全面质量管理活动过程包括质量计划的制订和组织实现的过程，整个活动过程就是按照 PDCA 循环进行的，如表 6-1 所示。

表 6-1　PDCA 循环

阶段	步骤	主要办法
P	1. 分析现状，找出问题	排列图、直方图、控制图
	2. 分析各种影响因素或原因	因果图
	3. 找出主要影响因素	排列图、相关图
	4. 针对主要原因，制订措施计划	回答 "5W1H" 为什么制定该措施（Why）？ 达到什么目标（What）？ 在何处执行（Where）？ 由谁来完成（Who）？ 何时完成（When）？ 如何完成（How）？
D	5. 执行、实施计划	
C	6. 检查计划执行结果	排列图、直方图、控制图
A	7. 总结成功经验，制定相应标准	制定或修改工作规程、检查规程及其他有关规章制度
	8. 把未解决或新出现的问题转入下一个 PDCA 循环	

（1）P 阶段

P 阶段是根据管理活动要求和组织方针，建立必要的目标和过程。

① 选定课题，分析现状，找出问题。

② 分析问题产生的原因。

③ 提出多种解决方案并确定最佳方案。

④ 制订对策和行动计划，将方案步骤具体化。

（2）D 阶段

D 阶段是按照预定的计划和标准，设计出具体的行动方案和布局，再据此进行具体操作，努力实现预期目标的过程。

（3）C 阶段

C 阶段是对数据或证据进行总结分析，同目标值进行比较，确定实施方案是否达到了预定目标。

（4）A 阶段

① 标准化，固定成绩。标准化是企业治理水平不断提升的基础，对已被证明的有成效的措施，要制定成工作标准，以便日后执行和推广。

② 总结问题，处理遗留问题。所有问题不可能在一个 PDCA 循环中全部被解决，遗留的问题会自动转入下一个 PDCA 循环，如此周而复始，螺旋上升。

③ 适用环境

PDCA 循环在质量管理工作等领域中有着广泛的应用，它可以帮助我们的思想方法和工作步骤更加条理化、系统化、图像化和科学化。同时，PDCA 管理模式对提高日常工作的效率有很大的益处。

中国企业结合自身的管理实践，把 PDCA 简化为 4Y 管理模式。一是计划到位，做好充分的事前准备和有效的协同配合；二是责任到位，计划的完成需要行动的支撑，责任到人才会有真正的行动；三是检查到位，将监督和检查纳入日常管理工作，及时发现问题并加以解决；四是激励到位，通过激励有效提升行动能力。4Y 管理模式强调结果导向，结果决定着企业的有效产出。

④ 优劣分析

PDCA 循环适用于日常管理，且同时适用于个体管理与团队管理；PDCA 循环的过程就是发现问题、解决问题的过程；适用于项目管理，有助于供应商管理，有助于人力资源管理，有助于新产品开发管理，有助于流程测试管理。

随着更多项目管理应用 PDCA，问题也越来越突出，因为 PDCA 中不包含人们创造性的内容。它更多的是帮助人们完善现有工作，所以这导致了惯性思维的产生，习惯了 PDCA 的人很容易按流程工作，因为没有什么压力让他来进行创造。所以，PDCA 在实际的项目中有一些局限。

6.4.6 稻盛和夫："阿米巴经营"模式

1. 时代背景

稻盛和夫（Kazuo Inamori）分别于1959年和1984年成立了京瓷公司和电信公司KDDI，这两家公司因为采取了基于牢固的经营哲学和精细的部门独立核算管理方式，一直保持了高收益且持续的发展，这种经营手法被称为"阿米巴经营"。

"阿米巴"（Amoeba）在拉丁语中是单个原生体的意思，属原生动物变形虫科，虫体赤裸而柔软，其身体可以向各个方向伸出伪足，使形体变化不定，故而得名"变形虫"。变形虫最大的特性是能够不断地通过自我调整，适应外界环境的变化。在"阿米巴经营"方式下，企业组织也可以通过不断地灵活"变形"来适应外部市场环境变化。

2. 主要内容

在"阿米巴经营"中，企业把组织划分为被称作"阿米巴"的小集体。各个"阿米巴"的领导者以自己为核心，自行制订所在"阿米巴"的计划，并依靠"阿米巴"全体成员的智慧和努力来完成目标。通过这种做法，生产现场的每一位员工都可以成为主角，主动参与经营，从而实现"全员参与经营"。

京瓷公司施行以"阿米巴"小组为单位的独立核算体制。"阿米巴"是工厂、车间中形成的最小基层组织，是最小的工作单位，可以是一个部门、一条生产线、一个班组甚至一个员工。每人都从属于自己的"阿米巴"小组，每个"阿米巴"都是一个独立的利润中心，就像一个中小企业那样活动，经营计划、实绩管理、劳务管理等所有经营上的事情都由他们自行运作。每个"阿米巴"都集生产、会计、经营于一体，再加上各个"阿米巴"小组之间能够随意分拆与组合，这样就能让企业对市场的变化做出迅速反应。

1963年，稻盛和夫和青山正道联合推出了"单位时间核算制度"方案。1965年，京瓷公司在正式导入"阿米巴经营"时，"单位时间核算制度"作为衡量经营状况的重要指标纳入"阿米巴经营"体系。在"阿米巴经营"中，"阿米巴"设定的目标不是成本而是生产量和附加值。"阿米巴"不仅进行成本管理，还要想方设法把实际成本做到比标准成本更低，以最少的费用完成订单，以最少的费用创造最大的价值，从而实现附加值的最大化。通过这个过程，"阿米巴"成为一个不断挑战的创造性团队。

通过单位时间核算制度公式，各个部门、各个小组，甚至某个人的经营业绩变得清晰透明。"阿米巴经营"是一种全员参与型的经营体系，每位员工都要充分掌握自己所属的"阿米巴"组织目标，在各自的岗位上为达到目标而不懈努力，在当中实现自我价值。企业会按月公布各个小组每单位时间内的附加值，各个小组当月的经营状况、每个组员及小组所创造的利润和占企业总利润的百分比等。

对成绩好的小组只是进行表扬，颁赠纪念品，京瓷公司始终坚持只给予他们"对公司有贡献"的荣誉。对经营业绩不佳的"阿米巴"，公司会严格追究责任，但所谓"经营业绩不佳"并非单看附加值，也会从附加值来考察经营内容。这样做是为了避免各个"阿米巴"之间恶性竞争。

"阿米巴经营"既提高了员工的成本意识和经营头脑，又提高了员工的职业伦理和个人素质。这两方面相辅相成，促成了"阿米巴经营"这种管理方式在京瓷公司的成功。京瓷公司成功地把"阿米巴"架构上的、以联结决算为基础的纵向管理网和间接部门间横向管理网结合起来，从而得以从两方面对经营业绩进行全局把握。所以，"阿米巴经营"被誉为京瓷公司经营成功的两大支柱之一。

"阿米巴经营"模式有 3 个目的，一是确立各个与市场有直接联系的部门的核算制度；二是培养具有经营意识的人才；三是实现全员参与的经营。

3. 适用环境

实施"阿米巴经营"有两个前提条件。

第一个前提条件是企业经营者的人格魅力。经营者必须具备"追求全体员工物质和精神两方面幸福，并为社会做贡献"的明确信念。领导者的公平无私是调动员工积极性的最大动力，也是实施"阿米巴经营"的首要前提条件。

第二个前提条件是"哲学共有"。每一个"阿米巴"内部的每一位成员，在为自己和自己的"阿米巴"的业绩考虑时，如果缺乏为别人、为别的"阿米巴"以及为企业整体着想的"利他之心"，"阿米巴经营"将难以推行。

4. 优劣分析

"阿米巴经营"模式的优点：提高员工参与经营的积极性，增强员工的动力，为企业快速培养人才；能够将"销售额最大化、经费最小化"的经营原则在企业内部彻底贯彻；企业领导者能够时刻掌握企业经营的实际状况，及时做出正确决策，降低企业经营的风险；把大企业化小经营，能够让企业保持大企业规模优势的同时，具备小企业的灵活性；组织能够灵活应对市场环境变化，帮助企业在竞争中立于不败之地。

"阿米巴经营"模式的不足体现在使用范围有一定的局限。

第一，大产业环境。日本的制造业起步较早，对科学技术的转化领先，自然会形成生产主导型企业。制造部门的产值体现了企业的总体价值，销售部门只是一个获取 10% 销售费用的组织。这种产业环境在今天很难再存在。

第二，利他主义及精细流程。利他主义是日本企业的一贯传统，对其他部门的尊重，对他人需求的考虑都是题中应有之义。"阿米巴"精英所需要的成本分摊精细度及每个月目标设置、考核的精细流程，不一定适用于每个企业。

第三，执行力。企业希望执行任何一套方案时，都离不开各级领导层的推动。领导一个人的想法只有得到多数人支持时，或者得到多数领导权的支持时，才能得到贯彻。

6.5 关于战略管理方法论的思考

通过前文所列举的从经典理论维度、企业案例维度、咨询研发维度和大师独创维度等分析总结的战略管理方法论，我们形成了一套对企业普遍适用的战略管理方法论，即包括外部环境分析，内部能力诊断，确立企业的使命、愿景、定位、目标，战略举措分解，绩效考核，结果评估等环节。这是一个战略管理的全过程。下面我们先锚定这样一个基本的思路和理论基础，来分析两个异同。

6.5.1　国有企业的战略管理方法论和西方企业、民营企业的战略管理方法论有何异同

1. 国内企业与国外企业的战略方法论有何异同

战略管理方法论在今天的中国得到广泛应用，说明无论是对于国内企业还是国外企业，战略管理的基本方法是相通的。这是因为这些方法论根植于市场经济，是以面向竞争优势或者持续成长为目的的理论解释。在这一点上，国内企业与国外企业是具有基本相同的理论背景、假设条件和市场形态的。

战略管理方法论也存在区别。国外企业走到今天所使用的战略管理方法论和 20 年前的战略管理方法论相比，有没有发生明显的或者突破性的或者颠覆性的变化呢？其实是有的，这种颠覆性的变化体现出动态核心能力理论、虚拟企业及互联网扁平化所带来的调整和变化。这些战略管理方法论的变化在国内一些行业，比如信息通信业、互联网行业都已经有所体现。

2. 国有企业与民营企业的战略方法论有何异同

国有企业和民营企业相比，在战略管理方法论上有没有本质上的差别和不同？如果是大型垄断行业或者涉及国计民生等重要经济地位的（如电力、能源、金融、通信等）行业，这些行业的国有企业和民营企业相比，在资源禀赋或者竞争优势的前置条件会有较大的差异。所以，目前我国的大型国有企业的战略管理，更像是过去在稳定经营环境下的战略管理。

由于国有企业的规模更大、稳定性更高，因此这些大型国有企业的战略管理更倾向于计划性管理和目标性管理，而不是实时动态的、随机性和全面性的管理。那些在稳定市场边界、稳定行业边界条件下所生成的西方战略管理方法论，对于我国的大型国有企业的战略管理是比较适配的。这也就是计划学派、定位学派等的战略管理方法论依然在我国的大型国有企业上得到应用，并且成为主流的战略管理的理论指导的原因。

但是对于目前市场边界模糊、市场竞争激烈、企业规模大小不一、业务属性不同，且迭代速度很快的一些民营企业，比如互联网相关企业、贸易型企业、服务型企业等，它们的战略管理方法论已经发生了很明显的变化，它们更加追求速度领先，追求创新突破，追求快速裂变，追求资源的灵活配置。比如小米创始人雷军之前讲的互联网思维，强调"专注、极致、口碑、快"，追求速度、变化等的思维体现得非常鲜明，还有很多企业根本就不做中长期的战略和业务规划。因为经过 2 ～ 3 年的业务不断迭代变化后，最后形成的样子和当初设想的样子可能差别很大。民营企业更加推崇跟着用户的需求走，而不是跟着企业自身设定的目标走，所以，在战略管理方法论上就体现出一些不确定性的重大调整和变化。

由此，我们得出一个基本判断，国有企业基于自身的市场地位和基本形态，是可以应用这些主流的战略管理方法论的。

6.5.2 数字经济时代企业战略管理的方法论和工业经济时代企业战略管理的方法论有何异同

首先要明确数字经济时代的特点，是竞争对象发生了深刻变化。放到波特五力模型中，主流的直接竞争变成了更多的 OTT（通过互联网向用户提供各种应用服务）和替代竞争；单纯的竞争变成了复杂的竞合；边界清晰的行业变成了跨界融合的模糊地带；传统的土地资本劳动力的生产要素变成了今天数据和技术的全新生产要素；过去创造竞争优势的核心经济激励（垄断租金、李嘉图租金等）变成互联网三大定律（摩尔定律、吉尔德定律和迈特卡夫定律）所带来的一种新的成长；过去工业经济时代企业稳定的线性增长模式变成今天突然裂变型增长的模式；过去稳定的企业组织形态变成今天多变的、灵活适应市场的组织形态。

在数字经济时代，企业面对的技术选择变得越来越不确定。技术路线的选择、技术工具的应用变化很快，风险也在逐渐增高。

在这种情况之下，过去工业经济时代所生成的战略管理方法论的基础框架，在今天的数字经济时代是可以不变的。因为数字经济时代企业也要追求可持续发展，也要追求竞争优势。那变化的是什么呢？在战略管理过程中所运用到的具体的方法、具体的工具和模型都是需要变化的。在过去稳定的市场环境、组织形态和行业边界清晰的情况下，所生成的分析方法、决策的工具，或者是风险评估的工具并不适用于当下的环境，需要对方法和工具做一些改造以适应新的市场环境等。它的变量、系数、假设条件或适用范围可能都会发生一些变化。

其次要搞清楚国有企业的战略管理方法论和西方企业、民营企业的战略管理方法论的异同及数字经济时代企业战略管理方法论和工业经济时代企业战略管理方法论的异同，总结和思考这两个异同，就可以形成对于数字经济时代国有企业战略管理的方法论。

定义数字经济时代国有企业的战略管理方法论的具体内容，要注意的是，国有企业同时兼具经济功能、社会功能和政治功能。本书重点讨论的是国有企业的经济功能。只要企业可以创造顾客需求，创造价值，面对复杂竞合环境追求可持续发展，那企业的使命和目标就没有发生根本变化。

到目前为止，通过对战略管理理论的跟踪分析和观测发现，国外的战略管理的基础框架并没有发生根本变化，更多的体现在一些独特的研究视角的切入或者一些工具的创新和开发上。

例如，国外的战略管理中针对企业社会责任更多的是强调对社区的贡献，对利益相关者的影响，而我国更多地把企业社会责任变成我们为国家、为社会承担的一些普遍服务，视角有些差异。

此外，世界知名企业非常关心企业家的变更对于一个企业战略管理的影响，其实我国也非常关心企业家的变更，但是我国更多地体现在家族企业的传承上。因为国有企业中的企业家都是职业经理人，企业不是属于党组书记、董事长或者总经理个人的，这只是强调了企业在治理结构中的分设。同样都看重企业家对企业的战略影响，国外企业看重的和中国企业看重的不一样。对于国外企业而言，企业家虽然发生更迭，但董事会制定的战略是不变的；而中国企业家发生变更，会影响到董事会来调整战略。所以我们看到国内与国外的企业家对战略的影响都很大，但是在特殊的情境下，它的作用也会有偏差。

因此，基本的战略管理方法论的框架是可以沿用的，但是其中的假设条件、参数模型、具体环节的工具模型可能要发生较大的变化。

还有一个值得关注的是，战略管理方法论在进入 21 世纪的前 10 年，没有出现新的、大的主流理论的更迭，而是进入一个新的战略管理理论的丛林阶段。在这个阶段延伸了很多战略管理的分支和流派，有些分支和流派正在孕育形成中，而不是过去从资源学派、能力学派、竞争优势学派发展中能够清晰地划分 10 年一代。因为现在基本的战略机理研究没有突破，说明企业战略的基本使命在当前没有发生变化，但是又因为互联网数字经济出现了很多小的流派，让不同行业、不同规模的企业，在寻求自身发展中找到自己实践的路径。理论学者通过对这些不同国家、不同行业、不同规模属性的企业成功案例归纳总结，形成自己的战略管理假说。

战略管理方法论同理，我们总结经典理论、企业案例、咨询公司及管理大师的方法论就是因为当前的战略管理出现假说和理论流派的丛林，而不只是一个学术理论主流的问题，只有把不同流派、不同视角的方法论进行整理，才能完整地勾勒出当前战略管理方法论所呈现的多种形态。

第四篇

御器篇：
数智化时代国有企业战略转型的工具运用

在不确定时期，国有企业的数智化转型从选择题变成了必答题。企业要想从这场挑战中获得持续性竞争优势，离不开科学有效的工具运用。本篇结合战略分析 – 战略制定 – 战略执行 – 战略评估的战略全过程，从宏观到微观，从企业级战略到业务级战略，逐一分析各阶段常用经典工具的提出背景、基本内容、优劣特点、适用场景，并以电信业为例，提供全新视角探讨数智化时代国有企业应如何调整适配，更好地驾驭这些战略管理工具。

第 7 章
驾御战略分析工具

7.1　宏观分析

7.1.1　波特钻石理论模型

1. 提出背景

从事国际贸易的利弊分析和国际贸易理论学说发展至今已有400多年历史，理论学说也分流多派。1990 年，哈佛商学院的迈克尔·波特与同事对遍布 10 个国家的 100 个行业进行研究后，出版了《国家竞争优势》一书，书中提出的"国家竞争优势"模型（也称为"波特钻石理论模型"），希望能确定在国际经济和贸易竞争中，为什么有的国家成功，有的国家却失败。波特认为现有的国际贸易理论存在一定的缺陷，即问题的关键是应当揭示为何一个国家在某个特定行业能够获得国际性的成功而取得垄断性的行业地位。

2. 基本内容

波特钻石理论模型提出了影响国家或地区特定产业的国际竞争优势的四大关键要素和两个辅助要素，即国家或地区特定产业的国际竞争优势可以体现在这 6 个要素上。四大关键要素包括生产要素、需求条件、支持产业，以及企业战略、结构和同业竞争。这四个要素具有双向作用，形成钻石体系，如图 7-1 所示。

在四大要素之外还存在机会和政府两个辅助要素，会影响四大关键要素。其中，机会是无法控制的，政府政策的影响是不可漠视的。

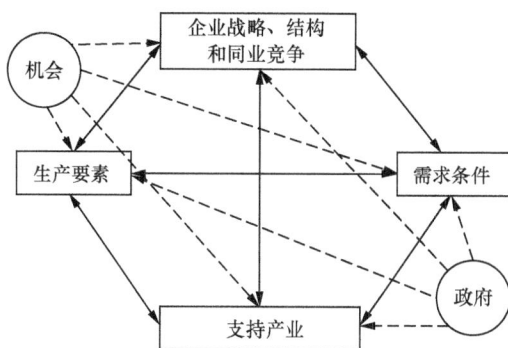

图 7-1　波特钻石理论模型

（1）生产要素

波特将生产要素划分为初级生产要素和高级生产要素，初级生产要素是指天然资源、气候、地理位置、非技术工人、资金等，高级生产要素则是指现代通信、信息、交通等基础设施，受过高等教育的人才、专业的研究机构等。一般情况下，如果某个国家的劳动力成本较低，且具有一定的资源优势，那么该国家比较适合劳动力密集的产业发展，但是从某种角度来看，劳动力密集型产业的发展不会显著提高国民收入，通过这种初级生产要素，不能使国家在国际中的地位得到提升。

波特认为，初级生产要素重要性越来越低，一些跨境企业能够在国际市场网络中获取；但是要想不断提升国家的国际地位，增强国家的综合竞争实力，那么最需要的是高级生产要素。而高级生产要素除了要有一定的资本投入之外，还需要一定的人力投入，很难从外部获得。

所谓的生产要素，通常由下述两个部分组成：一是专业生产要素，比如专业的研究机构、软硬件设施、高端人才等；二是一般生产要素。通常情况下如果某产业处于比较核心的位置上，那么该产业对专业生产要素的需求也越大，对于企业而言，具备的专业生产要素越丰富，那么其自身的竞争力也会越强。

对于一个国家而言，要想借助生产要素的作用来促进产业发展，且不断提升自身优势，那么应该将重心放在专业、高级生产要素上，且这些生产要素的精致性与可获得性直接影响着竞争优势的稳定性。假设一个国家在增强自身竞争力的过程中，仅将重心放在了一般、初级生产要素方面，那么这种竞争力是十分脆弱的。

（2）需求条件

所谓需求条件，从某种角度来看反映了某个地区或者某个国家对这一特定产业提供的服务需求。当需求很大时，对本国或本地区的国际竞争力有两方面的积极影响。第一，本国或本地区可凭借规模经济提高效率，从而取得竞争优势。第二，本国或本地区由于预计需求较大，特定产业的市场规模和增长速度会有较强的表现，从而提高竞争力。

这里存在两个隐含的前提假设，一个是国内需求市场是本国或本地区特定产业发展的动力，另一个是本国或本地区相较于国际可以更加及时地发现或满足国内市场的需求，这是国外竞争对手所不及的，因此波特认为全球性的竞争并不会降低国内市场的重要程度。

（3）支持产业

针对部分有一定竞争力的国家来说，优势产业与支持性产业之间有着密不可分的关系。波特等学者指出，人们应该加强重视"产业集群"，该优势并非独立的，而是某个国家或某个地区相关强势产业共同发展的结果。这里将德国印刷机行业作为研究对象，德国印刷机在国际上具有较大的影响力，之所以如此，主要是因为德国具备先进的机械制造业、制版业、造纸业等。

从产业创新的角度来看，供应商是产业创新和升级过程中不可缺少的环节，首先，任何产业要想增强竞争力，必须要有优质的供应商，同时也需要与上下游产业建立良好的战略合作关系；其次，如果某个国家或某个地区的某一产业具有竞争力，那么也会带动相关产业的发展，从而增强相关产业的竞争优势。

（4）企业战略、结构和同业竞争

对于一家企业而言，想要拓展国际市场，增强国际竞争优势，必须要有一定的动力支撑。这里所谓的动力一方面源自于全球需求拉力，另一方面源自于本地竞争压力。要想维持产业竞争力，最重要的是在国内市场中具备竞争者。研究学者波特认为，该观念与传统观念相悖，通常情况下，如果国内竞争压力较大，那么极有可能出现资源过度消耗的现象，不利于规模经济的发展；想要国内市场达到最佳状态，就应该发展 2 ～ 3 家企业，发挥规模效应，有利于与外商抗衡，同时也有利于提高内部运作效率。也有一部分研究学者指出，对于国际型产业而言，无须国内市场竞争者。

（5）机会

机会对于四大核心要素有单向的影响作用。影响国家或地区特定产业竞争力的机会主要包括以下几个方面：首先是传统技术断层，其次是汇率及其不稳定或国际金融市场改革；再次是政府部门出台了新的政策；最后是科学技术有了进步等。上述因素都有可能造成产业环境的突变，会对产业结构进行重构，从而影响国家或区域特定产业的国际竞争力。

3. 优劣分析

优势：波特钻石理论模型进一步分析了目前全球经济贸易格局，同时也预测了国家未来贸易发展趋势，对国际经济贸易理论研究有一定的参考价值。

劣势：波特钻石理论模型以规模经济为假设前提、没有考虑到多国 / 跨国活动且缺少海外变量，所以适用范围有限。从现实的角度来看，由于多国活动存在一定的误解，直接投资存在两种途径，所以这一模型应用在这些国家中具有一定的不适性。波特指出，要想不断提高创造竞争力，就应该加大对外投资，但是引入的外资不会增强竞争优势。然而从现实的角度来看，双方向的外部直接投资可以增强竞争优势。

4. 适用场景

波特钻石理论模型是从资源禀赋、需求条件、产业结构作综合性研判，而不是分析具体某个企业的国际竞争力。国家或地区所在产业的国际竞争力增强时，内部企业的竞争力也会相应增强。而产业中头部企业的竞争力很大程度上决定了该国家或地区的产业竞争力。因此，波特钻石理论模型得到了广泛的应用，尤其是在评估某一地区竞争力方面及出台共同政策方面，并且帮助企业从宏观视角去解释所处行业的主导企业的竞争力的来源。在我国，这个工具与国家最新的双循环新发展格局、建立完整的端到端产业链，以及国有企业进行数字化转型息息相关。

第一，国有企业在数字化转型中要担当推动数字经济发展的国家队和主力军。数字经济是构建双循环新发展格局，尤其是畅通国内大循环的一个主要抓手和举措。所以，国有企业需要开启数字化转型，推动数字经济构建新发展格局。

第二，根据波特钻石理论模型，国家要构建良好的产业结构，需要充分利用资源优势，打造具有全球竞争力的产业链，构建竞争优势。而国有企业在数字化转型中的战略目标就是创世界一流企业，其战略定位是原创技术策源地、数字经济现代产业链链长，成为数字经济建设的国家队和主力军，助力构建双循环新发展格局。运用波特钻石理论模型，帮助国有企业在数字化转型战略的宏观分析中，明确企业在未来中长期战略发展中在国家经济社会中的宏观定位。

因此，波特钻石理论模型是国有企业在数字化转型中宏观战略定位的基础分析模型，是宏观定位选择的一个关键分析工具。

2020年，我国通信业积极推进网络强国建设，实现全国所有地级城市的5G网络覆盖，新型信息基础设施能力不断提升，为加快数字经济发展提供了有力支撑。

经相关统计，2020年电信业务收入达到1.36万亿元，相较于上一年度提高了3.6个百分点，增速为2.9%。按照2019年价格计算的电信总业务量为1.5万亿元，相较于上一年度提高了20.6个百分点。2015—2020年电信业务收入增长情况如图7-2所示。

图7-2 2015—2020年电信业务收入增长情况

中国电信行业能够呈现今天这样蓬勃发展的局面，其根源就在于具有良好的行业竞争优势。由于波特钻石理论模型在研究竞争力方面具有一定的解释力，所以这里将通过波特钻石理论模型，研究中国电信行业及具有代表性的中国移动的竞争优势。

（1）生产要素条件

对于电信行业而言，最主要的影响条件就是生产要素条件。下面基于通信网络建设、技术水平、投资水平等方面来分析生产要素条件。

通信运营企业的核心生产要素就是网络资源。2020 年，全国移动通信基站总数达 931 万个，全年净增 90 万个。其中 4G 基站总数达到 575 万个，城镇地区实现深度覆盖。5G 网络建设稳步推进，新建 5G 基站超过 60 万个，全部已开通 5G 基站超过 71.8 万个。新建光缆线路长度 428 万千米，全国光缆线路总长度已达 5169 万千米。截至 2020 年年底，互联网宽带接入端口数量达到 9.46 亿个，比 2019 年年末净增 3027 万个。

电信行业是知识和技术密集型产业。要提升企业的竞争力水平并提升市场份额，中国移动一方面要专注为 CHBN 融合发展及下一步 5G 持续领先奠定基础，另一方面也要加强投资管控，优化投资结构，以最合理的资源投入满足竞争发展的需求，保证投资效益。中国移动加快提升基础网络能力，增强网络竞争优势，积极打造 5G 精品网络，面向家庭宽带、传输网、数据中心、国际设施等进一步夯实能力，有力支撑业务发展。与此同时，强化云计算统筹规划，加大云能力建设力度，努力打造云网一体新型基础设施，积极推动网络云化、智能化转型。

投资水平是形成企业所在行业竞争力的有效保障。2020 年中国移动各项资本开支合计约为 1806 亿元。2021 年中国移动资本开支合计约为 1836 亿元，主要用于建设 5G 精品网络、打造云化基础设施、支撑 CHBN 业务发展、提升智慧运营水平等方面，其中包括 5G 相关资本开支约为 1100 亿元。

中国移动加快 5G 网络建设，不断消除网络覆盖盲点，提升网络质量，增强网络供给和服务能力，新一代信息通信网络建设不断取得新进展。同时，促进转型升级，加快 5G 网络、物联网、大数据、工业互联网等新型基础设施建设，推动新一代信息技术与制造业深度融合，成效进一步显现。但中国移动的业务存在地理分布不均衡等问题，在一定程度上抑制了中国移动行业的竞争力。

（2）需求条件

需求是决定行业竞争力的重要因素，旺盛的需求将推动以中国移动为代表的中国电信行业不断向前发展。

首先，我国通信市场的客户数量巨大。截至 2022 年 1 月，在移动用户数方面，中国移动拥有 9.61389 亿户，中国电信拥有 3.7550 亿户，中国联通拥有 3.18245 亿户。在有线宽带用户数方面，中国电信拥有 1.7125 亿户，中国移动拥有 2.43947 亿户，中国联通拥有 0.96082 亿户。

其次，客户对于优质服务的需求不断提升。为更加快捷、高效地响应客户需求、实现高质量发展，中国移动加快渠道转型，着力构建多触点、数字化、全覆盖的新型营销服务体系，推进线上线下双向引流，满足客户多场景一站式数字消费需求。同时，中国移动打造 10086 智能化综合服务门户，不断提升面向客户的触点服务体验；持续建设数据融合、能力融通、服务融智的"新一级客服系统"，充分利用大数据技术，客户服务更精准、更主动；深入推进满意度提升"领先工程"、客户权益保护"阳光行动"、投诉效能提升"削峰行动"，客户体验明显改善；深入打造"满意服务 365"活动品牌，创新开展"优质服务体验季"活动，客户口碑显著提升。

（3）支持产业

随着客户需求的发展，现代化 5G 产业链已经形成。中国移动作为电信运营商位居产业链的中间，上游为内容供应商与服务供应商，下游为终端制造商与客户。

综合产业链上游来看，主要有两种类型：一类是电信设备制造商，他们为运营商提供基础运营设备，确保其网络覆盖与通信质量，并与中国移动相互促进，共同发展。另一类是内容供应商、内容集成商和服务供应商，三者之间关系密切，内容供应商负责生产，内容集成商负责集成产品，最后通过服务供应商推向客户。

综合产业链下游来看，终端应用软件商与终端制造商是中国移动最重要的支撑产业。在终端应用软件商方面，中国移动通过子公司和参与投资等形式积极拓展终端应用软件，但是收效甚微。中国移动在终端制造商方面，在成本、质量、稳定性方面并不占据优势。

（4）企业战略、结构和同业竞争

从三大运营商公布的 2021 年全年用户发展情况来看，中国电信的移动用户发展情况较好，特别是 5G 套餐用户的渗透率遥遥领先于其他两家运营商。而中国移动的固网宽带用户数则轻松突破 2 亿大关，接近另外两家运营商固网宽带用户数的总和。

当前，我国已进入 5G 大规模部署和商用阶段，5G 相关投资将继续增加。如何吸引更多用户迁移到 5G 网络，让 5G 应用在更多行业落地，都将是运营商与生态合作伙伴共同面对的挑战。

（5）政策条件

据估算，2020 年七大"新基建"重点领域投资规模约为 1.2 万亿元，占 2019 年基建投资总额的 7% 左右，其中 5G 基站及相关设备投资为 2500 亿～3000 亿元。"新基建"相关投资增速可能达到两位数，部分细分领域增速甚至更高。

2018 年 12 月，中央经济工作会首次提出"新基建"，即新型基础设施建设，强调"要加大制造业技术改造和设备更新，加快 5G 商用步伐，加强人工智能、工业互联网、物联网等新型基础设施建设。国家对于新基建的相关决策和表述如表 7-1 所示。

表 7-1　国家对于新基建的相关决策和表述

时　间	会　议	"新基建"相关表述
2018 年 12 月 19 日	中央经济工作会议	加大制造业技术和设备更新，加快 5G 商用步伐，加强人工智能、工业互联网、物联网等新型基础设置建设
2019 年 3 月 5 日	政府工作报告会议	加大城际交通、物流、市政、灾害防治、民用和通用航空等基础设施投资力度，加强新一代信息基础设施建设
2019 年 7 月 30 日	中央政治局会议	稳定制造业投资，实施城镇老旧小区改造、城市停车场、城市冷链物流设施建设等补短板工程，加快推进信息网络等新型基础设施建设
2019 年 12 月 10 日	中央经济工作会议	加强战略性、网络型及基础设施建设，推进川藏铁路等重大项目实施，稳步推进通信网络建设
2020 年 1 月 3 日	国务院常务会议	大力发展先进制造业，出台信息网络等新型基础设施投资支持政策，推进智能、绿色制造
2020 年 2 月 14 日	中央全面深化改革委员会会议	基础设施是经济社会发展的重要支撑，要以整体优化、系统融合为导向，统筹存量和增量、传统和新型基础设施发展、打造集约高效、经济适用、智能绿色、安全可靠的现代化基础设施体系
2020 年 2 月 21 日	中央政治局常务委员会会议	加大试剂、药品、疫苗研发支持力度，推动生物医药、医疗设备、5G 网络、工业互联网等加快发展
2020 年 2 月 23 日	中央统筹推进新冠肺炎防控和经济社会发展工作部署会议	智能制造、无人配送、在线消费、医疗健康等新兴产业展现出强大成长潜力。要以此为契机，改造提升传统产业，培育、壮大新兴产业
2020 年 3 月 4 日	中央政治局常务委员会会议	加大公共卫生服务、应急物资保障领域投入，加快 5G 网络、数据中心等新型基础设施建设进度

　　国家坚持深化国有企业改革，着力推进中央企业创建世界一流示范企业。中国移动作为唯一入选创建世界一流示范企业的通信央企，应加快部署海外市场，引领核心技术发展，形成国际竞争优势；进一步提升产品服务质量和品牌影响力。

　　（6）发展机遇

　　"十四五"规划编制工作专题会议明确了"十四五"时期外部环境更加复杂，规划编制过程中应该注重保持经济运行在合理区间，同时坚持以人民为中心，加强政府与产业协同，增强产业创新力。此外，国资委也针对"十四五"规划做出了调整和部署，且明确中央企业改革是核心内容。

7.1.2　PEST模型

1. 提出背景

PEST 由哈佛经济学教授弗朗西斯·阿吉拉尔（Francis J.Aguilar）在 1967 年提出，又有学者增加了生态、法律、环境、人口等因素，延伸发展出了 PESTLE、STEEPLE 等不同的排列法。

2. 基本内容

PEST 分析一般是指对宏观环境的分析，宏观环境是指一切影响行业和企业发展的宏观因素。对宏观环境因素进行分析时，根据不同行业和企业的基本特征和经营需要，分析的具体内容会有差异，但一般都应对政治（Political）、经济（Economic）、社会（Social）和技术（Technology）这四大类影响企业的主要外部环境因素进行分析。简单而言，称之为 PEST 模型，如图 7-3 所示。

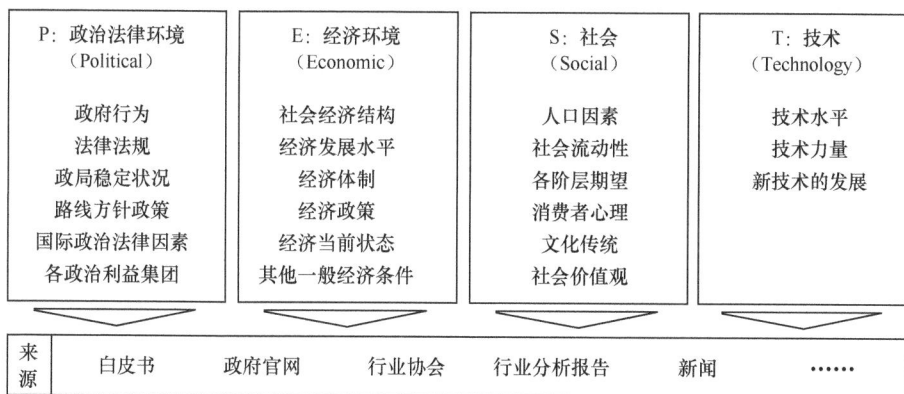

P：政治法律环境 （Political）	E：经济环境 （Economic）	S：社会 （Social）	T：技术 （Technology）
政府行为 法律法规 政局稳定状况 路线方针政策 国际政治法律因素 各政治利益集团	社会经济结构 经济发展水平 经济体制 经济政策 经济当前状态 其他一般经济条件	人口因素 社会流动性 各阶层期望 消费者心理 文化传统 社会价值观	技术水平 技术力量 新技术的发展

来源	白皮书	政府官网	行业协会	行业分析报告	新闻	……

图 7-3　PEST 模型

PESTEL 是在 PEST 基础上加入环境因素（Environmental）和法律因素（Legal）形成的。环境因素是组织的产品或服务中能与环境发生作用的要素。法律因素是组织外部的法律、司法状况和公民法律意识所组成的综合系统。

3. 优劣分析

优势：PEST 分析简明扼要，操作容易，可根据头脑风暴法完成，其价值在于为企业战略制定者提供一种对趋势、机会和挑战的判断依据，并据此对战略规划和经营策略做出调整。

劣势：PEST 模型分析是一种思维框架，而非结论。在实际使用中，由于 PEST 框架涉及的变量因素不胜枚举，尤其是 "P" 和 "S" 部分，无论是理论还是实践，其子因素的权重和变化趋势都更加适合针对企业实际情况定性分析。

4. 适用场景

PEST 模型是宏观战略分析中的常用模型，由计划学派首次提出并用于特定的产业边界或者相对稳定的经济形态中，但是现在面对的是百年未有之大变局，新一轮科技革命和产业变革深入发展。同时，国际环境日趋复杂，不稳定性、不确定性明显增加。

在这样的背景下，PEST 模型将更多地作为宏观战略分析的思维模型，即从哪些维度去分析一个企业，特别是可以用于分析国有企业制定数字化转型战略时需要考虑的维度和要素。

无论是 PEST 模型还是波特钻石理论模型都是宏观战略的定位分析和筛选模型。PEST 模型是偏向于国内环境下的产业级的战略定位选择模型，而波特钻石理论模型是偏向于全球竞争条件和背景下，用于创世界一流企业的分析模型。

面对具体应用场景，国有企业在数字化转型过程中，可以将 PEST 模型用于国内大市场中的战略定位和选择，而将波特钻石理论模型用于打造有世界竞争力的产业链时的宏观战略分析。

作为一个思维参考模型需要包含众多要素，当企业制定数字化转型战略，在面对国内大循环环境去分析企业所处的宏观战略地位和进行相应的筛选时，PEST 模型需要考虑比较全面的要素。但是对于国有企业而言，政策要素和技术要素比经济要素和社会要素更重要。

7.2 中观分析

7.2.1 SCP模型

1. 提出背景

SCP 模型是由弗雷德里克·谢勒（Frederie Scherer）等研究学者于 20 世纪 30 年代建立的。该模型提供了一个既能深入具体环节，又有系统逻辑体系的结构（Structure）——行为（Conduct）——绩效（Performance）的产业分析框架。

2. 基本内容

SCP 框架强调的是，企业在市场中的行为取决于市场结构，而市场运行在不同领域取得的绩效主要取决于企业的行为，如图 7-4 所示。

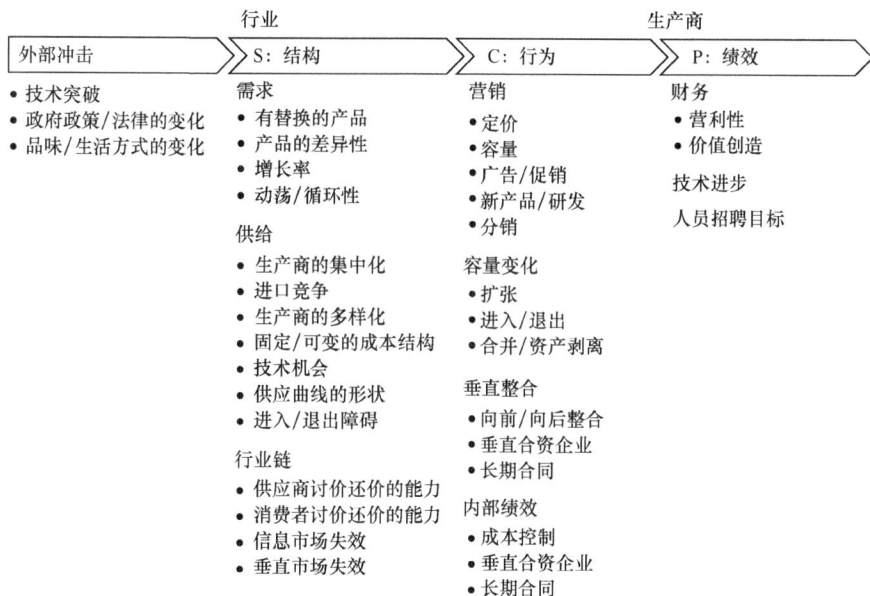

图 7-4　SCP 模型

如图 7-5 所示，SCP 模型在研究不同模块领域的时候，侧重点会有所不同。结构上，需要判断行业的需求情况、供给情况、行业链情况；行为上，需要研究企业的营销行为、容量变化、垂直整合、内部绩效等；绩效上，需要鉴别行为所产生的财务情况、技术进步、人员招聘目标等。总体来说，SCP 模型就是通过特定行业结构、企业行为变化和影响经营结果 3 个维度来分析外部冲击的影响。而 SCP 模型通过对行业现状的分析和对未来行业的分析，能够有效地界定不同时期的行业状况。

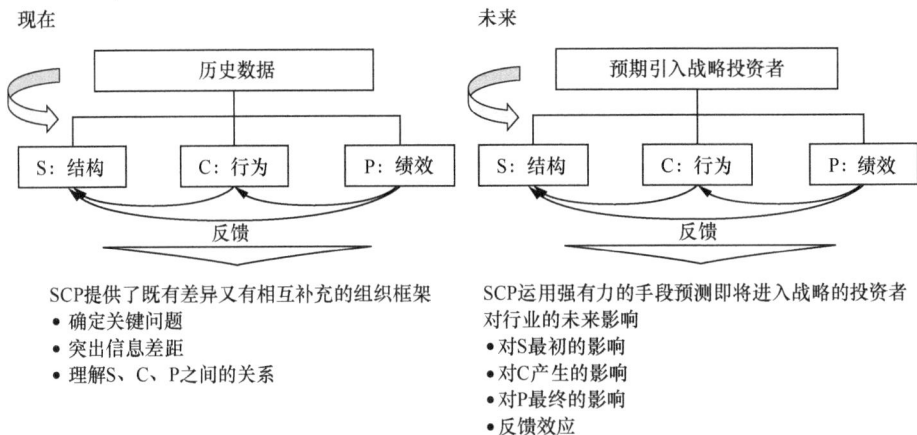

图 7-5 SCP 模型分析

外部冲击通常情况下是指经济因素、技术因素、消费习惯等因素的变化。

行业结构一般是指随着外部环境发生改变，可能给行业或企业带来的影响，比如导致细分市场发生改变或者行业竞争发生改变等，通常取决于交易双方的数目和规模分布、产品差异化、市场份额、市场集中度和进入壁垒。

企业行为主要是指企业针对外部的冲击和行业结构的变化，有可能采取的应对策略，比如不断优化自身的运营方式、将同类业务单元进行全面整合、完善管理体系等。

经营绩效主要是指在外部环境发生变化的情况下，企业在经营利润、市场份额等方面的变化趋势。

3. 优劣分析

优势：SCP 模型对战略分析过程提出了更高的要求；着重把行为作为取得业绩的关键；动态解释了随着时间的变化，绩效发生改变的原理。

劣势：SCP 分析框架对行业的一个重要假设基本上是静态的，所以在使用的时候还需要以动态的视角还原、审视企业所处的行业。

4. 适用场景

SCP 模型是产业组织理论中结构行为学派最经典的模型，适用于行业或企业受到冲击时，从竞争结构的变化进行关联波动分析，研究企业的战略调整及行为变化，从而研判可能产生的绩效波动。

对国有企业的数字化转型来说，该模型属于结构行为绩效，结构的本质是竞争主体变化带来竞争行为的变化，从而产生企业竞争绩效的变化。而竞争主体的变化本质上是由市场的变化引起的。

在中观层面分析行业竞合时，SCP 模型是分析国有企业在数字化转型中面临复杂的市场竞合关系时有利的分析工具，这是因为随着竞争主体数量的增多，竞争行为关系会变得复杂，即合纵联合的行为会增多。

在制定应对竞争的策略选择时，要关注未来的数字化是一个跨界融合的过程，这个过程会产生更多的竞争主体，从而导致整个行业的竞争行为、结构发生更多的调整。这种多变的调整会让企业拥有更多的竞合关系，从而为整个战略的商业模式灵活性创造机会。

7.2.2　战略群模型

1. 提出背景

战略群模型是一种在波士顿矩阵的基础上修正的指导型模型，由小阿瑟·汤普森（Arthur Thompson Jr）与阿隆索·斯特里克兰（Alunzo Strickland）对其进行修改后得出的企业战略态势分析方法，其以竞争地位和市场发展相互组合成 4 种类型，每种类型分别采取不同的战略。

2. 基本内容

如图 7-6 所示，战略群组是指一个产业内执行同样或类似战略并具有类似战略特征的一组企业。就某一个产业而言，如果所有的企业都采用基本相同的战略，则说明该产业中的战略群组仅有一种类型。如果每个企业都采用不同的战略，则说明该产业中有多个战略群组。一个产业通常仅有几个战略群组，它们采用性质不同的战略。对于不同的竞争力量而言，各战略群组的处境不同，则它们之间的利润也会存在差异。由于各个战略群组内的竞争程度不同，服务的主要客户群的增长率也不同，因此各个群体的驱动因素和竞争力量也存在一定的差异。

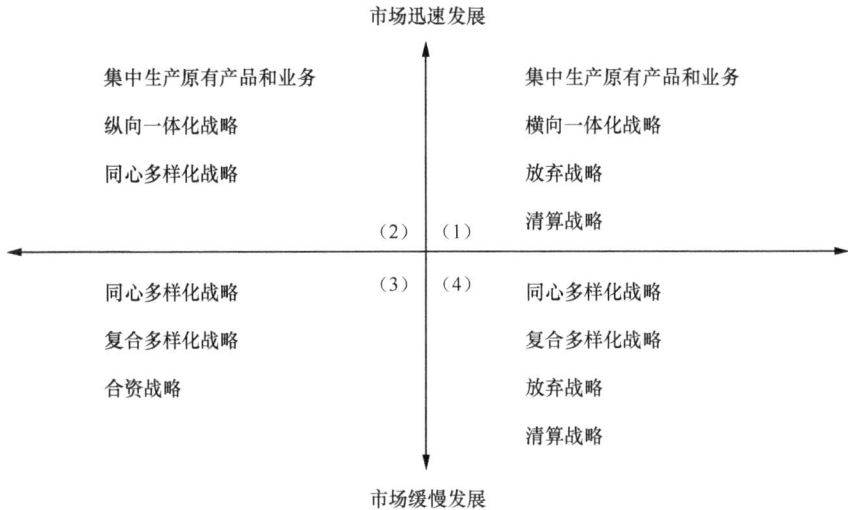

市场迅速发展

集中生产原有产品和业务　　　　　　集中生产原有产品和业务

纵向一体化战略　　　　　　　　　　横向一体化战略

同心多样化战略　　　　　　　　　　放弃战略

（2）｜（1）　清算战略

同心多样化战略　（3）｜（4）　同心多样化战略

复合多样化战略　　　　　　　　　　复合多样化战略

合资战略　　　　　　　　　　　　　放弃战略

清算战略

市场缓慢发展

图 7-6　战略群组

具体分析步骤分为 3 步：首先以产品种类、产品的地域覆盖、销售渠道、产品品质、所用技术、纵向整合程度、研发投入强度等战略维度为基础，把同一产业中的企业划分为若干个战略群组；其次对战略群组内企业间的竞争状况进行分析；最后对战略群组之间的竞争状况进行分析。

3. 优劣分析

优势：识别战略群组可以让企业更清楚地把握竞争格局，识别直接的竞争威胁。由于在同一战略群组中的所有企业都遵循相近甚至相同的发展战略，用户常常将它们的产品或服务看成可以互相替代的。因此，对于企业来说，直接的竞争威胁来源于自己所属的战略群组。

劣势：战略群组划分的重点是识别区分行业竞争对手的关键战略特征，这需要很强的战略视野。如果选择的战略变量太多或者行业属于高度分散性的，划分难度会比较大。

4. 适用场景

战略群组分析多适用于对行业进行分析。当企业需要深入掌握战略群组间的竞争全局，看清行业梯队之间的差距时，可使用战略群组进行分析。如果企业认为其他战略群体的竞争力更强，就可能会转移到其他群体。

因此，战略群模型更多适用于分析国有企业数字化转型中生态位和生态体之间的竞合变化。例如在现今的中国云市场中，有互联网战略群体，主要是以阿里云、腾讯云为主构建的生态体；有 IT 巨头组建的生态体，包括联想、神州数码、华为等；有运营商组建的生态体，包括移动云、天翼云等；还有由民营企业组建的生态体，包括新华三、浪潮等。就准确性而言，战略群组图应被称为产业生态群体分析，而不是产业链分析，因为其能明显地体现一个或几个群体势力的分布情况，以及未来的纵向演化情况。

对国有企业在数字化转型中生态竞合的基本态势研判后，战略群模型亦可引述到应对策略上。对于未来生态体与生态体的竞争，企业需构建核心生态圈，建立生态之间的战略卡位，构筑护城河，构建良性生态。生态体与生态体形成的新竞争关系或新竞争态势类似于企业与企业或产业链与产业链的竞争，这是数字化转型中竞争关系的升级。

7.2.3　波特五力模型

1. 提出背景

五力模型是研究学者迈克尔·波特于 20 世纪 80 年代初提出的，为企业制定战略提供了参考。

2. 基本内容

五力模型将大量不同的因素汇集在一个简便的模型中，以此分析一个行业的基本竞争情况。该模型包含了竞争的 5 种主要力量，即新进入者的威胁、供应商的议价能力、替代品的威胁、行业竞争对手、购买者的议价能力。在制定战略的过程中，必须要考虑这 5 种力量。针对不同的企业或不同的行业，上述 5 种力量的重要程度与基本特征也会存在差异。波特行业结构模型如图 7-7 所示。

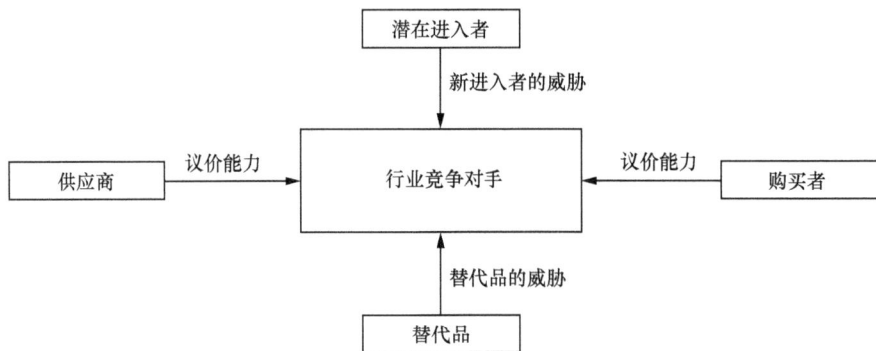

图 7-7 波特行业结构模型

（1）供应商的议价能力。供应商主要通过提高其投入要素价格与降低单位价值质量，来影响某一行业中企业的盈利能力与产品优势。通常情况下，一些具有比较稳固市场地位而不受市场激烈竞争困扰的供应商，其产品具有一定的特色，具有不可替代性，以至于买方难以转换或转换成本太高，在这种情况下，供应商具有较强的议价能力。

（2）购买者的议价能力。购买者主要通过向卖方压价与要求卖方提供较高的产品质量或服务质量，来影响某一行业中企业的盈利水平。通常情况下，如果购买者规模小，但每个购买者的购买量较大，占据了卖方销售量的很大比例；或者购买者所购买的产品可以通过标准化生产，而这种产品的可替代性较强，买方可以从多个供应商处购买，在这种情况下，购买者具有较强的议价能力。

（3）新进入者的威胁。威胁的严重程度取决于行业的准入门槛与预期现有企业对进入者的反应。准入门槛就是进入某一行业的资本需求、规模经济、相关的政策制度、自然资源、产品差异等，其中一部分要素是无法复制的。预期现有企业对进入者的反应，主要是预期现有企业可能对新进入者采取的报复手段。总之，对于新进入者而言，能否成功进入一个行业取决于进入者所需花费的代价、所要承担的风险及可能获得的利益。

（4）替代品的威胁。两个处于不同行业中的企业，可能会由于所生产的产品是互为替代品，从而在它们之间产生相互竞争行为。这种竞争会以各种形式影响行业中现有企业的竞争战略。如果替代品的价格越低、质量越好，对于用户而言，不需要较高的转换成本，那么竞争就会越激烈；而这种来自替代品生产者的竞争压力的强度，可以具体通过考察替代品销售增长率、替代品供应商的产能及盈利扩张情况来加以描述。

（5）行业竞争对手。大部分行业中，企业之间的利益都是紧密联系在一起的，各企业制定竞争战略的主要目标都是不断增强自身的竞争优势，以提高自身的市场占有率，所以在实施的过程中就必然会产生矛盾，从而导致企业之间的竞争。现有企业之间的竞争常常表现在价格、产品介绍、售后服务等方面，其竞争强度与许多因素有关。

面对 5 种竞争力量，企业应该从自身利益出发，先占领有利的市场地位，然后采取竞争行动，从而更好地应对这 5 种竞争力量，来增强自己的竞争实力。

3. 局限性

关于波特五力模型的实践运用一直存在许多争论。目前较为一致的看法是，该模型是一种理论思考工具，而非可以实际操作的战略工具。

波特五力模型理论的建立主要是以 3 个假设为前提：一是战略者制定可以充分掌握整个行业的信息，但现实中这是难以做到的；二是同行业之间只有竞争关系，没有合作关系，但现实中企业之间合作十分常见；三是行业规模是一定的，所以只有通过夺取竞争对手的份额来占有更大的资源和市场。

波特五力模型在一定程度上受到静态本质的限制。该模型指出，行业结构具有一定的稳定性，并且受外部因素影响。行业结构驱动竞争强度，而竞争强度反过来又决定行业的收益水平。实际上，竞争是动态的，而行业结构会受其战略的影响。

4. 适用场景

波特五力模型适用于较短时间内，对具有稳定产业边界环境的特定行业竞争分析。无论是分析进入者还是替代者，都需要在产业边界清晰的情形下进行，否则无法清晰定义五力。对于国有企业的数字化转型，其在某个局部阶段或时期的竞争态势是相对稳定的。以运营商为例，电信家庭市场数字化转型可以分为智慧家庭 1.0 阶段、智慧家庭 2.0 阶段等。如果处于时间边界稳定、技术相对稳定的应用状态下，可以用波特五力模型分析行业竞争态势，而如果处于升级换代、重大迭代变化阶段，由于产业边界模糊，此时波特五力模型接近于 PEST 模型，即是思维模型，而不是技术操作级的工具模型。

另外在竞争战略的分析中，关于五种竞争力量的抗争结论，可以延伸出总成本领先战略、差异化战略、集中战略三类战略思想。以电信行业为例，自 2012 年以来，全球电信运营商整体收入增速持续波动向下，传统通信业务收入增长乏力，而互联网内容提供商的年均增长率达到 9.9%，OTT、云、数字媒体等新兴业务发展潜力巨大。对于传统运营商来说，可以应用波特五力模型分析互联网浪潮下的行业新竞争格局，并且提出应对竞争的可行战略，比如构建产业生态系统拥抱 OTT，针对不同用户群的需求，提供差异化服务等。

7.2.4　利益相关者模型

1. 提出背景

利益相关者理论是 20 世纪 60 年代在西方国家逐步发展起来的，20 世纪 80 年代以后其影响迅速扩大，并开始影响美国、英国等国家的企业治理模式的选择，促进了企业管理方式的转变。利益相关者理论立足的关键在于：随着时代的发展，物质资本所有者在企业中的地位会逐渐弱化。

2. 基本内容

利益相关者是指所有与企业生产运营结果有利害关系的主体。对企业而言，其利益相关者一般可以分为 3 类：一是资本市场利益相关者，比如股东；二是产品市场利益相关者，比如顾客；三是组织中的利益相关者，比如组织的员工。每个利益相关者都希望企业在制定决策时能考虑他们的利益，以便实现他们的目标，但不同的利益相关者所关注的重点不同，可能会存在矛盾。因此，企业不得不根据自身对利益相关者的依赖程度做出权衡，优先考虑对自身最有利的利益相关者。"股东优先"的治理模式正是因此而产生的。

然而，随着人们对企业行为社会效应的关注，利益相关者理论被提了出来，要求在企业治理过程中兼顾各方利益相关者。

如图 7-8 所示，通过利益相关者模型与股东中心模型的比较来看，利益相关者模型在各方面均发生了变化。

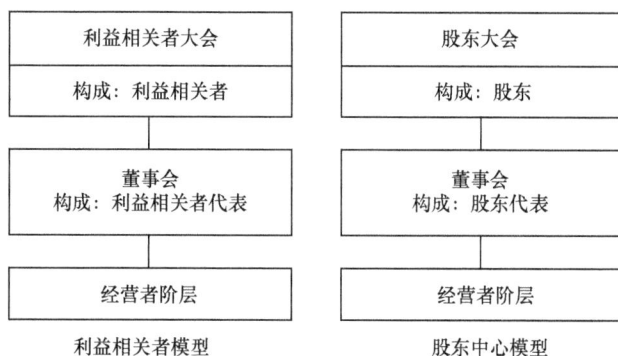

利益相关者大会	股东大会
构成：利益相关者	构成：股东
董事会 构成：利益相关者代表	董事会 构成：股东代表
经营者阶层	经营者阶层
利益相关者模型	股东中心模型

图 7-8　利益相关者模型与股东中心模型的比较

3. 优劣分析

优势：利益相关者模式的依据比较充分，其理论思路也与经济发展的全球化不谋而合，顺应了经济和市场环境变化的趋势。

劣势：利益相关者模式的反对者认为，该模式在理论上存在固有的缺陷，实施条件也尚未具备或完善。

（1）理论缺陷：传统的企业理论假设企业生产经营目标是一元的，即实现经济利润最大化，而利益相关者模式将企业的生产经营目标定义为多元的，其中既有社会性的、政治性的，也有经济性的。

（2）实践应用中的问题：利益相关者模式的反对者认为，该模式涵盖的权益主体过于宽泛，不便于实际操作。

4. 适用场景

首先，利益相关者模型帮助客户在战略制定时分清重大利益相关者对于战略制定的影响。其次，在战略的执行中，利益相关者分析可以帮助找出执行战略的关键人员或组织，制定沟通策略，从而使其做出的行为有利于战略落地。最后，利益相关者模型也是评价战略的有力工具。战略评价可以通过确定持反对意见的股东和他们对一些有争议的问题的影响力来完成。

值得注意的是，利益相关者模型是支持企业社会责任的重要依据，传统企业立足于股东本位，而社会责任要求企业除了实现股东利润最大化外，还应维护和增进社会利益。对于国有企业而言，更应勇于承担社会责任，除了满足股东利益外，还要满足员工、供应商、消费者乃至社会发展、环境保护等其他利益相关者的要求。

7.2.5　增长极理论

1. 提出背景

增长极理论最早可以追溯到 20 世纪中叶，是西方研究学者针对国家经济平衡与不平衡增长的研究而形成的。

该理论由研究学者弗朗索瓦·佩鲁（Francois Perroux）借喻磁场内部运动在磁极最强这一规律提出，有部分经济学者将经济增长极理论引入地理空间，并通过这种理论来解释和预测区域经济。

2. 基本内容

狭义的经济增长极有 3 种类型，一是产业增长极，二是城市增长极，三是潜在的经济增长极。广义的经济增长极是指促进经济增长的积极因素和生长点，其中包括制度创新点、消费热点等。

经济增长极具有相对性和变异性，中国区域经济发展战略经历了均衡发展时期（20 世纪 50—70 年代）、非均衡发展时期（20 世纪 80 年代）、非均衡协调发展时期（20 世纪 90 年代）。

增长极理论重点强调，区域经济发展通常是由经济发展较好的地区带动欠发达地区发展，将少数条件好的产业培育成经济增长极。增长极理论的基本点包括：一是其地理空间表现为一定规模的城市；二是应该具备主导工业部门和工业综合体；三是具有一定的扩散和回流效应。

增长极体系有 3 个层面：先导产业增长；产业综合体增长；增长极的增长与国民经济的增长。在该理论的基础上，经济增长被认为是从局部到整体有机联系的系统。其物质载体或表现形式包括城镇、部门、经济协作区等。

3. 优劣分析

优势：增长极理论提出以来，一些国家通过该理论来解决区域规划和发展相关的问题，这是因为它具有其他区域经济理论所无法比拟的优点：一是增长极理论对社会发展过程的描述更加真实；二是增长极理论非常重视创新和推进型企业的作用，鼓励技术革新，顺应社会的发展；三是增长极理论通俗易懂，对政策制定者很有吸引力。

劣势：增长极理论存在一定的极化作用。增长极主导产业发展与推动性工业的发展存在相对利益关系，有一定的吸引力，可以促进周围地区的劳动力、技术等资源转移到重点地区，但在一定程度上影响了周围区域的发展，导致重点地区与周围地区经济发展不均衡，这是增长极理论的负面作用。增长极的扩散效应不可否认，但扩散阶段前的极化阶段是漫长的。同时，增长极理论是一种"自上而下"的区域发展政策，不能单纯依靠外力。一些国家的实践表明，增长极理论指导的区域发展政策并没有促进增长极腹地经济发展，反而扩大了其与发达地区间的差距，尤其是城乡差距。

4. 适用场景

增长极战略对地区经济增长产生的作用是巨大的。增长极可能是市场机制下自发形成的，也可能是自上而下通过计划培育的。针对前一种情况，国有企业可结合自身行业特点进行战略布局，而对于后一种情况，相关国有企业应跟随区域政策，积极承担经济责任，带动地区的经济文化交流。

在我国，增长极理论与国家的宏观经济战略走向、超大城市群及超大城市圈的建设发展有关。2018 年 11 月，《中共中央国务院关于建立更加有效的区域协调发展新机制的意见》明确指出，建立以中心城市引领城市群发展、城市群带动区域发展新模式，推动区域板块之间融合互动发展。以北京、天津为中心引领京津冀城市群发展，带动环渤海地区协同发展。以上海为中心引领长三角城市群发展，带动长江经济带发展。以香港、澳门、广州、深圳为中心引领粤港澳大湾区建设，带动珠江—西江经济带创新绿色发展。以重庆、成都、武汉、郑州、西安为中心，引领成渝、长江中游、中原、关中平原等城市群发展，带动相关板块融合发展。

国有企业在未来的数字化转型道路上，面临的最主要的国内宏观经济环境发展趋势就是超大城市圈的经济形态越来越完善，这表明国有企业在数字化转型中要利用增长极理论分析工具，寻找有活力、有动能、有投资价值的区域市场，作为未来转型和业务投放的方向。

所以，增长极理论为国有企业在数字化转型中找试点、找方向、找突破口、找先行示范区提供了选择方向和靶向目标。这是符合数字化转型中外部宏观经济的规律演变特点。

7.3 微观分析

7.3.1 竞争分析：3C模型

1. 提出背景

3C模型是由日本战略研究学者大前研一提出的，他强调成功战略有企业（Corporation）、顾客（Customer）、竞争者（Competition）3个关键因素，在制定任何经营战略时，都必须考虑这3个因素。大前研一将这3个关键因素称为3C或战略三角。

2. 基本内容

要想保证竞争力的长久性，必须将企业、顾客与竞争者进行全面整合，使三者处于同一个战略中。

企业战略：企业战略旨在使企业的竞争优势发挥最大效用，尤其是与企业成功息息相关的功能性竞争优势。

顾客战略：依照大前研一的观点，顾客是所有战略的基础。顾客群体可以按照消费目的、顾客覆盖面、顾客市场进行合理划分。随着时间的推移，市场力量不断改变消费者组合的分布状态，因此，市场划分也要因时制宜。

竞争者战略：可以通过设计、销售等方面的差异化来实现。比如品牌形象差异化、利润和成本结构差异化等。

3. 适用场景

从战略三角的逻辑来看，战略制定者的任务是要在决定经营成功的关键因素上，取得相对于竞争的优势；同时还必须有把握其战略能使企业的力量和某一确定市场的需求相配合，使市场需求与企业目标彼此协调，这对建立持续稳定的良性关系是不可或缺的，否则企业的长期战略可能会处于危险之中。

该模型可用于企业制定具体的战略，例如可以通过 3C 战略分析企业的战略三要素状况（企业、顾客、竞争者），以判断其存在的问题，再根据 3C 模型对企业战略的理性思考，最后制定合理有效的战略。

7.3.2 运营分析：波特价值链分析模型

1. 提出背景

由研究学者迈克尔·波特提出的"价值链分析模型"，将企业内外价值增加的活动划分为基本活动和支持性活动。波特价值链上的 4 个领域如图 7-9 所示。

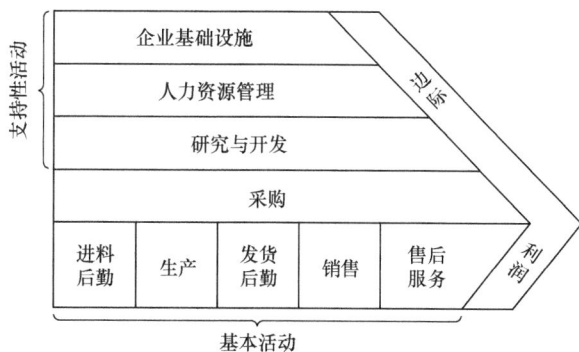

图 7-9 波特价值链上的 4 个领域

2. 基本内容

价值链分析模型把企业的经营管理分为 3 个层次：决策层、管理层和运营层。决策层对企业的经营方向和资源配置进行决策；管理层主要负责对企业的财务会计、行政后勤、人力资源、信息服务方面的管理及控制成本；运营层涵盖了企业从采购、生产到销售和服务的诸多环节。这个层次主要体现各个层次的增值性，负责核算与控制费用、收入。

如图 7-10 所示，波特价值链将企业的各项活动拆解归类为一系列价值活动，通过分析这些价值活动识别出整个价值链中的"战略环节"，之后围绕着"战略环节"制定出相应的竞争战略，从而建立和维持企业的竞争优势。

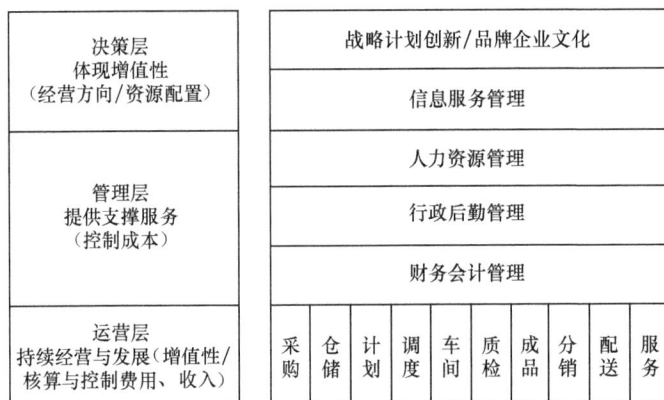

图 7-10　波特价值链

企业要保持的竞争优势，实际上就是企业在价值链某些特定战略环节中的优势。用价值链分析模型来确定核心竞争力，就是要求企业密切关注组织的资源状态，尤其要特别关注和培养在价值链的关键环节中的核心竞争力，以形成和巩固企业在行业内的竞争优势。企业的优势既可以来源于价值活动所涉及的市场范围的调整，也可来源于企业相互合作或共用价值链创造的效益。

3. 适用场景

价值链的应用不仅仅局限于企业内部。随着互联网的普及，竞争日益激烈，企业间开始建立价值链联盟。企业更加注重自己核心能力的建设，重点发展整个价值链中的某个环节，如研发、物流等环节。企业在细分战略举措时，也要借助价值链分析模型，充分考虑各个环节的重要性，确保战略的落地与成功。以电信行业为例，运营商通过与通信设备商、互联网厂商等建立战略合作关系，依托资源、渠道、技术等核心优势展开全方位合作，推进云、网、端全产业链融合发展。

7.3.3 运营分析：CPC精细化运营模型

1. 提出背景

科技的发展给企业带来更多的传递信息、接触客户的方式，通信技术演进呈现移动化、融合化、线上线下一体化趋势，互联网进入新常态，在新商业、新零售的浪潮下，渠道也不断演进出新模式。传统粗放式的客户营销，不仅造成客户的选择性障碍和反感，也使得企业接触客户的成功率低下。面对新发展阶段，企业亟须充分整合资源，提高营销效率。CPC 精细化运营模型提出背景如图 7-11 所示。

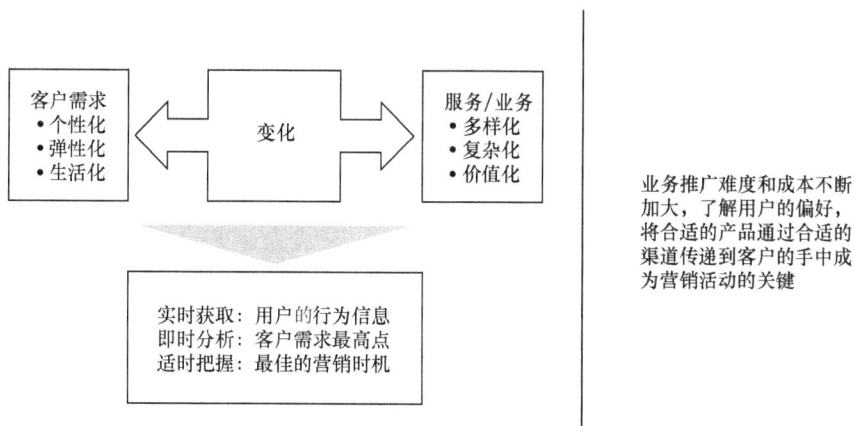

图 7-11 CPC 精细化运营模型提出背景

2. 基本内容

CPC 精细化运营模型以客户为核心，建立了客户、产品与渠道之间的精确匹配关系，通过研究如何将合适的产品通过合适的渠道传递给合适的客户，构建精益服务运营体系，实现资源的最佳配置。

（1）客户。针对不同的客户属性、行为、偏好推荐不同的产品是精细化运营的基础。客户价值、客户稳定是常用的细分维度。客户贡献越大，稳定性越强，客户价值越高，实际操作细分客户时，为了更细分客户，会把横轴和纵轴更加细分，形成更多的细分客户群，以便更精细化运营，如图 7-12 所示。不同的细分客户群运营重点有所不同。

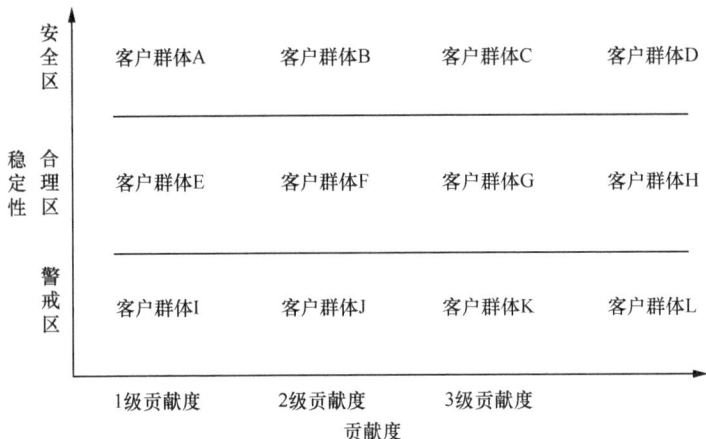

图 7-12　细分客户优先级划分

（2）产品。产品划分可以从价格、黏性、客户偏好等维度进行。企业利用数据优势，进行数据建模，挖掘潜在目标用户。数据挖掘的常用方法有决策树、线性回归、神经网络等，利用数据建模进行营销，营销效果往往是自然营销效果的 3 ～ 5 倍。需要注意的是，数据挖掘不应该成为业务分析的驱动，而是要通过业务洞察瞄准方向，再利用数据模型验证。

（3）渠道。目前渠道一般分为线上渠道（自开发 App、小程序、微信 / 天猫 / 京东等互联网销售渠道）和传统线下渠道。通过了解每种渠道的优劣势，能够触及的用户及特征，再根据不同渠道的特点适配营销活动。

（4）时机。在客户全生命周期管理中，关键时刻营销及服务往往能达到事半功倍的效果。以电信运营商为例，关键时刻包括第一时刻、异动时刻、特殊时刻、免打扰时刻。识别出关键时刻后，应制定相应的服务流程和标准，提升客户满意度，减少客户流失。

3. 适用场景

企业在精益服务营销的过程中，要以最集中的力量、最高效的方式来满足客户需求。如图 7-13 所示，通盘考虑服务营销中的 3 个关键要素——客户、产品、渠道，构建 CPC 精细化运营模型对这三者的特征分析和关系研究，寻求一种最优的适配关系，将原本割裂的元素组合成有机整体，可以丰富面向适配关系的服务场景、服务策略和服务方式。未来还需进一步融合大数据、人工智能等技术，加大对客户、产品、渠道的结合力度，确保企业的核心竞争力，最终实现企业和客户的双赢。

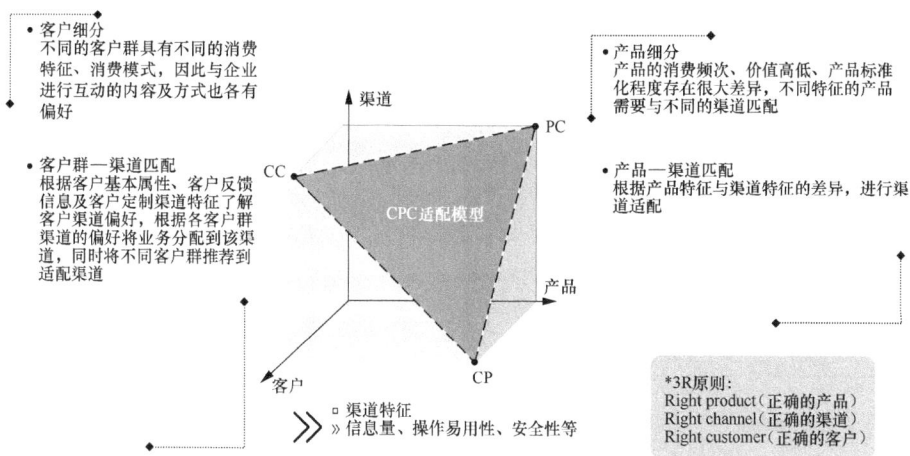

- 客户细分
  不同的客户群具有不同的消费特征、消费模式，因此与企业进行互动的内容及方式也各有偏好

- 客户群—渠道匹配
  根据客户基本属性、客户反馈信息及客户定制渠道特征了解客户渠道偏好，根据各客户群渠道的偏好将业务分配到该渠道，同时将不同客户群推荐到适配渠道

- 产品细分
  产品的消费频次、价值高低、产品标准化程度存在很大差异，不同特征的产品需要与不同的渠道匹配

- 产品—渠道匹配
  根据产品特征与渠道特征的差异，进行渠道适配

渠道

CC　　PC

CPC 适配模型

产品

客户

CP

□ 渠道特征
» 信息量、操作易用性、安全性等

*3R 原则：
Right product（正确的产品）
Right channel（正确的渠道）
Right customer（正确的客户）

图 7-13　"客户—产品—渠道"适配模型

此处以电信行业某省公司"基于大数据的社区店全业务场景化运营"为例，展开阐述如何通过运用 CPC 精细化运营模型，丰富产品品类，形成差异化的组合，优化客户产品渠道的适配。

整体思路：通过用户需求精确挖掘、产品精确匹配、渠道偏好匹配，运用 CPC 精细化运营模型进行匹配策略，以大数据统一平台为工具，赋能社区店以及安装、维护、营销团队，并且加强社区店以及安装、维护、营销团队与其他渠道触点间深度协同。

（1）客户细分

不同的客户群具有不同的消费特征、消费模式，因此与企业进行互动的内容及方式也各有偏好。如某省公司按照客户群划分，主要有个人用户、家庭用户及集团用户等。

（2）客户群—渠道匹配

根据客户基本属性、客户反馈信息及客户定制渠道特征了解客户渠道偏好，根据各客户群渠道的偏好将业务分配到该渠道，同时将不同客户群推荐到适配渠道。

（3）产品细分

产品的消费频次、价值高低、产品标准化程度存在很大差异，不同特征的产品需要与不同的渠道匹配。如某省公司的产品包括移动业务套餐/流量包、终端/合约机、宽带、行业应用等。

（4）产品 - 渠道匹配

根据产品特征与渠道特征的差异，进行渠道适配。

将以上内容进行可视化处理，生成基于大数据的社区店全业务场景化运营全景图，如图 7-14 所示。

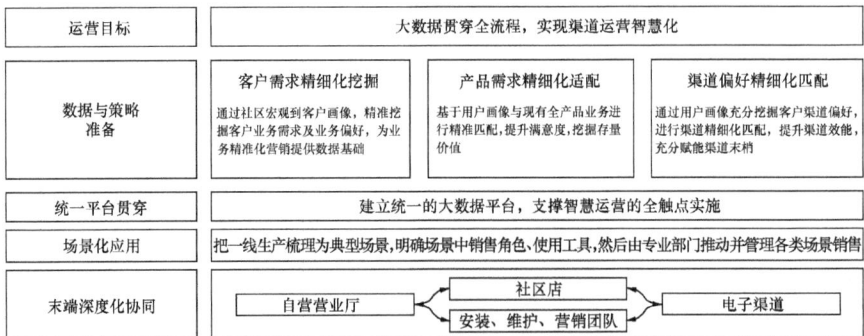

图 7-14　基于大数据的社区店全业务场景化运营全景图

7.3.4　业务分析矩阵：BCG矩阵

1. 提出背景

波士顿矩阵（BCG Matrix），又称市场增长率 - 相对市场份额矩阵、四象限分析法、产品系列结构管理法等，是研究学者布鲁斯·亨德森（Bruce Henderson）于 20 世纪 70 年代提出的一种用来分析和规划企业产品组合的方法。

2. 基本内容

波士顿矩阵认为影响产品结构的基本因素有两个，即市场引力与企业实力，其实就是企业外部和内部综合决定，一个指向外部是否存在足够的市场空间，另一个指向内部是否有足够的资源能力。

市场引力包括销售增长率、目标市场容量、竞争对手的强弱及利润率等。其中最主要的是反映市场引力的综合指标——销售增长率，这是决定企业产品结构是否合理的外在因素。企业实力包括市场占有率，技术、设备、资金利用能力等，其中市场占有率是决定企业产品结构的内在要素，它直接体现了企业竞争实力。销售增长率与市场占有率既相互影响，又互为条件。

如图 7-15 所示，在以上两个因素的相互作用下，出现了 4 种产品类型，形成不同的产品发展前景：销售增长率和市场占有率"双高"的产品群（明星类产品）；销售增长率和市场占有率"双低"的产品群（"瘦狗"类产品）；销售增长率高、市场占有率低的产品群（问题类产品）；销售增长率低、市场占有率高的产品群（"现金牛"产品）。波士顿矩阵对于企业产品所处的 4 个象限具有不同的战略对策。

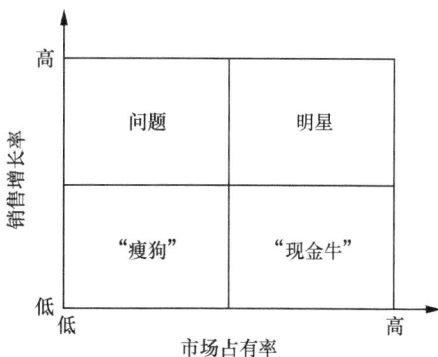

图 7-15 产品类型

3. 优劣分析

优势：BCG 矩阵的实质是为了通过业务的优化组合实现企业的现金流量平衡。矩阵根据两个客观标准评估一个企业活动领域的利益，简单明了，可以使企业在资源有限的情况下合理安排产品系列组合。

劣势：BCG 矩阵的前提是假设各业务是独立的。但实际上，许多公司的业务是相互关联的。因此，BCG 矩阵不适用于各业务并非独立的公司。另外，BCG 矩阵只考虑了销售增长率和市场占有率，没有考虑其他变量的影响，且每个维度指标只有低和高两个划分程度，评分等级过于宽泛。因此，企业在使用 BCG 矩阵时需要考虑销售增长率及市场占有率的代表性。若指标不具有强代表性，BCG 矩阵则不适用于对公司业务组合的分析，可以选择 GE 矩阵或其他更多维度、更多等级的矩阵。

4. 适用场景

BCG 矩阵适用于各业务相对独立的多元化公司。BCG 矩阵类似于在某个静止或者某个垂直时刻对当前的某个时点上几个板块业务在公司所处的地位和价值贡献做的盘点，直观生动，含有较少的主观因素，虽然很多公司的各业务并非独立，但仍然可以将 BCG 矩阵用于战略研究初期阶段的分析工作，为企业的产品和资源的匹配发展给出一定的参考意见。

大多数国有企业都具有多个业务分部或分公司、实行多元化经营的特点，并且在进行多元化经营时必然涉及正确的业务组合问题，BCG 矩阵正好可以满足国有企业这方面的需求。该工具能直观地分析国有企业在数字化转型中针对本企业若干个业务板块在某个时点上的价值定位和筛选。

7.3.5　业务分析：GE 矩阵

1. 提出背景

针对波士顿矩阵存在的不足，美国通用电气公司（GE）于 20 世纪 70 年代开发了新的投资组合分析方法——GE 矩阵。

2. 基本内容

如图 7-16 所示，通过对企业在市场上的竞争实力和行业吸引力两个维度评估现有业务，每个维度分为 3 层，共 9 个方格。其中强强、中强的区域应采取发展战略，企业优先分配资源；弱强、中中、强弱的区域应采取维持现状或有选择性发展战略，调整企业发展方向；弱中、中弱、弱弱的区域建议采取退出、停止、放弃、转移战略。

行业吸引力		竞争实力		
	强	投资优质资源 强化企业能力 发挥企业优势 谋求行业主导地位	细分市场并追求 在细分市场中的 主导地位	专门化，采取并购 策略
	中	选择细分市场并大力投入	对细分市场进行专门化	专门化，选择细分市场， 谋求小块市场份额
	弱	保持现状，维持地位，必 要时减少投资，准备退出	减少投资，准备退出	集中于可盈利业务或者 退出、停止、放弃、 转移战略
		强	中	弱

图 7-16 GE 矩阵发展策略

每个宫格内部都有对企业相关产品或服务做出处理的办法和建议。简单地说，就是要"强势的大力发展，中势的谨慎发展，劣势的准备退出"。

如图 7-17 所示，企业在进行 GE 矩阵分析的时候，共分为 5 个步骤。

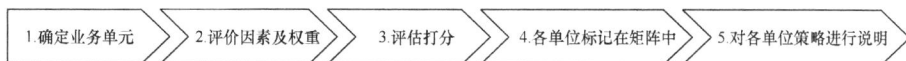

1.确定业务单元	2.评价因素及权重	3.评估打分	4.各单位标记在矩阵中	5.对各单位策略进行说明

图 7-17 GE 矩阵分析步骤

3. 优劣分析

优势：GE 矩阵用市场 / 行业吸引力代替了市场成长作为一个评价维度，用竞争实力代替了市场份额作为另外一个维度，由此对每一个事业单元的竞争地位进行评估分析。此外，GE矩阵有9个象限，使得结构更复杂、分析更准确。

劣势：对各种不同因素进行评估的现实程度和指标的最后聚合都比较困难，且没有考虑到战略事业单元之间的相互作用关系。

4. 适用场景

GE矩阵通过多个因素来衡量，纵轴用多个指标反映产业吸引力，横轴用多个指标反映企业竞争地位，同时增加了中间等级，可以通过增减某些因素或改变重心，很容易地使GE矩阵适应企业的具体意向或产业的特殊要求。在需要对产业吸引力和业务实力进行广义而灵活的定义时，可以以GE矩阵为基础进行战略规划。

7.3.6 业务分析矩阵：产品—市场演变矩阵

1. 提出背景

美国的查尔斯霍弗（C.W.Hofer）在波士顿矩阵和GE矩阵的基础上进一步拓展提出了产品—市场演变矩阵，将业务增长率和行业吸引力因素转换成产品—市场发展阶段，由此获得15个方格矩阵。

2. 基本内容

如图7-18所示，产品—市场演变矩阵是从所经营产品的市场发展阶段（生命周期状态）和企业竞争地位来分析企业各项经营精力的战略位置。纵轴按产品的生命周期分为5个阶段，横轴按企业竞争地位分为强、中、弱3档，由15个象限构成。圆圈表示行业规模与细分市场之间的百分比。圆圈内扇形阴影部分表示企业各项经营业务的市场份额。

业务单位A：潜在的明星，拥有相对较大的市场份额，处于开发阶段，具有获得较强的竞争地位的潜力，是获得公司资源支持的很有希望的候选者。

业务单位B：与业务单位A有一定的共同点，需要解决B相对于其强大的竞争地位但市场份额小的问题。

业务单位C：在增长潜力有限的行业中，市场份额较小，处于较弱的竞争地位，需要一个能够克服上述两个缺点的战略。

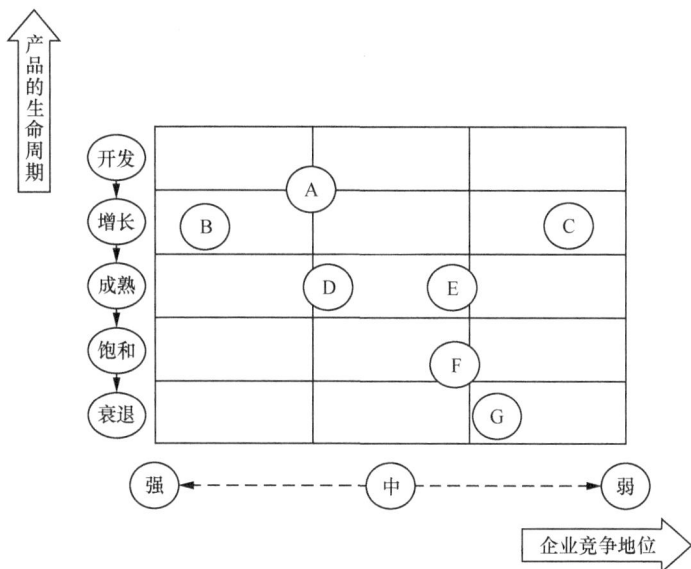

图 7-18　产品—市场演变矩阵

业务单位 D：从长期来看，D 应当成为一头"现金牛"。当下处于扩展阶段，占有相对大的市场份额，并处于相对弱的竞争地位，应当进行必要的投资。

业务单位 E 和 F：属于"现金牛"，需要借此带来现金流。

业务单位 G：类似波士顿矩阵中的"瘦狗"。

3. 适用场景

产品—市场演变矩阵由于考虑了经营产品的生命周期状态，因此，它不仅可以反映出经营业务目前的战略地位，还可以预测未来发展前景。此外，15 个象限的矩阵能更加细化地反映经营重点的战略位置。

7.3.7　营销分析：4P/4C/4R

1. 提出背景

4P 理论即产品（Product）、价格（Price）、促销（Promotion）、渠道（Place）四要素，由密西根大学教授杰罗姆·麦卡锡（E.Jerome Mccarthy）于 1960 年提

出。4P之后，有学者（包括营销大师科特勒）陆续增加了人（People）、包装（Packaging）、公共关系（Publications）和政治（Politics）以及战略计划中的4P，即研究（Probing）、划分（Partitioning）、优先（Prioritizing）、定位（Positioning），形成了12P。即便如此，4P作为营销的基础工具，依然发挥着非常重要的作用。

从本质上讲，4P思考的出发点是企业中心。以客户为中心的新型营销思路的出现，使顾客为导向的4C理论应运而生。该理论由研究学者劳特朋（Lauteborn）于1990年提出。但在该理论应用之后，也发现了其不足。当顾客需求与社会原则相冲突时，4C理论的适用性不强。于是2001年，研究学者唐·E·舒尔茨（Don Schultz）又提出了关系（Relationship）、反应（Reaction）、关联（Relevancy）和报酬（Rewards）的4R理论，侧重于通过科学的方法在企业和客户之间建立现代化关系。

2. 基本内容

4P营销理论是以市场需求作为出发点和归宿点的。该营销理论首先强调要不断地完善产品功能，突出产品特色。其次企业要根据不同的市场定位，制定不同的价格策略。产品的定价依据是企业的品牌战略。在销售环节，企业不会直接接触用户，而是注重经销商的培养和销售网络的建立，企业与消费者的联系是通过经销商来进行的。企业为了激发消费者的购买意愿，会通过多元化的销售模式（如促销、打折）来促进消费增长。

4C的核心是消费者战略。4C的基本原则是以消费者为中心进行企业营销活动，基于产品的视角，使其最大化地满足消费者需求；基于价格的视角，考虑消费者对支付成本的感知；基于促销单传递信息的视角，加强与消费者之间的互动；基于产品流通的视角，为消费者提供便利。

根据4C理论，企业首先要了解并分析消费者的需求，而不是先考虑企业能生产什么产品。其次是了解消费者为满足需求愿意支付多少成本，而不是先给产品定价。企业还需要考虑在交易过程中如何为消费者提供便利。最后，要注重与消费者的沟通，通过互动、沟通等方式，将企业和消费者的利益捆绑在一起。该理论更注重消费者意愿。

4R 认为企业和消费者是命运共同体，该理论以关系营销为核心，重点在于建立消费者忠诚。具体四要素包括关联（Relevancy）、反映（Respond）、关系（Relation）、汇报（Return）。

3. 优劣分析

4P 营销以产品销售为导向，可以清楚、直观地解析整个营销过程。如果发现问题，企业可以及时诊断与纠偏。但是，4P 站在企业角度，并没有考虑到消费者的需求，只是考虑如何让消费者了解并购买企业的产品和服务。

4C 营销以消费者需求为导向，但是忽略了企业实际情况与市场竞争。该理论主要是被动适应消费者需求，针对满足消费者需求这一方面，并没有实操方案。

4R 营销以竞争为导向，体现了关系营销理念，关注企业与消费者建立互动与双赢的关系，不仅可以满足消费者的基本需求，而且能够主动制造需求，借助关联、反映等形式把企业与消费者联系在一起，形成一种差异化的竞争优势。但是，4R 营销要求与消费者建立关联，需要实力基础或某些特殊条件，并不是任何企业都能轻易做到的。

4. 适用场景

4P 营销是最经典的营销理论，有直接明确的指导意义，覆盖了经典场景下几乎所有的营销要素。4C 是 4P 的一种升级。企业可以借鉴不同的营销思维，从不同角度分析，服务于企业的营销本质。4R 营销适用于大宗或解决方案性商品，客户大、数量少且集中、复杂的业务，以及对单个客户的经营、获客。比如大宗原材料、企业 IT 系统、SaaS（软件即服务）、咨询服务等。

首先，企业必须通过某些有效的方式在业务、需求等方面与消费者建立关联，形成一种互助、互求、互需的关系，减少消费者的流失，以此来提高消费者的忠诚度，赢得长期而稳定的市场。其次，在相互渗透、相互影响的市场中，对企业来说最现实的问题不是如何制订、实施和控制计划，而是如何及时地了解消费者的需求，并及时满足消费者的需求。在以上两个环节的基础上，抢占市场的关键已转变为与顾客建立长期而稳固的关系，把交易转变成一种责任，通过沟通建立与消费者的互动关系。最后，追求盈利是企业的本质，营销是为了回报，这也是维持市场关系的基础；并且企业开展营销活动的动力就是获得回报，营销的核心价值就是为企业创造收入。

3 种理论相辅相成，扬长避短，实际应用中要三者结合，开展有效的市场营销。

第8章
驾御战略制定工具

8.1 企业战略选择工具

SPACE矩阵

1. 提出背景

战略地位和行动评估矩阵（SPACE）是在 SWOT 分析的基础上，通过确定两组具体反映企业内外部要素的量化指标，来评估和选择企业战略和定位，在一定程度上补充了 SWOT 分析法，因此分析的难度有所提高。

2. 基本内容

如图 8-1 所示，SPACE 矩阵有 4 个象限，分别表示企业采取的进取、保守、防御和竞争 4 种战略模式。这个矩阵的两个数轴分别代表了企业的两个内部因素：财务优势（FS）和竞争优势（CA）；两个外部因素：环境稳定性优势（ES）和产业优势（IS）。这 4 个因素对于确定企业的总体战略地位起着决定性作用。

SPACE 矩阵的基本构建可以分为 5 个步骤：第一步，选择构成财务优势（FS）、竞争优势（CA）、环境稳定性优势（ES）和产业优势（IS）的一组变量；第二步，将构成 FS 和 IS 的各个子变量按照最差（1）到最

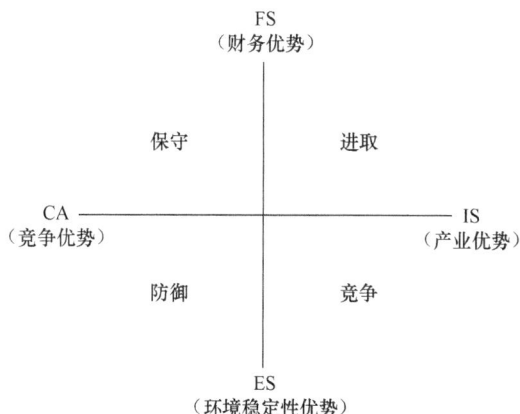

图 8-1　SPACE 矩阵象限

好（6）来打分，将构成 ES 和 CA 的各个子变量按照最好（−1）到最差（−6）来打分；第三步，将 FS、CA、IS 和 ES 4 个变量相加并计算出均值，然后标在各自的数轴上；第四步，将 X 轴的两个分数相加后的结果标在 X 轴上，将 Y 轴的两个分数相加后的结果标在 Y 轴上，然后标出 X 轴和 Y 轴的交叉点；第五步，在 SPACE 矩阵原点到 X 轴和 Y 轴的交叉点画一条向量，这一条向量就表示企业可以采取的战略类型。

当向量出现在进取象限时，说明企业正处于优势地位，即可以利用自己的内部优势和外部机会选择自己的战略模式，如市场开发、横向一体化、混合式多元化经营等。

当向量出现在保守象限时，意味着企业应该固守基本竞争优势而不要过分冒险，保守型战略包括市场渗透、集中多元化经营等。

当向量出现在防御象限时，意味着企业应该集中精力克服内部弱点并回避外部威胁，防御型战略包括紧缩、结业清算等。

当向量出现在竞争象限时，表明企业应该采取竞争性战略，包括后向一体化战略、市场渗透战略、产品开发战略等。

3. 适用场景

SPACE 矩阵分析方法来源于工业企业经验的总结，在运用 SPACE 矩阵时必须注意企业自身的特点，尤其是一些服务型行业和新兴行业，需要结合研究对象的实际情况，灵活选取适当变量分析。同时，两类 4 种关键因素的确定是一个定性的过程，可以采取综合判断法或特尔斐法进行确定，但确定各因素分值一定要采取问卷调查，然后还要加权平均，这样得出的结果才更接近于实际。

因为是通过相对科学的办法确定的相关要素，所以应该尊重这一结论。在企业真正制定战略时，指导行动的评价结论可以综合企业管理者思路、能力资源等因素，因时、因势、及时进行修订。

以 2019 年 6 月中国广电成为继中国移动、中国电信和中国联通之后第四家拥有 5G 牌照的运营商为背景，对 3 家运营商中的某一家以 SPACE 矩阵为工具制定战略。

按照内部战略处理和外部战略处理两个维度建立构成财务优势、竞争优势、环境稳定性优势和产业优势各自的指标变量。指标变量不一定要全面，但要包含能反映 4 个指标的主要指标，如表 8-1 和表 8-2 所示。

表 8-1　某运营商 SPACE 矩阵——内部战略处理

内部战略处理

	得分		得分
FS（财务优势）	2.8	CA（竞争优势）	−2.0
投资收益	4.0	市场份额	−1.0
流动资金	4.0	产品质量	−2.0
偿债能力	3.0	产品生命周期	−2.0
退出市场的方便性	1.0	用户忠诚度	−4.0
业务风险	2.0	专有技术知识	−1.0
		对渠道商的控制	−2.0

表 8-2　某运营商 SPACE 矩阵——外部战略处理

外部战略处理

	得分		得分
ES（环境稳定性优势）	−2.0	IS（产业优势）	3.0
技术变化	−2.0	增长潜力	2.0
市场进入壁垒	−1.0	盈利能力	4.0
需求变化	−2.0	专有技术能力	4.0
价格需求弹性	−3.0	资源利用	4.0
		进入市场的便利性	1.0

通过计算，FS（财务优势）中各子项的加总平均值为 2.8，CA（竞争优势）中各子项的加总平均值为 -2.0，ES（环境稳定性优势）中各子项的加总平均值为 -2.0，IS（产业优势）中各子项的加总平均值为 3.0。按照之前 SPACE 矩阵基本构建步骤可得到向量在如图 8-2 所示的第一象限。

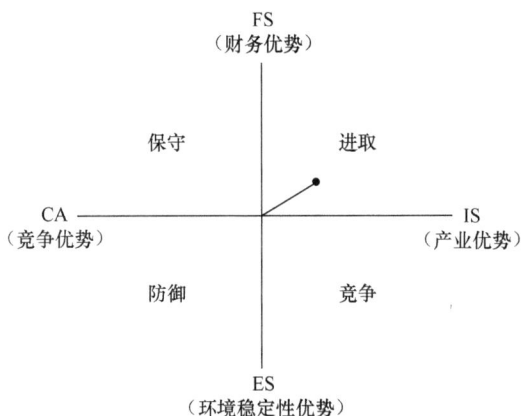

图 8-2　某运营商的 SPACE 矩阵象限

该企业目前位于 SPACE 矩阵的进取象限，表明企业有较强的财务优势和较强的产业优势。因此，该企业可以采取进取型的发展战略。

8.2　业务战略选择工具

8.2.1　波特的基本竞争战略

1. 提出背景

迈克尔·波特在 1980 年出版的《竞争战略》中总结出了著名的"五力模型"，并提供了成本领先战略、差异化战略和集中化战略 3 种卓有成效的战略。

迈克尔·波特的三大基本竞争战略最好放到当时的时代大环境中来理解。其理论讨论范畴围绕着微观视角下的："企业—产品—客户"，以及宏观视角下

的 "市场需求—竞争态势—竞争战略" 展开。如图 8-3 所示，时过境迁，整体环境的战略营销导向已经发生了很大变化，三大基本竞争战略落地还需要重新审视。

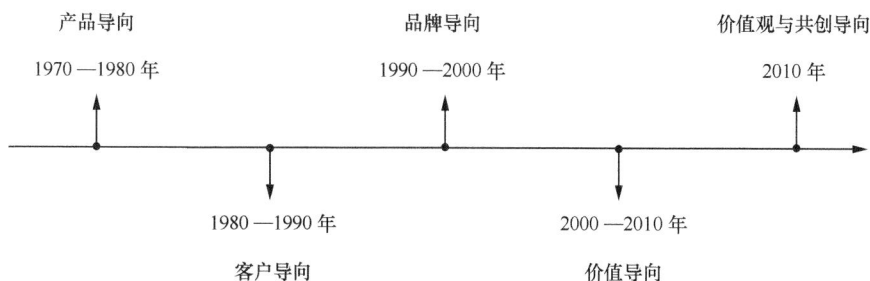

图 8-3　战略营销导向变化的基本内容

2. 基本内容

基本竞争战略有 3 种：成本领先战略、差异化战略、集中化战略。企业必须从这 3 种战略中选择一种，作为其主导战略。成本领先战略，是指企业通过有效途径节约成本，使企业的全部成本低于竞争对手的成本，甚至是在同行业中最低的成本，从而获取竞争优势的一种战略。差异化战略，是指为使自己企业的产品与竞争对手的产品有明显的区别，形成与众不同的特点而采取的一种战略。这种战略的核心是通过取得某种对顾客有价值的独特性，建立顾客对企业的忠诚或者形成强有力的产业进入障碍；形成企业对供应商讨价还价的能力。企业要突出自己的产品与竞争对手的产品之间的差异性，主要有产品差异化、服务差异化、人才差异化、形象差异化 4 种基本的途径。集中化战略是指企业的经营活动集中于特定的购买者集团、产品线的某个部分的一种战略。核心是聚焦某个特定的用户群体、某种细分的产品线或某个细分市场。集中化战略可以分为产品线集中化战略、顾客集中化战略、地区集中化战略、低占有率集中化战略[49]。三大基本竞争战略对比如表 8-3 所示。

表8-3 三大基本竞争战略对比

基本竞争战略

三大一般战略	战略要点	5种类型	战略要点	适合市场	适合企业
成本领先战略	◆ 以低廉的成本生产标准化产品 ◆ 企业应该确定其所有价值链的总成本，以及竞争者的总成本	低成本战略	◆ 产品很难实现差异化 ◆ 消费者的转换成本很低	大众无差异化市场	大型制造企业
		最佳价值战略	将产品或服务以市场上可选的最佳价值提供给广大消费者，旨在以最低的价格为消费者提供比竞争者更优质的产品或服务	大众差异化市场	大型制造、运输、零售等企业
差异化战略	◆ 客户需求多样化 ◆ 客户对产品的差异化感知度明显，并愿意为此买单 ◆ 竞争者很难复制或复制成本比较高	差异化战略	◆ 客户需求多样化 ◆ 客户对产品的差异化感知度明显，并愿意为此买单 ◆ 竞争者很难复制或复制成本比较高	需求多样化的大（中）市场	所有企业
集中化战略	◆ 产业具有足够的规模和增长潜力 ◆ 消费者有特殊偏好或需求 ◆ 竞争者没有试图进入同样市场	低成本聚焦战略	为小部分消费者提供市场上最低价格的产品或服务	自然利基市场	具有资源优势或产业规模优势的小企业
		最佳价值聚焦战略	为一定范围内的消费者提供符合他们品味和需求，且优于竞争者的产品或服务	潜在利基市场	行业隐形冠军企业

3. 限制条件

成本领先战略的适用条件与组织要求包括：现有竞争企业之间的价格竞争激烈，企业产品存在同质化问题，产品很难实现差异化，多数顾客使用产品的方式相同，消费者的转换成本很低，消费者具有较强的议价能力。同时企业本身还必须具备如下能力：不断加大资本投入的能力、先进的生产技术与设计能力等。

差异化战略的适用条件与组织要求包括：可以有很多途径创造企业产品与

竞争者产品之间的差异，并且这种差异被顾客认为是有价值的；顾客对产品有多样化的需求；采用相似差异化渠道的竞争者很少；技术变革很快，市场上的竞争主要集中在不断推出新产品。除上述外部条件外，企业实施差异化战略还必须具备如下内部条件：很强的研究和开发能力；先进的技术水平，且产品质量有保障；企业在这一行业有悠久的历史；很强的市场营销能力；多元化的销售渠道。

集中化战略的适用条件包括：具有完全不同的客户群，这些客户的需求也不同；在相同的目标细分市场中，其他竞争对手不打算实行集中化战略；企业现有的资源无法支撑其开拓更大的市场；行业中各细分部门在规模、成长率、获利能力方面存在很大差异，致使某些细分部门比其他部门更有吸引力。

4. 适用场景

迈克尔·波特的基本竞争战略开创了企业经营战略的崭新领域，分析了现代企业一般可以采取的竞争策略，是管理学中的经典，更适用于稳定状态下单一品类产品大规模批量生产和抢占市场。当下很多产业各学科领域交叉情况较为复杂，信息技术革命和全球化趋势明显，在这样复杂、多变、动态的竞争中，片面强调企业竞争优势的外生性，会导致企业忽视自身的核心能力。同时，企业实际选择战略时，即使选择一种主战略作为核心，具体运营拆解也会考虑其他辅助因素。

企业在制定竞争战略时需要关注许多细节，结合企业实际情况来制定战略，才能达到更好的效果。对于国有企业而言，既具有社会属性和公共属性，又具有经济属性和企业属性。国有企业的竞争战略定位既要服务于中国经济总体发展思路，注重社会效益，又要符合市场规律，积极应对日益激烈的国际、国内竞争，注重经济效益。

8.2.2 业务的成长阶梯：麦肯锡三层面理论

1. 提出背景

斯蒂芬·科利（Stephen Coley）等研究学者基于《增长炼金术——持续增

长之秘诀》一书，提出所有不断保持增长的大企业的共同特点是保持三层面业务的平衡发展：第一层面是守卫和拓展核心业务，第二层面是建立新兴业务，第三层面是开创有生命力的候选业务。这就是著名的三层面理论，如图 8-4 所示。

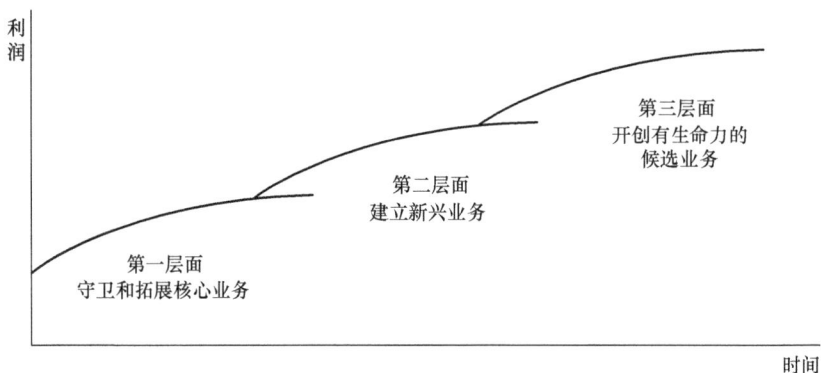

图 8-4　三层面理论

2. 基本内容

麦肯锡公司通过对世界上不同行业的 40 个处于高速增长的企业进行研究，提出了增长阶梯的概念，即高速增长的企业每一段时间都会前进一步，每一步都会产生新能力；成功增长的企业强调针对近期和远期的策略和远景；真正伟大的企业除了保证稳定的增长之外，还可以不断追求增长。增长可以分为下述几个层面：首先是创造有生命力的候选业务，其次是建立新兴业务，最后是拓展和守卫核心业务。企业想要不断地增长，就应该重视上述 3 个层面。

首先，对于寻求发展的企业来说，要成功地启动三层面的增长必须取得增长的资格。所谓增长的资格，第一要以优良的运营业绩力图成为领先市场的强竞争力企业。为建立增长的基础提供必要的资源保证的同时，让管理者能领导并有足够的财力和相关能力支持增长。第二要剥离对企业未来无关紧要的业务。第三是使投资者确信增长举措是好的投资，这样在投资者的支持下可以确保拥有足够的资金以实现增长。

其次，企业希望增长就必须要有增长的决心。做出增长的决心必须要去除组织结构中的障碍，确保企业文化、管理系统和激励机制不会给增长产生负面影响。

再次，因为持续增长是一个业务不断上升、能力不断提高的过程，要启动增长就一定要为增长建立能力平台，取得增长的动力。成功企业的能力平台随层面业务的不同而不同，并在增长阶梯的每一步，都能在原有基础上进行充实，以形成竞争者难以模仿的能力。

企业三层面的可持续发展还要有一种独特的企业文化，要针对长、中、短3 个时间层面不同的发展战略，采用不同的方式对长、中、短 3 个时间层面的业务、人才和业绩进行系统管理。

3. 适用场景

业务成长阶梯强调的是从现在往后展望一段时间的一个动态路径规划或者动态的价值定位的调整和变化。国有企业在数字化转型中，可以针对自己的几个不同业务板块的生命周期，利用业务成长阶梯进行一种动态性的定位选择。明确远景目标制定加上有效结合长、中、短 3 个时间层面的发展战略规划是企业增长的关键。

8.2.3　SWOT分析法

1. 提出背景

20 世纪 80 年代，研究学者海恩茨·韦里克（Heinz Weihrich）提出了 SWOT 分析法，随后该方法被广泛用于制定企业战略、分析竞争对手等场合。

2. 基本内容

SWOT 分析法重点是结合企业自身的实力与竞争对手实力的比较，针对外部环境的变化，分析企业面临的威胁与发展机遇。在分析时，应把所有的内部因素（即优劣势）集中在一起，然后用外部的力量来对这些因素进行评估。

如图 8-5 所示，从整体上看，SWOT 可以分为两部分：第一部分为优势（Strengths）和劣势（Weaknesses），主要用来分析内部条件；第二部分为机会（Opportunities）和威胁（Threats），主要用来分析外部条件。利用这种方法可以从中找出对自己有利的因素，以及对自己不利的、要避开的因素，发现存在的问题，找出解决办法，并明确以后的发展方向。通过 SWOT 分析法，可以根据问题的重要性进行分类，明确哪些问题是急需解决的，哪些问题是可以延后解决的，哪些问题属于战略目标的范畴，哪些问题属于战术的范畴。结合各种因素的迫切性进行排序，建立 SWOT 矩阵。在此过程中，将那些对企业发展有紧急且重要的影响因素优先排列出来，并把各种因素相互匹配加以分析，最后获得结论，为管理层决策提供有价值的参考。

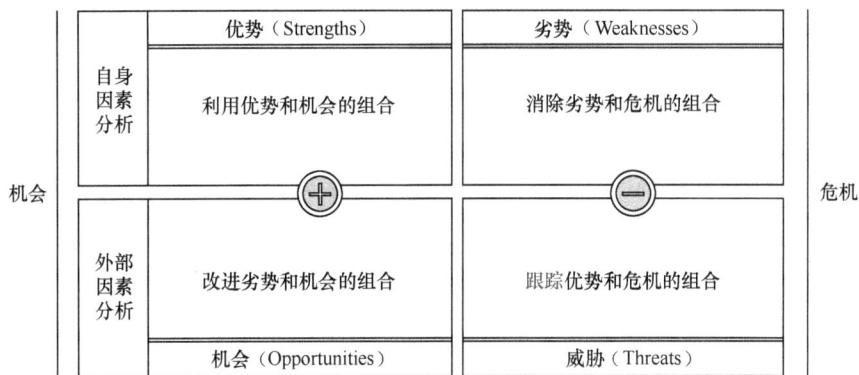

	优势（Strengths）	劣势（Weaknesses）
自身因素分析	利用优势和机会的组合	消除劣势和危机的组合
外部因素分析	改进劣势和机会的组合	跟踪优势和危机的组合
	机会（Opportunities）	威胁（Threats）

机会（左侧）　　⊕　　⊖　　危机（右侧）

图 8-5　SWOT 模型

3. 优劣分析

SWOT 分析法已提出很久，带有时代的局限性。以前的企业大多比较关注成本与质量，现在的大部分企业更强调组织流程。SWOT 分析法没有考虑到企业改变现状的主动性，企业是可以通过寻找新的资源来创造企业所需要的优势，从而实现全新的战略目标的。

4. 适用场景

使用 SWOT 分析法的时候必须遵循五大分析原则：客观认识企业的优劣势；理性区分企业的现状与前景；考虑全面，必须与竞争对手进行比较；保持分析简洁化，避免复杂化与过度分析；分析因人而异。

一般而言，企业使用 SWOT 分析法最终会落到业务层面的方向选择。后续可考虑选择以下两个战略，一是成本领先战略，即在基本保证目标的前提下，尽量减少成本的支出，从而降低替代品的威胁和保持领先的竞争地位。二是差异化战略，可以通过产品差异化、服务差别化和人员差别化、形象差别化 4 种途径来实现差异化战略，以提高企业的核心竞争力并满足消费者需求。

以运营商某省（专业）公司管理层对某市场业务的决策出现摇摆，于是该公司使用 SWOT 分析法进行业务战略选择为例。通过分析，我们可以对该公司面临的内外部发展态势进行研究，提炼出未来互联网公司的优势和劣势、面临的机遇和挑战，其中桎梏当前公司业务发展的问题主要聚焦于业务发展、运营支撑、基础管理等方面。具体内容可视化处理后得出如图 8-6 所示的 SWOT 矩阵。

优势（Strengths）	劣势（Weaknesses）
资源优势：可以依赖企业大体量的用户资源、领先的网络资源、丰富的渠道资源，自身具备国有企业身份带来的用户信任感 能力优势：具有全网集约的融合通信能力、较强的线上渠道能力和专业化队伍能力	业务拓展：业务仍有进一步聚焦空间，产品运营体系和运营能力有待完善 运营能力：集中运营支撑能力建设缺乏统筹规划，业务粗放式外包
⊕	⊖
政策机遇：国家层面力推数字经济发展，产业数字化成为数字经济增长的主要动力；产业互联网成为产业政策扶持的重要领域 市场机遇：产业互联网蓄势待发，工业行业、企业互联网展现出广阔的发展前景 技术机遇：技术群共同驱动互联网业务发展，市场潜力空间巨大	政策挑战：监管政策日趋严格，要求企业加速做好规范化的业务运营及精细化的经营管理 市场挑战：企业面临错位竞争压力模式的挑战，用户聚合效应持续带来用户争夺压力 技术挑战：产品研发能力门槛越来越高，技术更迭或将带来更为激烈的市场竞争
机会（Opportunities）	威胁（Threats）

图 8-6 SWOT 矩阵

该运营商某省（专业）公司通过对内部现状（SW）和外部条件（OT）的梳理，可以更好地从中找出对自己有利的优势和机会，避开劣势和威胁，发现存在的问题，找出解决办法，并明确以后的发展方向。

对 SWOT 各因素优劣势的程度、机遇和威胁大小分别进行评分，形成 SWOT 能量分布图，如图 8-7 所示。

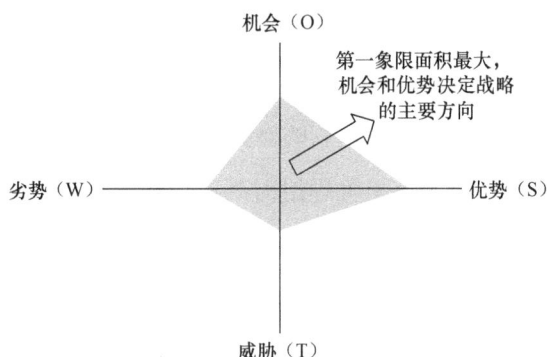

图 8-7 SWOT 能量分布图

结合 SWOT 战略方向选择工具，分析各种可能的战略方向。SWOT 战略方向选择矩阵如图 8-8 所示。

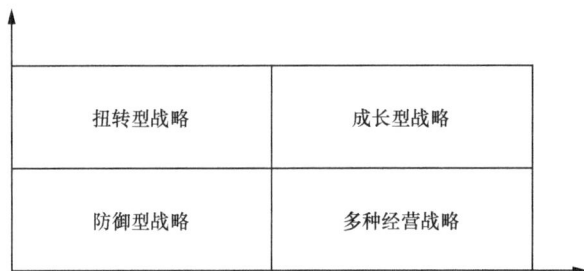

图 8-8 SWOT 战略方向选择矩阵

根据 SWOT 战略方向选择矩阵，给出该企业战略方向。企业应积极把握消费互联网进入大运营时代的市场机遇、产业互联网领域的政策机遇、新兴技术发展带来的技术机遇，选择"成长型战略"，进一步实施关键业务聚焦、强化产品品质管理、夯实集中支撑和自主研发能力，加快机制体制突破，构建企业可持续发展新局面。

8.3 产品战略选择工具

战略钟模型+决策树+敏感性分析

1. 提出背景

战略钟模型（SCM）是由克利夫·鲍曼（Cliff Bowman）提出的，是一种分析企业竞争战略选择的工具，为企业的管理人员和咨询顾问提供了思考竞争战略和取得竞争优势的方法。

2. 基本内容

战略钟模型假设不同企业的产品或服务的适用性基本类似，那么，顾客购买时选择其中一家而不是其他企业可能是因为这家企业的产品或服务的价格比其他企业低，或者顾客认为这家企业的产品或服务具有更高的附加值。

如图 8-9 所示，战略钟模型将产品 / 服务的价格和产品 / 服务的附加值综合在一起考虑，企业实际上可以沿着低价格 / 低附加值战略、低价格战略、混合战略、差别化战略、集中差别化战略等途径中的一种来完成企业经营行为。其中一些路线可能是成功的路线，而另外一些则可能导致企业的失败。

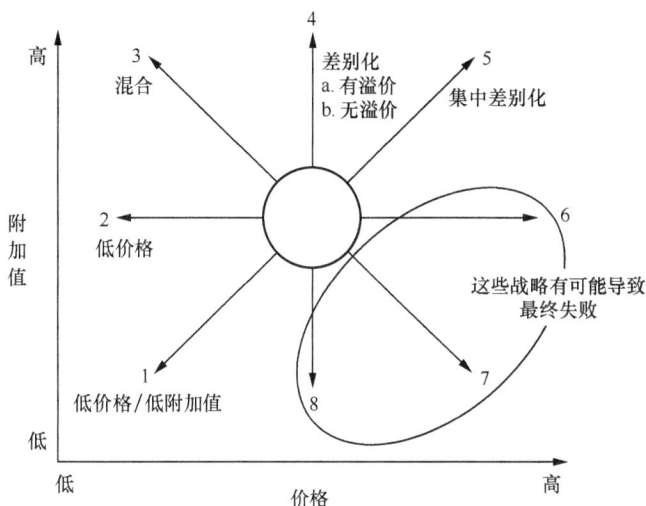

图 8-9　战略钟模型

决策树的形成一般是自上而下的。每个决策或事件都可能引出两个或多个事件，导致不同的结果，把这种决策分支画成图形很像一棵树的枝干，故称决策树。

决策树的构成有 4 个要素：决策结点、方案枝、状态结点、概率枝，如图 8-10所示。

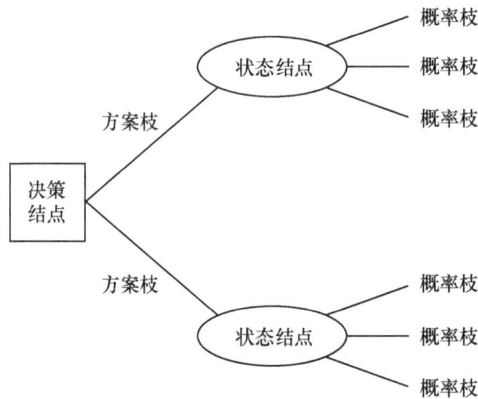

图 8-10　决策树示例

决策树一般由方块结点、椭圆结点、方案枝、概率枝等组成，方块结点称为决策结点，由结点引出若干条细支，每条细支代表一个方案，称为方案枝；椭圆结点称为状态结点，由状态结点引出若干条细支，表示不同的自然状态，称为概率枝。每条概率枝代表一种自然状态。在每条细枝上标明客观状态的内容和其出现的概率。在概率枝的最末梢标明该方案在该自然状态下所达到的结果（收益值或损失值）。树形图由左向右，由简到繁展开，组成一个树状网络图。

敏感性分析法是一种从众多不确定性因素中找出对投资项目经济效益指标有重要影响的敏感性因素，并分析、测算其对项目经济效益指标的影响程度和敏感性，进而判断项目承受风险能力的不确定性的分析方法。敏感性分析法有助于确定哪些风险对项目具有最大的潜在影响。它把所有不确定因素维持在基准值的条件下，分析项目的各要素的不确定性会给目标带来什么样的影响。

3. 优劣分析

决策树列出了决策问题的全部可行方案和可能出现的各种自然状态，以及各可行方法在各种不同状态下的期望值，能直观地显示整个决策问题在时间和决策顺序上的不同阶段的决策过程。但使用范围有限，对各种方案出现概率的确定有时主观性较大，可能导致决策失误。

敏感性分析尚不能确定各种不确定性因素发生的概率，因而其分析结论的准确性就会受到一定的影响。实际生活中，可能会出现这样的情形：敏感性分析找出的某个敏感性因素在未来发生不利变动的可能性很小,引起的项目风险不大;而另一因素在敏感性分析时表现不太敏感,但其在未来发生不利变动的可能性很大,进而会带来较大的风险。为了弥补敏感性分析的不足,在进行项目评估和决策时,需要进行概率分析。

4. 适用场景

战略钟模型在具体应用时,企业可根据价值曲线分析和市场占有率判断企业是否具备垄断经营的条件和能力,从而判断是否具备实施差别化战略的可能性;还可通过 SWOT 分析法等判断企业的生产成本是否具有优势,以判断是否能采取低价格 / 低附加值战略、低价格战略及混合战略。基本思路是通过合理的分析来判断企业在战略钟所处的位置,从而选择对应的战略方式。

决策树法作为一种决策技术,已被广泛地应用于企业的投资决策之中,它是随机决策模型中最常见的一种决策模式和方法,此方法有效地控制了决策带来的风险。所谓决策树法,就是运用树状图表示各决策的期望值,通过计算,最终优选出效益最大、成本最小的决策方法。决策树法属于风险型决策方法,不同于确定型决策方法,二者适用的条件也不同。

企业在生产运营过程中,可用决策树评价生产方案,做出最优的生产选择;可将决策树用于投标决策中,判断对工程投低标还是投高标;可用决策树选择产品方案,做出最佳产品决策等。其基本原理都是用决策点代表决策问题,用方案枝代表可供选择的方案,用概率枝代表方案可能出现的各种结果,经过对各种方案在各种结果条件下损益值的计算比较,为决策者提供决策依据。

8.4 能力战略选择工具

企业核心能力理论

1. 提出背景

企业核心能力理论起源于传统的企业能力理论,20 世纪 20 年代,阿尔弗雷德·马歇尔（Alfred Marshall）等研究学者提出的企业内部成长论可以说是企业核心能力理论的雏形，企业内部成长论指出企业内部各职能部门之间、企业之间、产业之间存在着"差异分工"，这种分工与其各自的知识与技能相关，这种知识与技能就可以看作企业的能力。

1984年，伯格·沃纳菲尔特（Birger Wernerfelt）发表了"企业资源学说"，提出了公司内部资源对公司获利并维持竞争优势的重要意义。随后，企业能力理论逐渐形成了资源学派与能力学派两个学派。

同时，经济学者对企业理论的探讨也在继续，以罗纳德·科斯（Ronald Coase）为代表的一批经济学家提出了交易成本理论、产权理论、委托代理理论等现代企业理论，将最小分析单元扩展到企业中的个人，较好地解释了企业及个人在经济中的相互作用。因此，企业核心能力理论是在经济学和管理学交叉融合的基础上形成的。其来源的交叉性和多样性，使得各学者研究的角度也千差万别。

2. 基本内容

企业核心能力理论可以分为资源学派和能力学派两大学派，它们既相互独立又互为补充。

（1）资源学派

该学派认为，企业内部资源同外部资源相比，对获取竞争优势更具有重要意义。内部资源是依赖于企业异质性的、非常难以模仿的、效率高的专有资源，且企业有不断产生这种资源的内在动力，保持企业的竞争优势在于不断地形成、利用这些专有的优势资源。企业在实施战略的过程中，首先是确定自身具备的资源；其次，确定在何种市场上可以使这些资源获得最优效益；最后，确认实施的方法，在进入该领域后，将企业的这些资源出售给其他企业。

（2）能力学派

该学派认为能力是企业拥有的关键技能和隐性知识，是企业拥有的一种智力资本，它是企业决策和创新不可或缺的要素。企业是一个能力体系或能力的集合。能力决定了企业的规模和边界，也决定了企业多元化战略和跨国经营战略的广度和深度。核心能力来自组织内的集体学习；来自经验规范和价值观的传递；来自组织成员的相互交流和共同参与。现代市场竞争与其说是基于产品的竞争，不如说是基于核心能力的竞争。

3. 优劣分析

企业核心能力理论的提出为战略管理研究提供了一个新的视角，在解释企业持续竞争优势方面具有很强的说服力，而且也超脱了企业所在行业的局限。企业核心能力理论把注意力从关注企业外在的产业机会和市场吸引力，转向了企业内在的自身资源与能力，该理论强调了企业内部因素的差异性，尤其是企业核心能力对企业获得超额利润的影响，明确了对企业能力的分析在企业制定战略过程中的重要性。企业核心能力理论为企业多元化提供了新解释。企业核心竞争力可使其表面上各种不相关的业务整合在一起，从而为理解企业多元化的相关性提供了新视角。

企业核心能力理论也存在着许多缺点，主要表现在以下方面。

（1）企业核心能力理论尚未形成完整严密的理论体系，对企业核心能力理论的研究观点众多，由于研究思路的不同至今尚无统一的理论分析范式。

（2）企业核心能力理论的应用性不强，对企业核心能力如何识别、评价、保持、积累和更新等方面都没有给出有效的可操作性方法，该理论目前还过多停留在对核心能力的性质和特征方面的研究。

（3）企业核心能力理论非常强调技术、资源、知识等客观显现因素的作用，对作为主观性的人的因素涉及较少。

（4）企业核心能力理论强调企业立足内部能力的积累和运用，却没有全面分析企业的外部环境。

4. 适用场景

不管是资源基础观还是能力观，企业核心能力理论就是要帮助国有企业真正识别出在数字化转型中能够拥有和依托的独特资源，界定能够创造出持续竞争优势的关键技能和学识的组合。这是数字化转型中核心能力和关键资源识别的一个重要模型。

第 9 章
驾御战略执行工具

9.1 目标分解

9.1.1 杜邦分析模型

1. 提出背景

1912 年，杜邦公司销售人员法兰克·唐纳德森·布朗（Frank Donaldson Brown），为了向企业管理层阐述企业运营效率的问题，写了一份报告。他在报告中提出要分析"用企业自己的钱赚取的利润率"的比率。他将这个比率进行拆解，认为拆解后的比率可以解释企业是否赚钱、企业资产运营效率如何、企业债务负担有没有风险 3 个问题。

"用企业自己的钱赚取的利润率"，即净资产收益率。

净资产收益率 = 销售净利率 × 总资产周转率 × 权益乘数

这份报告体现的利用几种主要的财务比率之间的关系综合地分析企业财务状况的分析方法最早由美国杜邦公司使用，故称为杜邦分析模型。

2. 基本内容

杜邦分析模型最显著的特点是将若干个用以评价企业经营效率和财务状况的比率按其内在联系有机地结合起来，形成一个较为系统的指标体系，并最终通过权益收益率来体现。杜邦分析模型可使财务比率分析的层次更清晰、条理更突出，为报表分析者全面、仔细地了解企业的经营和盈利状况提供方便。

杜邦分析模型包括以下几种主要的指标关系。

（1）净资产收益率是整个分析模型的起点和核心。该指标的高低反映了投资者的净资产获利能力。净资产收益率是由销售净利率、总资产周转率和权益乘数决定的。

（2）权益乘数表明了企业的负债程度。该指标越大，企业的负债程度越高，它是资产权益率的倒数。

（3）总资产收益率是销售净利率和总资产周转率的乘积，是企业销售成果和资产运营的综合反映，要提高总资产收益率，必须增加销售收入，降低资金占用额。

（4）总资产周转率反映企业资产实现销售收入的综合能力。分析时，必须综合销售收入情况来分析企业资产结构是否合理，即流动资产和长期资产的结构比率关系。同时还要分析流动资产周转率、存货周转率、应收账款周转率等有关资产使用效率的指标，找出影响总资产周转率变化的主要因素。

3. 优劣特点

杜邦分析模型有助于企业管理层清晰地看到权益资本收益率的决定因素，以及销售净利润率与总资产周转率、债务比率之间的关系，为管理层提供了分析企业资产管理的路径。

但是杜邦分析模型对短期财务结果过分重视，有可能助长企业管理层的短期行为，忽略企业长期的价值创造；财务指标反映的是企业过去的经营业绩，衡量工业时代的企业是否满足要求。但在数字时代，消费者、供应商、技术等因素对企业经营业绩的影响越来越大，而杜邦分析模型在这些方面有一定的局限性。另外，杜邦分析模型不能解决无形资产的估值问题。

4. 适用场景

杜邦分析模型是一个简单的财务绩效的分解工具，适合处于竞争领域的国有企业的简单年度绩效分析。使用该模型时需要强调三方面，一是国有企业的类型，二是时间跨度，三是使用的层面和范围。杜邦分析模型的使用前提是企业拥有稳定的市场定位、业务结构组合及长期稳定的生命周期，而且每年有相对稳定的投资预算和成本，以便建立清晰、稳定的财务价值分析评估模型。

若只是从经济组织的经济责任出发，对于有稳定的长生命周期和绝对市场地位的国有企业而言，杜邦分析模型是一个有利的财务级战略分解工具，可用该模型来描述企业的经济责任和经济价值。

9.1.2　经济附加值（EVA）

1. 提出背景

为了适应企业经营环境的变化，美国思腾思特咨询公司于 1982 年提出了经济增加值这一概念，其目的是弥补传统指标体系的不足，准确反映企业为股东创造的价值。

2. 基本内容

经济附加值是基于税后营业净利润和产生这些利润所需资本投入总成本的一种企业绩效财务评价方法。企业每年创造的经济增加值等于税后净营业利润与全部资本成本之间的差额。其中资本成本包括债务资本的成本，也包括股本资本的成本。

从算术角度而言，EVA 等于税后经营利润减去债务和股本成本，是所有成本被扣除后的剩余收入。EVA 可以更准确地评价企业的利润。如果 EVA 的值为正，则表明企业获得的收益高于为获得此项收益而投入的资本成本，即企业为股东创造了新价值；相反，如果 EVA 的值为负，则表明股东的财富在减少。

经济附加值和会计利润有很大的不同。经济附加值是企业扣除了包括股权在内的所有资本成本之后的利润，而会计利润没有扣除资本成本。股权资本是有成本的，持股人投资 A 公司的同时也就放弃了该资本投资其他公司的机会。投资者如果投资与 A 公司具有相同风险的其他公司，得到的回报就是 A 公司的股权资本成本。股权资本成本是机会成本，而非会计成本。

3. 优劣分析

EVA 能将股东利益与经理业绩紧密联系在一起，同时，由于 EVA 是一个绝对值，所以，EVA 的使用能有效地解决决策优化问题。因为增加 EVA 的决策也必将增加股东财富，EVA 可以避免内部决策与执行的冲突，使各部门目标与整个企业目标一致。

EVA 能较准确地反映企业在一定时期内创造的价值，能较好地解决上市公司分散经营中的问题，可以作为一种预警指标，更真实地反映企业的经营状况，能较早地发现企业的经营状况不佳。EVA 着眼于企业的长远发展，鼓励企业经营者进行能给企业带来长远利益的投资决策。因此，应用 EVA 不但符合企业的长期发展利益，也符合经济时代的要求，提高了企业的核心竞争力，有利于优化社会产业结构。

尽管经济附加值有很多优点，但它也存在着一定的局限性，主要表现在规模差异、短期导向与财务导向。EVA 不能充分反映工厂或部门之间的规模差异。相比较而言，较大的工厂或部门趋于创造更高的 EVA。由于资产基数不同形成的规模差异会造成两部门 EVA 结果的差距。因此，EVA 不能有效地控制部门之间的规模差异因素对评价结果的影响。EVA 过分强调现实效果，因此管理者可能不愿意从事创新活动。EVA 是一个计算的数字，它依赖于收入实现和费用确认的财务会计处理方法。为了提高部门的 EVA，部门经理可能通过设计决策的顺序，来操纵这些数据。如果企业仅仅以 EVA 来评价管理者的绩效也会造成激励失效或功能失调的结果。

4. 适用场景

EVA 更多是面向大型企业，其在战略和财务绩效间建立联系，强调战略驱动的财务评价和分析。但是 EVA 最终的落脚点是经济增加值，即落到了财务层面，仅仅是增加了战略驱动或战略联动的影响，这是与杜邦分析模型的区别。

9.1.3 KPI

1. 提出背景

KPI 的理论基础是二八原理，是由意大利经济学家帕累托（Pareto）提出的一个经济学原理，即一个企业在价值创造过程中，每个部门和每位员工的 80% 的工作任务是由 20% 的关键行为完成的，抓住 20% 的关键，就抓住了主体。

2. 基本内容

KPI 考核的实质在于：① 从管理目的来看，KPI 考核旨在引导员工的注意力，让他们从无关紧要的琐事中解脱出来，把精力用在关注企业整体的业绩指标、部门重要的工作领域及个人关键的工作任务上。② 从管理成本来看，KPI 考核可以有效地节省考核成本，减少主观考核的盲目性，缩减模糊考核的推敲时间，将企业有限的财力、物力、人力用于研发新的产品和开辟新的市场。③ 从管理效用来看，KPI 考核主要用来检测管理中存在的关键问题，并能够快速找到问题的症结，不至于被过多的旁枝末节所缠绕。企业绩效评估经常遇到的一个很实际的问题是，很难确定客观、量化的绩效指标。

KPI 是对企业战略目标的分解，并随企业战略的演化而被修正；是有效反映企业关键业绩驱动因素的、变化的衡量参数；是对业绩结果中可影响部分的衡量；是对重点经营行动的反映，不是对所有操作过程的反映。

KPI 推动企业战略的分解与执行，使上下级对相关绩效目标有着清晰和统一的认识，为业绩管理和上下级的交流沟通奠定客观基础；使高层领导清晰了解企业的经营情况；使管理人员集中精力于对业绩有最大驱动力的经营活动；使管理人员能及时发现经营中的问题并采取行动；积累关键绩效参数，为绩效改进提供依据[50]。KPI 设计如图 9-1 所示。

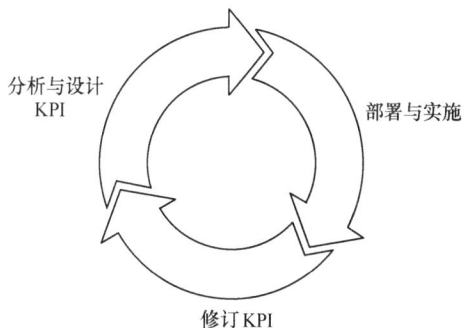

图 9-1　KPI 设计

具体设计可以采用鱼骨图分析法，建立关键绩效指标体系，灵活处理工作量化，运用 PDCA 循环逐步完善和落实。

即使有了关键绩效考核指标体系，也不能保证这些指标就能运用于绩效考核，达到预期的效果。要想达到更好的效果，企业必须具备一个良好的关键绩效指标考核环境：以绩效为导向的企业文化的支持，各级主管人员肩负着绩效管理任务，重视绩效沟通制度的建设、考核结果与价值分配挂钩。

3. 优劣分析

KPI 与企业的战略目标有着内在的联系，并用于帮助管理人员，评估他们是否实现了目标。KPI 是可行且有限的，能够有效地识别影响员工关键绩效的外部环境的变化，让他们专注于做有用和重要的事情，实现资源的优化配置；自上而下施行，有效地连接上级和下级，以确保员工绩效与组织绩效的一致性，实现企业长远发展。

KPI 的理论基础之一是帕累托原理，决定了将不可避免地忽略一些我们认为不重要的事情，例如，员工总是在做与绩效考核相关的内容；在实践中，监督关键绩效指标可能很困难；缺乏沟通使 KPI 可能很难有效地实现最终的组织目标；被一个领域视为重要的指标可能不会被其他领域视为重要；实施 KPI 很难实现创新；当员工为达到指标而以牺牲实际工作质量或工作价值为代价时，关键绩效指标可能导致不正当奖励措施和意外后果。此外，某些活动无法量化，因此很难按效果指标来实现预期的结果 [51]。

4. 适用场景

KPI 适用于基于产品管理、以目标为导向、以职位管理作为管理基础、企业规模较大、管理制度较为完善、KPI 较容易提取和量化的传统企业，且绩效考核方法还应该与企业的管理战略和企业文化相一致。

KPI 作为年度性的考核指标，必须建立在全面预算管理的基础上，这样才能清楚指标的统计定义和计算。从这一层面而言，KPI 适用于国有企业，因为国有企业上市后需要披露年报，并向董事会汇报其年度经营业绩，而董事会下达下一年度的绩效任务。因而 KPI 强调的是上市公司受年度驱动行为模式而建立年度性的财务绩效驱动的战略执行力。

KPI 中的 P（Performance）已经跳出了狭义的财务视角，增加了其他的运营管理视角，因而其反映的问题是年度性的。对于大型企业而言，特别是企业需要上市时，受制于资本市场管理的约束，需要披露年度性业绩，因而其全年的考核经营是受 KPI 驱动的。但是这会带来一个问题，即国有企业的数字化转型中有相当多的工作不是反映在年度的直接结果上，而是更多地反映在长期的能力和资源投放上，但这些不能在短期的年度业绩中直接显现出来，所以 KPI 不能完整、准确、长期、动态地刻画企业数字化转型的全部结果。此外，KPI 具有非常刚性的特点，缺乏弹性调整，规定期限为一年，因而一年内企业围绕数字化转型进行的业务创新、组织结构变革的成效不能体现在 KPI 里，该指标更适用于大型、稳定、成熟的企业对年度性经营业绩的考核评价。

9.1.4　平衡计分卡（BSC）

1. 提出背景

BSC 是由哈佛商学院发明的一个绩效管理和绩效考核的工具。20 世纪 90 年代初，美国诺顿研究所主持并完成了"未来组织绩效衡量方法"研究计划。该计划的初衷是认为现有的以财务会计计量为基础的绩效计量方法变得越来越模糊，目的是找出超越传统以财务计量为主的绩效衡量模式，促使企业将战略转化为实际行动。通过研究与实践，BSC 最终成为一个战略实施的工具，将企业的战略落实到了可操作的目标上，已被广泛应用于西方国家。

2. 基本内容

围绕企业的战略目标，利用 BSC 可以从财务、客户、内部运营、学习与成长这 4 个方面对企业进行全面的测评。在使用时针对每个方面建立相应的目标及衡量该目标是否实现的指标。BSC 对这 4 个方面进行平衡，各项测量指标并不是孤立地存在，它们与一组目标有较强的相关性，而这些目标自身又相互关联并最终都以直接或间接的形式与财务结果相关联。

BSC 的 4 个维度分别体现 4 类群体的价值诉求特点：财务维度主要体现股东的价值诉求；内部运营维度主要体现精英团队的价值诉求；客户维度主要体现目标客户的价值诉求；学习与成长维度主要体现内部员工的价值诉求。BSC 本质上也是价值管理卡，所谓"平衡"就是指 4 类群体的价值诉求与企业发展战略相匹配，谁为企业创造主要价值，谁的价值诉求就能在 BSC 中得到有效体现，可以应用于任何企业形态中。

3. 优劣分析

BSC 代表了全球先进的管理理念，它的一个最为突出的特点就是：集测评、管理与交流功能于一体。BSC 通过使用大量的超前和滞后指标来评价企业是否向着其战略目标的方向前进。面向管理者，它把企业测评与企业战略联系起来，使管理者了解影响企业进步的日常因素，注意对未来产生影响的活动，增强有利于企业成功的因素对财务结果的推动作用；面向员工，它使员工明白他们的表现会如何影响企业的成功。

其实，BSC 就是一个复杂的企业模型，它帮助一个企业了解促使其成功的真正原因。BSC 考虑到信息时代企业的动态特性，在国际上首次系统地将企业的远景、战略和绩效测评相联系，将外部期望与内部能力相均衡，将当前利润和未来绩效相均衡。BSC 保留了财务指标，但瞄准的是超前指标。其理由是如果超前指标选择得好，则在将来的财务指标中会反映出来。因此 BSC 更注重对未来利润的推动而不是对过去利润的统计。

BSC 在指标体现形式上远不如 KPI 与 OKR 这么直接。BSC 通过战略地图有效地展示了战略设计的一整套逻辑。BSC 最大的优势是能够随着市场变化，及时把战略动态调整贯彻到绩效系统中去，然而如何调整却是一项技术，尤其是在新商业时代，市场频繁变化导致战略很难被设计出来，很难"平衡"。

4. 适用场景

为弥补 KPI 指标在对长期持续投放的基础能力性和战略重点性的工作中，存在不能全面覆盖和不能准确刻画的情况，企业可引入 BSC，其好处是可进行全面综合的战略分析，是战略执行工具而非战略制定工具，存在的问题是其不具备 KPI 的强大逻辑分解能力和驱动因素。

BSC 强调 4 个层面的卡，即企业将 BSC 作为重点战略工程的考核和认定时，需要建立从公司级的卡到部门级的卡，再到科室级的卡，然后到岗位级的卡，通过平衡卡的层层分解体系来建立考核和驱动。因此，BSC 更多是作为国有企业在数字化转型中建立全面战略执行和管控工具的思维模型和分析模型。但是其在具体操作时要进行层层的绩效沟通，有相当大的专业挑战性，此外 BSC 在 4 个层面的逻辑关系不是严谨的推导过程，更多的是属于动因和根因的一种模糊性认定。其所描述的学习成长支撑全面运营、形成市场、最后形成财务价值的逻辑是不严谨的，更多是作为分析思考或思维模型。

另外，由于追求绿色发展已成为趋势，平衡计分卡也被用于搭建绿色增长战略执行和目标管理体系的主导框架，从财务角度衡量环境、社会和企业治理投入，评判企业的"绿色投入"带来的价值增长。绿色发展平衡计分卡如图 9-2 所示。

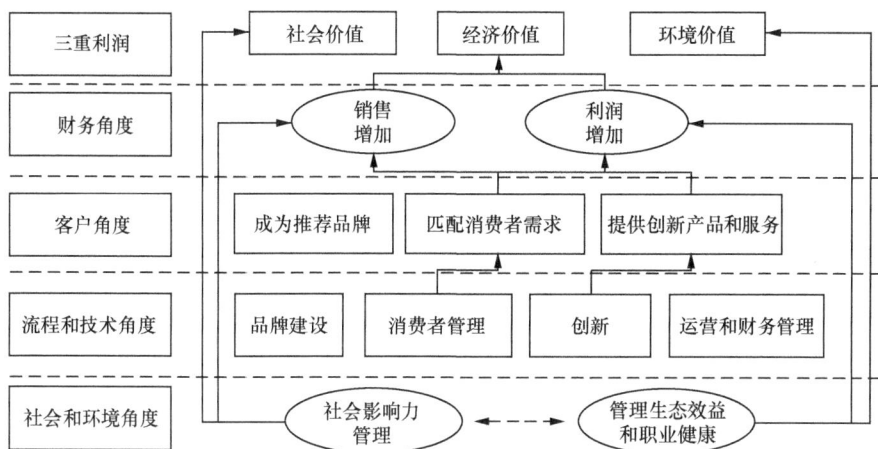

图 9-2　绿色发展平衡计分卡

9.1.5　OKR

1. 提出背景

OKR 是一套定义和跟踪目标及其完成情况的管理工具，于 1999 年由英特尔公司发明，后来被研究学者约翰·杜尔（John Doerr）推广到甲骨文、谷歌、领英等高科技公司并逐步流传开来，现在广泛应用于 IT、创意等以项目为主的企业。

OKR 的起源最早可以追溯到德鲁克的目标管理理论，其核心思想是倡导由命令驱动式的管理向目标驱动式管理的转变。这一理论的核心是，所有工作都应该为实现企业期望达到的绩效目标做出贡献。为此，每一个管理者都必须清楚地了解企业的目标是什么，以及自己所负责的业务板块能够为企业做出怎样的贡献。德鲁克希望通过"目标管理"让每个人都能充分发挥特长，促进团队合作，向着共同的愿景努力，这一理论也为 OKR 的建立奠定了基础，不过 OKR 最近几年才开始在全球盛行。在数智化时代，技术演化带来的信息流动越来越透明，企业甚至无法获得超过半年的先发优势。市场的高速变化发展变得越来越不可预测，面对模糊的目标，原本靠 CEO 们经验判断机会的时代已经过去。从设定上来看，OKR 由两部分内容组成：一部分是责任人设定的目标，另一部分是衡量目标得以达成的关键结果。前者是定性描述，后者是定量描述，都要有具体数字。这就是为了触动员工的思想，从而带动行为转变的牵引工具，促成组织内部达成以下"思想共识"。

2. 基本内容

如图 9-3 所示，OKR 全称是"目标与关键结果（Objective & Key Result）"，是一套可以涉及企业、团队、员工个人在其目标设定与沟通上的管理工具。

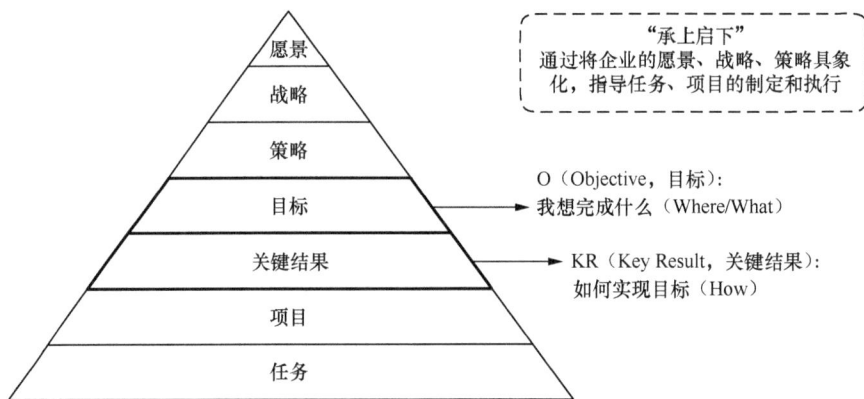

图 9-3　OKR

ORK 的关键特征如下。

（1）OKR 有目标性。企业高层管理者设定具有挑战性 OKR 的目标时，一定要结合企业的使命和愿景。所以，一般根据最后目的达成程度进行评估。得 0.7 分为有难度和挑战的目标达成，这是希望达成的；得 1 分为结果远超预期，其挑战难度一般几乎不可达成；得 0.3 分是知道肯定能达成的程度；得 0 分是没有进展。

（2）OKR 有聚焦性。让时间精力更聚焦，目标可以设置 2 ～ 4 个，与每个目标相关联的关键结果可以设置 2 ～ 4 个。以年度目标和季度目标双设定，季度目标设定要绑定年度目标，也可根据情势变化，具有敏捷反应力。

（3）OKR 有公开透明性。从董事长、总经理到普通员工，企业领导层首先要公开自己的 OKR，然后各层级团队、员工在设定自己的 OKR 时要对标上级，要协商沟通一致。为取得成果，日常按月、按周，甚至按日跟踪过程并做好总结。

（4）OKR 有主动性。OKR 可自主设定想挑战的目标，可以是定性的也可以是定量的，但是 OKR 一定要符合 SMART 原则。而相关部门对下级提出支持的要求要进行评估、认定，最终形成自己的目标设定。

OKR 的管理机制，强调整个企业上下聚焦在能促进组织成长的可衡量的贡献上，能够促进员工与团队协同工作，激发创新，也能让员工的工作由目标牵引，实现自我管理状态。

OKR 制定步骤如下。

第一步，企业的最高负责人自身要认可 OKR。因为 OKR 不仅是工具，更是一个企业的管理理念。管理层要相信并且理解 OKR 的理念。

第二步，中层管理者掌握 OKR，同时还需要激励员工参与和使用。因为中层管理者们需要承担推动 OKR 落地的重要工作。

第三步，人力资源部门需要将 OKR 与业务建立关联，比如在业务部门进行 OKR 推广或者设置执行负责人等来帮助 OKR 的推动。

第四步，持续对员工进行培训和辅导，让员工真正认识到 OKR 是有帮助而不是形式上的工具，经常和领导进行沟通交流。此外，OKR 也可以应用到在工作以外的发展上。

3. 优劣分析

OKR 专注于最重要的事情。OKR 是个人层面的，反映个人成长目标和对企业的贡献，但是 OKR 的分数并不直接与绩效挂钩，而仅供参考。目标设置并不是自上而下递减的，而是自上向下和自下向上目标设置的混合。同时，由于团队必须了解其他团队的绩效目标，因此OKR可以提高员工对公平的认识，并激励员工提高其个人绩效。OKR敏捷绩效管理模型如图9-4所示。

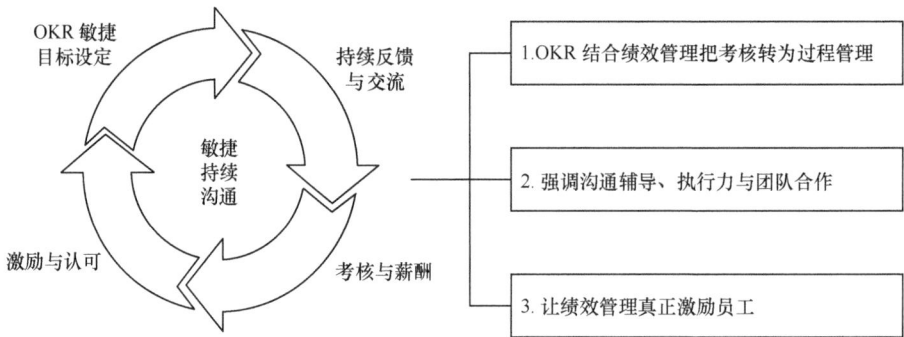

图9-4 OKR敏捷绩效管理模型

OKR的实施成本对于小型企业来说太高，它既要求员工具有很强的责任心和创造力，又对管理者的管理能力和领导风格有很高的要求。

将OKR用作绩效管理工具时，管理人员还需要考虑到，尽管OKR并非用于评估目的，但是否可以仅通过评估目标的完成值，设置评估周期来完成所有绩效管理，以及计算目标完成值是否科学等。

4. 适用场景

大多数情况下，OKR适合创业企业、高科技企业和创新企业。通常这类企业的员工素质较高、能力较强，组织结构扁平化，但企业战略尚在探索中。

OKR是通过某些方法自下而上主动制定目标、领取任务，适合创新型、转型企业，适用于数智时代进行数智化战略转型的国有企业，即该方法适用于孵化型的创新型企业在激励员工认定高目标和高结果时所进行的一种授权性激励管理，因而其更适用于国有企业的创新业务子公司或新兴的研发机构，可作为一种绩效管理工具，但不适合作为国有企业全集团偏硬性的考核工具。OKR是局部应用，其面向不同的对象和使用范围时，起到的管理分解作用和目的是不同的。

9.2 流程分解

eTOM模型

1. 基本内容

eTOM 业务流程框架涵盖了对电信运营企业业务流程的描述，如图 9-5 所示。

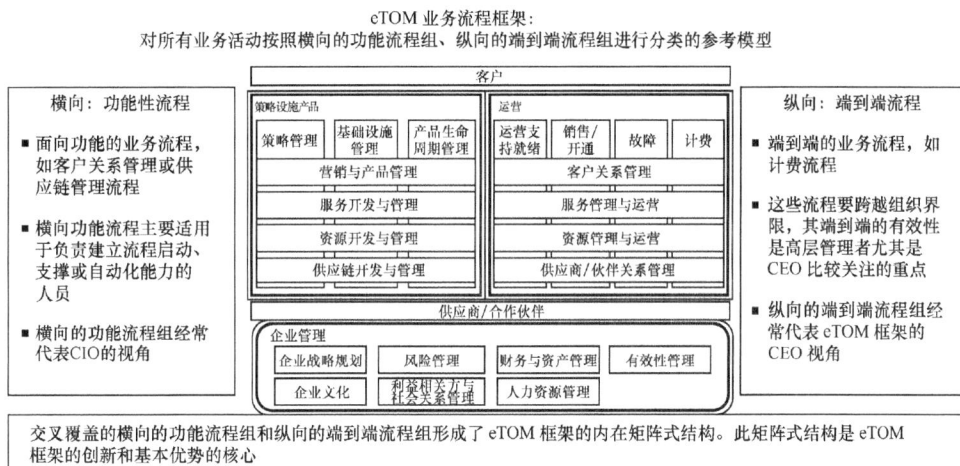

图 9-5 eTOM 业务流程框架

eTOM 模型能够为电信运营业务流程提供一定的指导意义，同时它还是NGOSS 不可或缺的一部分。eTOM 模型是从业务视图的角度来描述需求，对业务流程进行分析和设计，再经过系统分析与设计，形成解决方案的分析与设计，最终通过解决方案的一致性测试，投入实际运行，满足客户的需求。eTOM 模型经过不断发展，成为一个需求互动资源，模型中分解的流程可以直接与系统及实施组件连接，以满足业务流程的要求，如表 9-1 所示。

表 9-1　eTOM 模型 [52]

内容	eTOM 不仅是过程元素类别的规范性目录，也是 ICT 行业的整个企业过程框架
目标	为服务提供商提供业务流程蓝图，以简化其端到端流程。在企业内部及与客户和供应商之间实现有效的沟通
范围	eTOM 提供了整个企业中业务流程的自上而下的层次结构视图，它本身并没有解决如何通过自动化或人工行动来支持这些流程的问题（但是，这在 TMF 的 NGOSS 中得到了解决）。它着重于识别相似服务之间所需的企业过程的通用性（如数据、互联网、移动电话等），以提供高质量的端到端服务管理。eTOM 专注于向外部客户提供服务
采用	eTOM 已被作为 ITU 国际电信部门标准，并且主要由 ICT 行业的服务提供商使用
实施	eTOM 是一个框架，因此实施方法因企业而异

2. 优劣分析

（1）eTOM 不是与 TOM 商务过程相抵触，而是增强了 TOM。

（2）eTOM 不仅解决了运营和维护方面的问题，还涵盖了所有重要的企业业务流程。

（3）面向电子商务，eTOM 引入许多新概念，例如客户忠诚度、供应商管理等。

（4）eTOM 不仅涵盖了网络管理区，而且还把范围扩大到了应用领域及目前急需的管理集成。

（5）eTOM 把生命周期管理从运营中分离出来。

（6）eTOM 不仅可以表示框架，还可以表示动态视图，其中包括了与自动化方案衔接的高级信息要求和商务规则。

（7）eTOM 为电子商务时代的通信服务业提供了一个业务过程的参考框架。

（8）eTOM 模型仅适用于电信行业，使用范围略窄。

3. 适用场景

eTOM 是一个业务流程框架或模型，提供了服务提供商所需的业务过程，并不是一种服务提供商的商务模型。eTOM 模型不解决战略性问题或者服务提供商的定位及战略问题。业务流程框架仅服务提供商的战略商务模型和计划的一部分。该模型帮助了解构成用于实现、保证、运营计费、策略、基础设施和产品的端到端客户运营的过程和过程的结合点，重点是与信息、通信服务及技术管理相关的过程。

以某运营商以 eTOM 模型设计运营商整体的流程管理架构为例。

首先是以战略为导向，公司战略决定做什么，为流程管理提供方向和目标指引。流程是为实现公司战略目标而设计的，流程管理必须以公司战略为导向。

其次是以客户为中心，这是流程管理的基本原则，以客户需求为起点设计和梳理流程，以客户满意为终点评估流程。同时，还要树立以客户为中心的理念，形成内外部客户的概念。因此，在任何情况下，从客户的角度明确判断事情的原则。

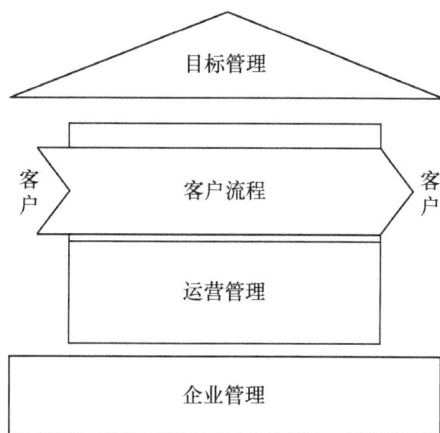

图9-6 eTOM 模型框架的设计以客户为中心

如图 9-6 和图 9-7 所示，eTOM 模型框架的设计以战略为导向，以客户为中心，驱动战略执行，通过流程体系水平方向的完整性，实现跨职能的、端到端的流程体系。

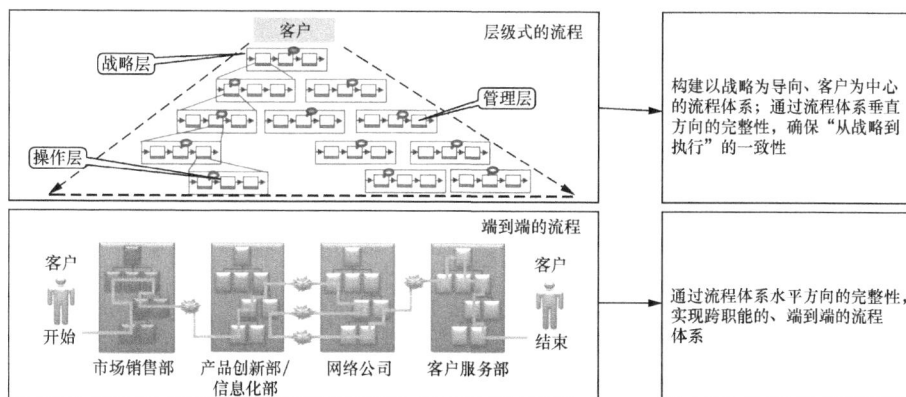

图9-7 eTOM 模型流程框架设计示意

服务流程地图绘制首先以 eTOM 模型为基础建立流程管理的总体架构，并根据业务特征形成服务流程全景视图，如图 9-8 所示。

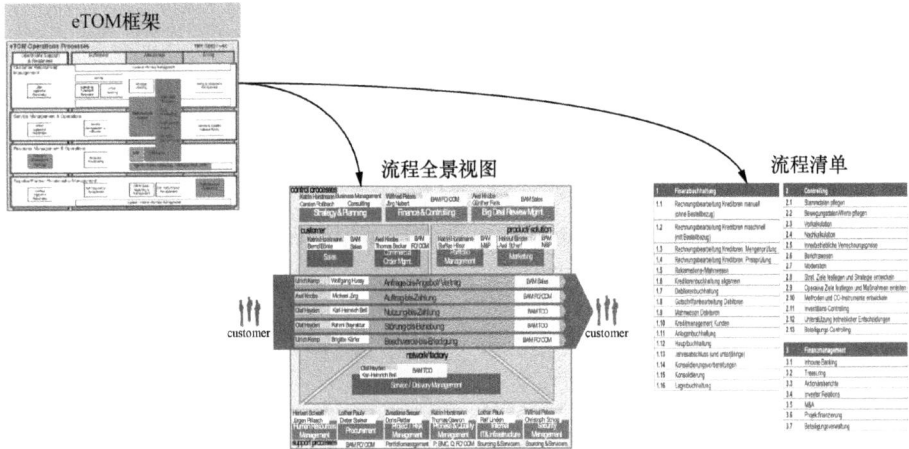

图 9-8　服务流程全景视图

eTOM 模型框架采用"自上而下"的方式，对企业现有流程进行梳理和分析。图 9-9 为流程全程审计示意图。

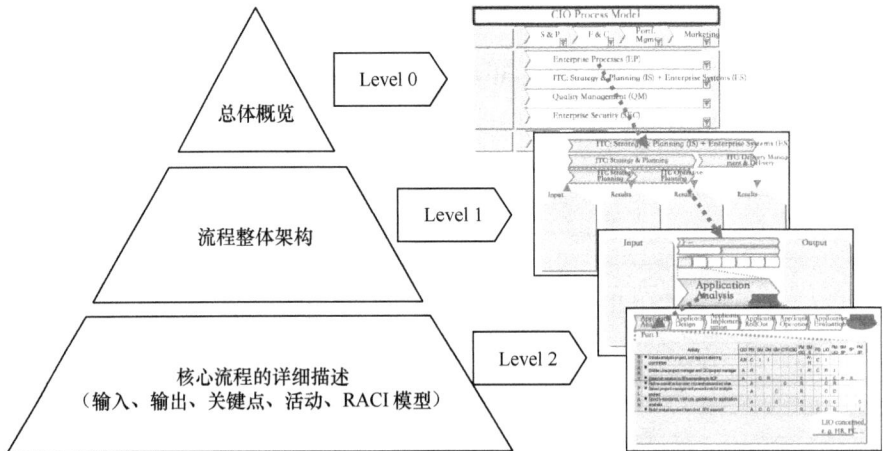

图 9-9　流程全程审计示意

eTOM 模型参照国际运营商实际操作情况，对企业现有流程进行全景分析，检验流程是否存在缺失，如图 9-10 所示。

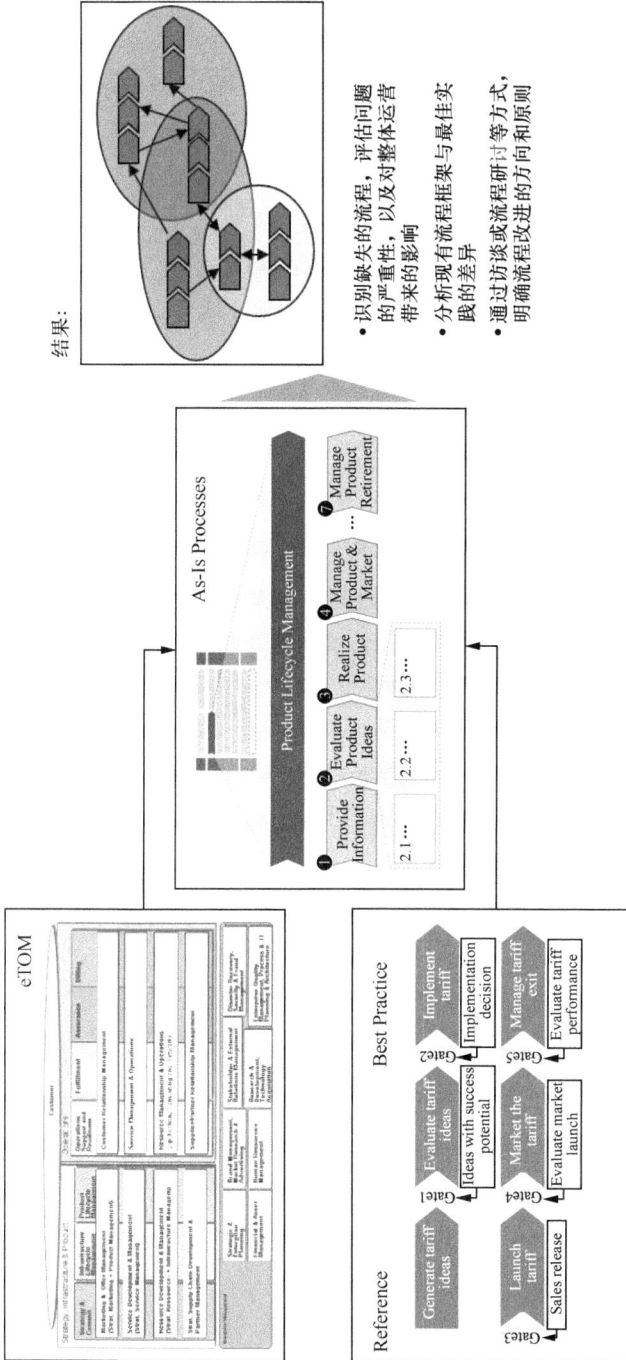

图9-10 eTOM模型对企业现有流程进行全景分析

9.3 措施分解

9.3.1 OGSM模型

1. 基本内容

OGSM 是 Objective（目的）、Goal（目标）、Strategy（策略）、Measurement（衡量）的英文首字母组成。OGSM 模型是一种计划与执行管理工具；一种制定策略计划的强大工具，以使业务集中在大的目的、目标及策略上；一种实践策略的手段，以达成目标。通常用来制定企业的策略计划，即未来发展的蓝图。

目的是指使命，即需要达成什么或指明工作的方向。通常是在长期的时间框架（如 5 年）下，且体现在一个领域或两个领域。

目标应该是明确的、可量化、可实现并且与目的一致的。制定目标应遵循SMART 原则。

策略是指怎样实现目标，通常分为业务策略和组织策略。

策略通常包括所用工具、核心事务及通往成功的关键点。策略不能太多，太多就会失去重心、分散资源，因此要有所选择，通常限定在 5 个以内。

衡量则通常以年为单位，用量化指标衡量策略是否成功，一般进行每月追踪，用图表报告。衡量指标应该是明确的、可量化，可实现并与目的一致。衡量指标也要遵循 SMART 原则。

2. 适用场景

OGSM 是一种战略规划与实施的管理工具，能够将业务聚焦重要的战略目标，在未来的 10 年，与以往战略相比更具突破性。

OGSM 与平衡计分卡和 KPI 相比，其变化是不再偏指标化，而是从定性目标到定量指标，再到分解举措，然后到评价核算的过程，评价认定的指标形成了完整的分解体系，在指标和举措间建立了关联。

OGSM存在的问题是举措推导的指标和指标之间缺乏一个完整的战略统筹和逻辑观念。可用BSC建立整体的战略评价体系，用KPI形成年度的分解指标，这些工具各有优缺点及交叉点。在执行国有企业数字化转型战略时，具体选择使用哪个工具需要根据企业的发展阶段、所处的市场环境或本身业务的演化情况进行灵活的选择。

OGSM是将目标策略转化为工作计划和可实施落地项目的工具，作为一种流行的计划与执行管理工具，可将战略关键目的分解至可落地执行的项目。如图9-11所示，OGSM计划与执行管理流程需明确每一项重点工作的内容、责任部门、配合部门、完成标志、进度安排等。

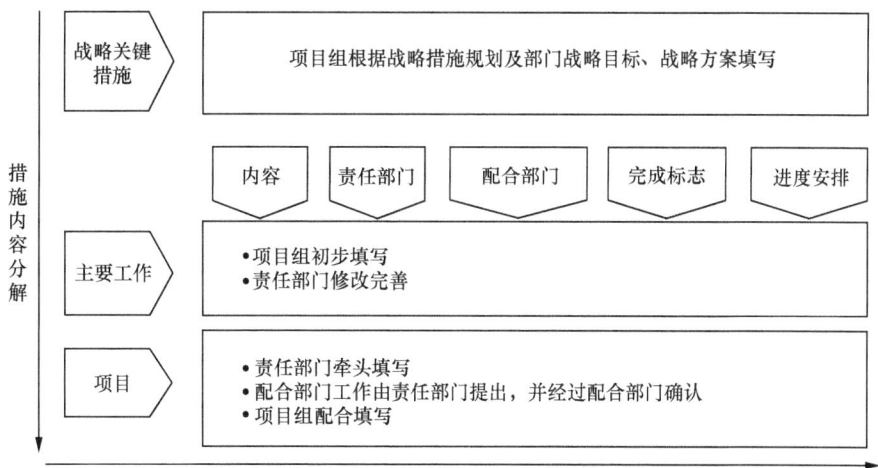

图9-11 OGSM计划与执行管理流程

如图9-12所示，为保障战略、预算、绩效的匹配与协作，需进行全面预算和绩效管理，实现OGSM与预算、绩效的对接。

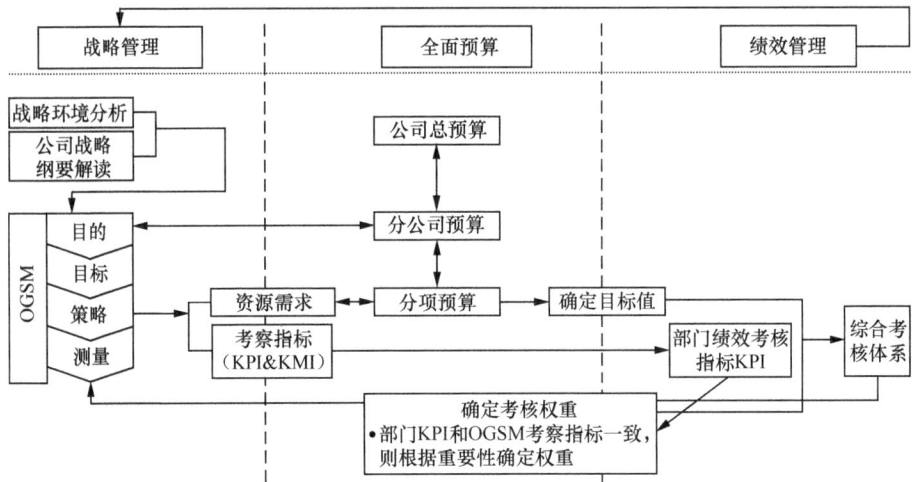

图 9-12　OGSM 环节衔接

9.3.2　BEM（吉尔伯特行为工程模型）

1. 基本内容

在《人的能力》一书中，吉尔伯特描述了一系列可以将员工绩效从一般或较低水平提升至杰出水平的技术。这些技术当中包含行为工程模型。

如表 9-2 所示，行为工程模型中 3 个模块——环境信息、环境资源、环境刺激，代表了影响绩效的环境因素。只要有这些因素的支持，员工就能够表现出非常杰出的水平。但如果没有这些因素的支持，即使员工接受了专业的培训，表现也难以达到预期的水准。

表 9-2　行为工程模型

刺激	反应	结果
模块一：环境信息	模块二：环境资源	模块三：环境刺激
•描述绩效的期望 •怎样做工作指导 •对于绩效是否有足够的相关连续的反馈	•为满足绩效需求计划的工具、资源、时间 •接触领导者的渠道 •充分的人力资源 •有组织的工作过程	•依照绩效而定的足够的奖金激励 •非奖金激励 •职业发展机遇 •绩效过差产生的明确后果

续表

刺激	反应	结果
模块四：个人知识	模块五：个人能力	模块六：个人动机
• 系统化培养杰出的工作人员 • 培训的机会	• 人与职位的匹配 • 好的选择过程 • 制订灵活的计划来符合员工的最大能力 • 虚拟的或可见的帮助来增强能力	• 认识到员工为可获得的利益而工作的意愿 • 对员工动机的评价 • 招收新成员

吉尔伯特指出，缺乏工作环境中的绩效支持因素是员工展现杰出表现的最大阻挠。当分析影响绩效提升的方案时，本质上就是要查找缺失的支持因素。

吉尔伯特相信获得绩效提升通常可以只通过环境支持因素，而传统的管理者和人力资源领导假定是个人而非环境需"修正"，这就使培训被选择用于绩效提升。当这种假设错误时，以下 3 点就显现出来。

（1）当绩效并未达到期望的标准时，培训及策划培训的人员就会失去信任。

（2）企业花费大量资金用于无效的方案上，这些资金本该用于处理大部分的环境支持因素。

（3）平均绩效和杰出绩效之间相差悬殊。

2. 适用场景

吉尔伯特行为工程模型主要用来改善员工的工作环境。有了这个模型，这些负责提升绩效的人员就可以针对绩效提升方案进行判断和改进。

以通信行业为例，当前营业厅绩效管理面临的主要问题是经营效益低于预期。电信实体营业厅受线上及其他运营商门店的影响，再加上经营模式偏传统，门店销售能力不足，出现了较为明显的"二八"现象，即 80% 的产能集中在 20% 的高效能门店。

面对电信繁杂的业务，一线营业厅员工很容易感到工作压力大，如果收入与业绩缺乏强关联，员工很容易缺乏动力，业绩提升困难，从而造成高流动性或怠工现象。

吉尔伯特行为工程模型对有效改进员工绩效提升方案具有指导意义。当绩效低于预期时，应该先反思技控是否到位，而不是先从员工身上找原因。在进行营业厅绩效管理时应建议先匹配好环境因素，再考虑个体因素。在完善环境因素时，可以运用吉尔伯特的简单化原则，便于员工行为的快速转变[53]。

第10章
驾御战略评估工具

10.1 TM Forum：电信企业数字化成熟度模型

10.1.1 提出背景

详见本书 5.2.3。

10.1.2 基本内容

作为一种结构化的整体评估工具，DMM 模型从客户、策略、技术、运营、文化、数据六大维度（含 25 个子维度、100 余项细分维度），对电信企业的数字化成熟度水平展开评估。为直观体现数字化成熟度的演进流程，DMM 模型将各项细分维度递进式地划分为启动、发展、体系、优化、领先 5 个阶段，清晰地展示了电信企业的数字化转型是什么、怎么做、做成什么样 [54]，如图 10-1 所示。

1. 客户维度

DMM 模型的客户维度包含客户外部视图、客户体验管理、客户洞察及客户信赖 4 个子维度，累计包含 20 余项细分维度。例如，客户体验管理子维度可细分为：形成清晰的客户体验愿景；基于用户需求改善设计；持续投资以满足用户需求；形成符合用户需求的产品组合；客户体验管理敏捷迭代；全渠道客户体验管理；常态化客户体验评估；制定规范与准则。

成熟度水平		
5	领先	
4	优化	
3	体系	
2	发展	
1	启动	

数字化成熟度模型（DMM）

客户	策略	技术	运营	文化	数据
客户外部视图	市场营销与品牌管理	技术管理	运营治理	组织价值观	数据治理
客户体验管理	生态合作管理	技术与应用架构	服务设计与创新	人才管理	数据工程
客户洞察	价值管理	安全	服务转型与部署	工作环境与氛围	数据价值实现
客户信赖	市场情报	应用与平台	服务运营		
	产品和服务组合管理	连接与算力			
	战略管理				

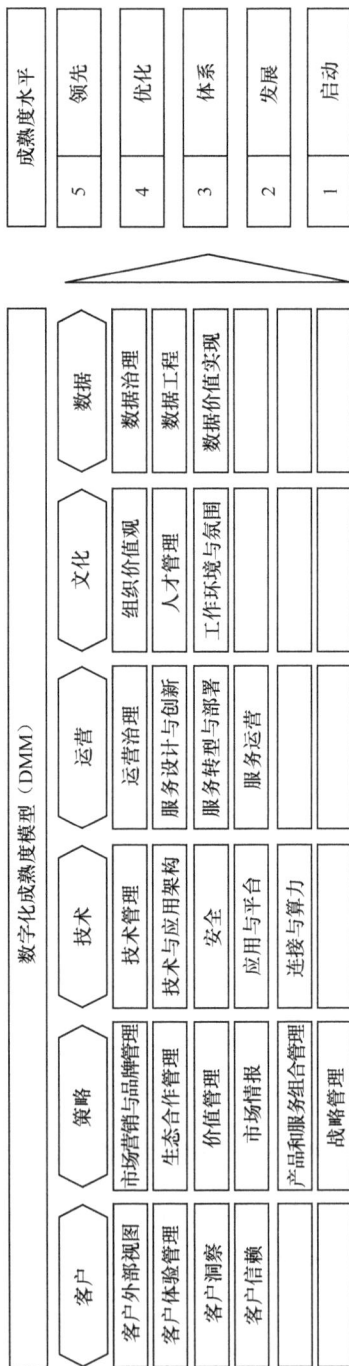

图 10-1　TM Forum 数字化成熟度模型（DMM）

186

2. 策略维度

DMM 模型的策略维度包含市场营销与品牌管理、生态合作管理、价值管理、市场情报、产品和服务组合管理、战略管理 6 个维度，累计包含 20 余项细分维度。例如，战略管理子维度可细分为：形成清晰一致的战略愿景；业务侧、技术侧共同推进战略计划与实施；有明确的绩效管理手段；有明确的风险管理策略；形成战略升级路径；管理者践行、推动战略实施；各级组织推进战略方案实施；形成战略转型最佳实践。

3. 技术维度

DMM 模型的技术维度包含技术治理、技术与应用架构、安全、应用与平台、连接与算力 5 个子维度，累计包含近 30 项细分维度。与其他模型相比，DMM 模型在连接与算力这一子维度中明确提及了网络资源的数字化，而网络也正是运营商相比其他企业而言的最大特色。

4. 运营维度

DMM 模型的运营维度包含运营治理、服务设计与创新、服务转型与部署、服务运营 4 个子维度，累计包含 20 余项细分维度。例如，运营治理子维度可细分为：数字化战略体现在运营模式中；日常进行风险防控；注重运营合规性；确保有形、无形资产的安全性。

5. 文化维度

DMM 模型的文化维度包含组织价值观、人才管理、工作环境与氛围 3 个子维度，累计包含 20 项细分维度。例如，组织价值观子维度可细分为：领导力行为与组织战略、环境变化保持一致；员工对自身价值的认可；员工对数字化战略的认可；居安思危；能够成立虚拟团队；包容。

6. 数据维度

DMM 模型的数据维度包含数据治理、数据工程、数据价值实现 3 个子维度，累计包含 10 余项细分维度。例如，数据价值实现维度可细分为：数据驱动组织决策；具备从数据中萃取信息的能力；数据变现。

DMM 模型 30 个数字化转型战略 KPI 如图 10-2 所示。

客户

指标	单位	说明
CLV	$	客户生命周期价值（Customer Lifetime Value）是以客户在整个业务关系中预期花费为基础的按终身收益和服务客户的成本
NPS	#	净推荐值（Net Promoter Score）是根据客户愿意推荐公司的产品或服务来衡量客户满意度和忠诚度的指标
CHR	%	流失率（Churn Rate）是衡量客户终止与公司业务关系的指标
CAC	$	客户获取成本（Customer Acquisition Cost）是组织获取每个客户的平均费用
FRT	T	首次响应时间（First Response Time）是客户请求被初始响应直到客户服务代表花费直接参与人工支持的时间（持续时间）

策略

指标	单位	说明
ROI	%	投资回报率（Return On Investment）是显示客户在整个业务关系中的按投资收益或损失获取的成本百分比
RDI	%	数字投资所产生的收入（Revenue generated by Digital Investment）是衡量数字投资产生的额外收入
BAS	#	品牌亲和力得分（Brand Affinity Score）表示实际客户对品牌的总体感受
REP	%	与生态系统合作伙伴共同产生的一个或多个数字化生态系统整合合作伙伴共同提供服务所产生的收入占比
CSS	%	客户自助服务成功度（Customer Self-service Success）是衡量通过自助服务渠道成功完成或无须直接人工支持的客户请求的比例

技术

指标	单位	说明
DUJ	%	数字用户旅程（Digital User Journey's）是可以通过数字渠道完全通过无须人工干预的用户旅程的比例
AMP	#	应用市场绩效（App Market Performance）根据应用的总量、下载/安装的总量、评级的总数及用户的平均评价等指标来反映应用的质量和可用性
AoD	%	采用DevOps衡量组织内部运营和技术交付相关团队在采用DevOps（CI/CD）的程度
PAR	%	流程自动化率（Process Automation Rate）是流程自动化的比例
NCF	kg/人	净碳足迹（Net Carbon Footprint）是在一段时间内为每位客户提供服务的客户的碳排放量与吸收量之差

运营

指标	单位	说明
TTM	T	上市时间（Time To Market）是数字用户旅程了将新的产品或服务从概念变为对推向市场或有无须人工干预的所花费的时间
ART	T	平均响应时间（Average Response Time）是将结果提供给用户的请求所花费的时间
AUR	%	平均使用率（Average Usage Rate）是群中与数字渠道（网站、聊天相关工具）中采用数字产品的人数/或数字产品进行积极互动的用户人数占比
CTS	$	服务成本（Cost To Serve）是提供服务产品或客户的总成本的度量

文化

指标	单位	说明
INPS	#	内部净推荐值（Internal Net Promoter Score）是评估员工愿意推荐公司及其数字产品/服务的程度
DSN	%	所需数字技能匹配（Digital Match of Skills Needed）是衡量执行数字计划以执行所需技能的可用性
EES	#	员工工作评分（Employee Effect Score）衡量员工执行任务的难易程度
WDI	%	涉及数字计划的劳动力（Workforce involved in Digital Initiatives）是参与开发支持数字化的变更的总工作时间占比
TDI	%	数字计划的培训预算（Training budget for the Digital Initiatives）是分配用于数字计划的培训预算的百分比

数据

指标	单位	说明
EVDA	$	数据资产的经济价值（Economic Value of Data Assets）是拥有的所有数据资产用收入法评估的货币价值
DDI	%	数据民主化指数（Data Democratization Index）是指相关人员以其他们能够立即以可用格式访问的所需数据的平均比例
DI	%	数据完整性（Data Integrity）衡量的是组织所拥有的数据"适合目的"的每种数据类型的比例
RDM	%	数据货币化收入（Revenue from Data Monetization）是指从对外货币化数据资产获得的收入的总量
DCM	%	元数据所覆盖的关键数据资产（Key Data Assets covered by Meta-data）是对关键数据资产进行分类并使用元数据进行关联的百分比
CDR	%	符合数据法规和政策（Compliance to Data Regulations and Policies）是使用完全符合数据相关法规和政策的数据所占的流程百分比

说明	货币（参考）：美元	百分比	数值计算	时间（参考）：秒/分钟/小时/天	重量（千克）
	$	%	#	T	kg

使用30个战略关键绩效指标来调整组织的数字化成熟度

图10-2 DMM模型30个数字化转型战略KPI

10.1.3　适用场景

虽然众多研究机构都将"做规划定目标、建模型估位置、定路径做分解"作为数字化转型的"三步走"框架，但只有少数研究机构对"建模型估位置"这关键的第二步进行了系统解读。对比其他数字化成熟度模型，DMM 模型在视角、内涵等方面都更贴近电信运营商的实际情况，对运营商数字化转型现状评估、未来发展方向建议等有着较强的借鉴意义。

10.2　雷达图

10.2.1　提出背景

雷达图原是财务分析固表的一种，即把某企业的各项财务分析所得的数字，就其相对的比较重要的项目集中绘制在一个圆形的固表中，从而反映企业各项财务比率，使用者能一目了然地了解企业各项财务指标。雷达图主要应用于对企业经营状况——收益性、生产性、流动性、安全性和成长性的评价。上述指标的分布组合在一起如同雷达的形状，故而得名。

10.2.2　基本内容

制作"雷达图"首先要绘制 3 个同心圆，并将其等分成 5 个扇形，分别表示生产性、安全性、收益性、流动性和成长性。通常，最小圆圈代表同行业平均水平的 1/2 或最低水平；中间圆圈代表同行业平均水平，又称标准线；最大圆圈代表同行业先进水平或平均水平的 1.5 倍。在 5 个扇形中，从圆心开始，分别以放射线形式画出 5 ～ 6 条主要经营指标线，并标明指标名次与标度。然后，将企业同期相应指标值标在图上，以线段依次连接相邻点，形成折线闭环，从而构成雷达图。

就各经营指标来看，当指标值处于标准线以内时，说明该指标低于同行业平均水平，需要不断优化；若接近最小圆圈或处于其内，说明该指标处于极差的状态，也就是说企业经营能力不足，需要加强优化；若处于标准线外侧，说明该指标处于理想状态，企业具有一定优势，应充分发挥自身的优势并加以巩固。

10.2.3 适用场景

雷达图可以根据企业实际需要，选择指标进行全面分析，制作也比较简单，可以非常形象、完整、清晰且直观地展示评价维度与结果，具有指引经营"航向"的作用。

以运营商某省公司为例，聚焦创新合作、网格化运营管理、连锁化运营、数字化转型、资源倾斜、布局现状、渠道线上化、渠道泛在化、基础设备的数字化、产品服务的生态化等方面，为渠道转型工作提供坚实基础。图 10-3 为运营商某省公司现状调研问题类型数量分布雷达图。

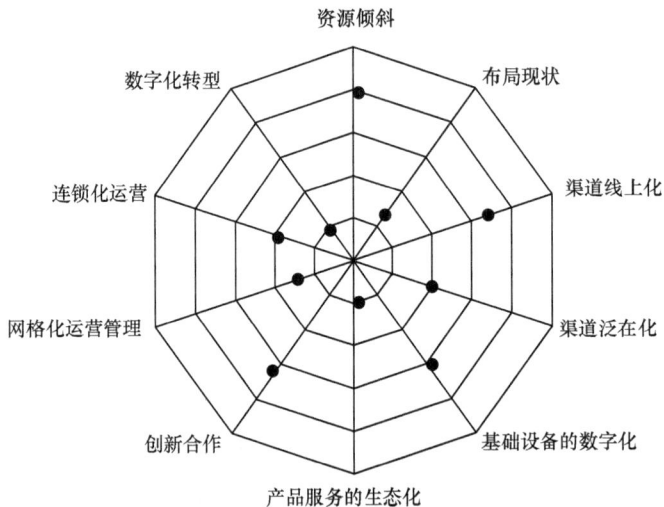

图 10-3　运营商某省公司现状调研问题类型数量分布雷达图（单位：次）

第五篇

献策篇：

数智化时代国有企业战略转型的路径指南

国有企业是我国经济发展的重要支柱，也是落实国家宏观政策、全面建设小康社会的重要力量。如何通过战略转型实现创新驱动、在市场经济大潮中占据有利地位，是我国国有企业必须积极探索实践的永恒课题。国有企业可参考本篇章在理论、方法、工具及策略4个方面的路径指南，加快转型升级实践，获得可持续的核心竞争力。

第 11 章
理论指南：数智化时代战略转型的底层逻辑及根本认知

11.1 数字化转型五大关键认识

数字化转型是一次战略再造，是一个长期化的系统工程，不能只看局部或者以偏概全，也不能只放在平面思维上，只侧重全面性，必须要考虑实施的路径、突破口、切口和抓手，循序渐进，由易到难，用不断迭代的成效来建立信心、统一共识和消除传统利益的藩篱。

11.1.1 数字化转型是战略再造

如图 11-1 所示，数字化转型是战略再造，是从定位、愿景、目标、价值主张等顶层设计，到能力、资金、设施等中层运营，再到体制机制、文化等底层保障的全方位的再造过程。

1. 顶层设计 - 价值重塑

以企业业务及管理各领域的数字化转型愿景和目标为单元，围绕企业核心价值主张，构成战略再造的第一层。该层的各业务要素通过数字化转型方法，构建并实现数字化转型愿景和目标，达成创新的或增强的企业价值主张。该层的再造

顶层设计

中层运营

底层保障

图 11-1　战略再造概览

由企业的高层管理者负责，他们的管理活动会产生企业层面甚至行业层面的转型影响力。

价值主张是企业价值创造的核心，是从企业价值的产生、传递到最大化的全过程体现。各类型的企业数字化转型，都将最终创新或强化企业的核心价值

主张，从而推动企业整体业务模式变革。核心价值主张决定了企业数字化转型的成败。

2. 中层运营 – 数据驱动

以各领域的数据需求和技术需求为单元，围绕核心数字资产，构成数字化战略再造的第二层。在该层将企业现存的大量数据进行数据资产化，并且进行数据的持续开发、管控及治理，通过各类技术手段全面支持企业的各项数字化转型愿景和目标的实现。

数字资产是中层运营的核心，有效建设和盘活企业的核心数字资产并辅以相应的数字化治理体系和技术，可以促进企业核心价值主张的增强或转型升级。也就是说，数字化转型的实现必须始终依赖并不断增强企业沉淀的核心数字资产。在数智化时代，没有数据、算法和算力，就没有业务的基石。数据的收集、整理和分析，以及针对不同业务场景部署的算法和算力，共同形成核心数字资产。

3. 底层保障 – 文化创新

以企业业务及管理各领域的数字化组织建设需求为单元，围绕转型创新文化，构成数字化战略再造的第三层。在该层通过具体的业务及管理的组织能力变革实现任务级数字化转型活动及阶段性目标。组织赋能强调整合、协作与流程化管理，并通过精心设计的组织架构和具备特定数字化技能的团队来赋能企业的价值创造与数据协同。

转型创新文化是底层保障的核心，是承接商业模式和数字化转型的重要载体，是支撑数字化转型的全部组织能力的重要黏合剂。一方面，转型创新文化的打造，源自核心价值主张和核心数字资产的驱动；另一方面，转型创新文化也是所有创新活动、创新流程、创新组织和团队创新力的集中展现。

11.1.2　数字化转型是系统工程

数字化转型是一个系统工程，从顶层的战略引领到底层的文化组织保障，需要各能力领域共同发力，以取得最优效果。除了要以全局性视角看待数字化转型外，关联性、综合性和最优性也非常重要，认识到这些关键特性才是推动数字化转型成功的核心驱动力。

1. 全局性：数字化转型的领域

如图 11-2 所示，数字化转型涉及方方面面，企业开展数字化转型应该重点关注 1+8 个方面。

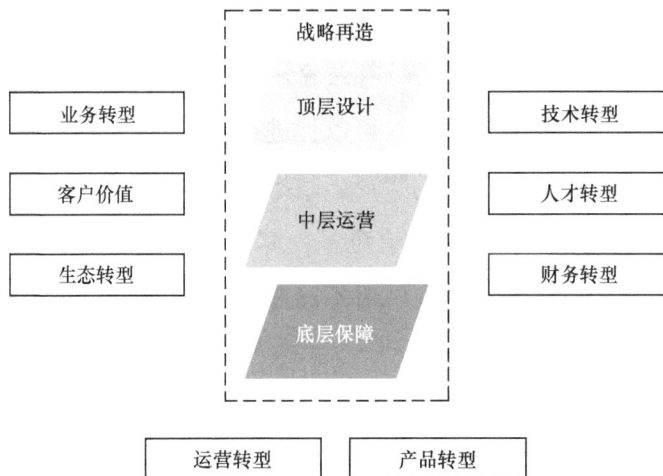

图 11-2　企业开展数字化转型应该重点关注 1+8 个方面

（1）业务转型。找到与新技术相结合的业务增长点，加大第二曲线投入，布局第三曲线。持续分析业务数据，创新商业模式，并从组织、资源上向转型业务部门进行倾斜。

（2）客户价值。以客户为中心进行业务设计，创造与客户直接接触的机会，收集分析行为数据，把产品和服务精准匹配客户需求，确保客户生命周期价值持续提升。

（3）生态转型。规划生态体系，制定生态建设中的技术与数据策略，构建开放协同的生态圈。

（4）运营转型。运用大数据、云计算、人工智能等数字技术，重新实施并设计数据共享、业务及管理响应等，重构流程，打通部门壁垒，着手打造高效、流畅的运营体系，提升组织运营能力。

（5）产品转型。利用数字技术为产品注入数字属性，提升产品和服务全生产环节的数字化能力，提供更符合用户需求的个性化产品和服务，并参考用户反馈的数据持续改进产品和服务，形成以产品为中心的反馈闭环。

（6）技术转型。明确技术在数字化转型中的核心地位，加快通用技术内化及与业务场景的充分融合，进一步通过技术促进产品与服务创新甚至商业模式变革，实现企业 IT 部门向利润中心转化，全面赋能各个业务部门的转型。

（7）人才转型。通过人力资源体系转型，打造高效的协作平台、协作系统及完善的人才发展网络，共同为员工的创新力赋能，培养更多具备数字化转型意识与能力的人员。

（8）财务转型。基于数字技术建立敏捷财务价值体系与投资并购体系，为业务部门提供深入的数据见解，参与数字化产品的设计和创新，成为新产品、新业务的财务分析专家和业务发展顾问。

2. 关联性：数字化转型的互促

数字化转型的过程就是 8 个方面协调互动，生产力变革与生产关系变革相辅相成，价值体系优化、创新和重构，不断创造新价值，打造新动能的过程。8 个方面围绕 1 个主轴，基于数据驱动快速转型，最终实现企业基业长青。数字化转型的互促概览如图 11-3 所示。

3. 综合性：数字化转型的推进

从不同的实现目标来看，数字化转型有 3 条推进主线，但是 3 条主线之间并非泾渭分明，而是相互作用、相互促进的，最终必然会出现从点到面、全面开花的态势。数字化转型的综合推进如图 11-4 所示。

企业基业长青

价值重塑
定位价值转型的方向

业务转型　　　　　　　　　技术转型

客户价值　　　　　　　　　　　人才转型

数据驱动
提升价值创造的效率

生态转型　　　　　　　　　　　财务转型

运营转型　　　　产品转型

文化创新
提供价值创造的动力

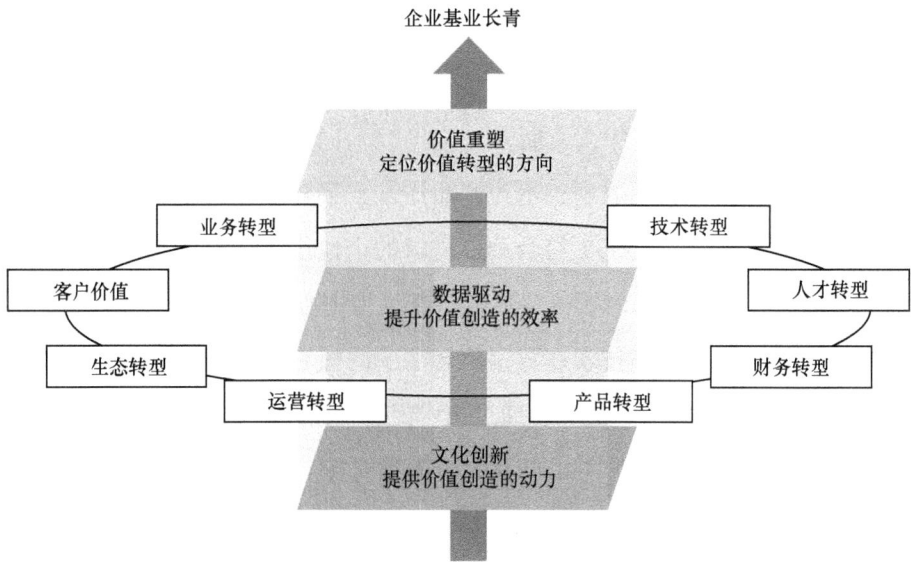

图 11-3　数字化转型的互促概览

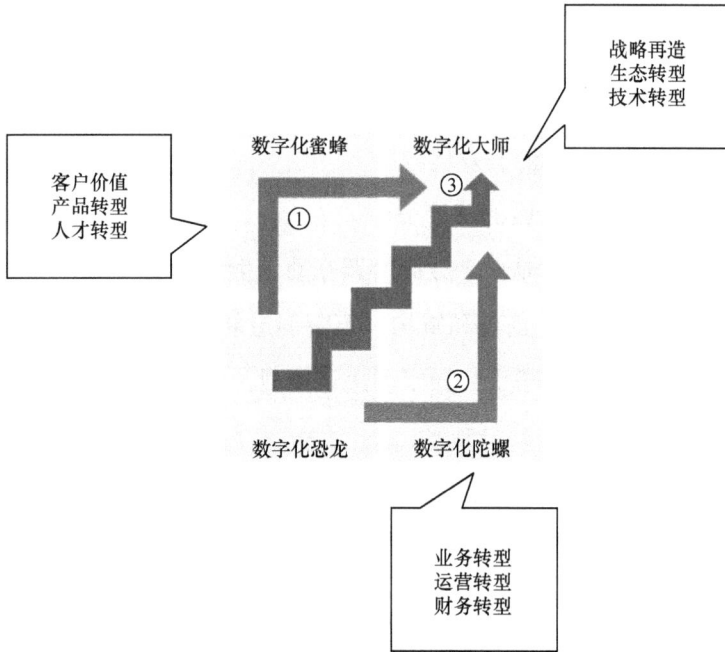

战略再造
生态转型
技术转型

客户价值
产品转型
人才转型

数字化蜜蜂　　数字化大师

①

③

数字化恐龙　　数字化陀螺

②

业务转型
运营转型
财务转型

图 11-4　数字化转型的综合推进

（1）转型主线一：数字化蜜蜂

聚焦所形成的竞争优势，最直接的结果就是客户能够获得最好的产品和服务。如今，绝大多数客户都已转变成为数字化客户——就算是实体消费，也会使用手机对某个品牌进行在线"研究"，如口碑如何、性价比高低等，消费完成后还可以分享自己的体验。在数字化时代，谁能运用技术为客户提供超出预期的产品和体验，谁就能赢得更多的客户。除了客户体验，员工体验也很重要。

具体到 1+8 方面，数字化蜜蜂这一数字化转型主线主要集中在客户价值、产品转型和人才转型 3 方面。

（2）转型主线二：数字化陀螺

数字化陀螺的目标是实现降本增效，这也是大多数企业进行数字化转型的原动力。通过人与机器的重新分工、协作，推动企业内部数据和外部数据的积累、互联和分析，将业务流程自动化、专业工作智能化，大幅减少非必需的低效率事务，优化效率，从而实现降本增效。

具体到 1+8 方面，这一数字化转型主线主要集中在业务转型、运营转型和财务转型 3 方面。

（3）转型主线三：数字化大师

在数智化时代，企业无论是希望推动主营业务的模式、流程发生根本性变革或是通过收购新技术和新业务来修正原先的核心价值主张，还是对原有业务进行局部改造来强化原先的核心价值主张，融合创新都是贯穿始终并增强差异化竞争优势的关键。

具体到 1+8 方面，数字化大师这一数字化转型主线主要集中在战略再造、生态转型和技术转型方面。

4. 最优性：数字化转型的切入

正如在数字化转型的推进中提到的，数字化转型推进的各条主线是综合影响、以点带面多维发力的，这就意味着无论企业以 8 个方面中哪方面作为切入点，只要实现数字化转型目标最优即可，这里引入"新木桶理论"进行解释。

新木桶理论就是在原来的木桶理论基础上诞生的，木桶理论关键在于木桶装多少水取决于短板的长度，但是新木桶理论则是从多方面考虑，比如将木桶倾斜后，倾斜面的木板越长就能装下越多的水。新木桶理论示意如图 11-5 所示。

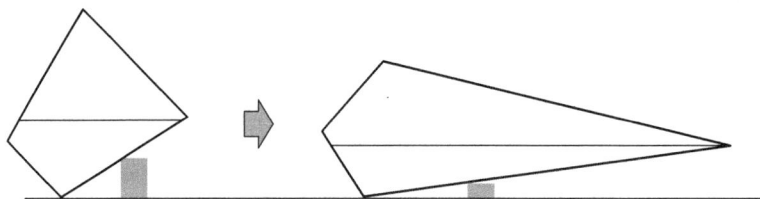

图 11-5　新木桶理论示意

如我们熟悉的星巴克，其数字化转型之路是从长板领域客户价值这个"点"出发的，通过对新型社交媒体的探索及"专星送""啡快"等试点数字化产品的推进，在数字化蜜蜂这条主线取得了阶段性成功。同时，通过与阿里巴巴集团达成战略合作拓展新的零售生态，星巴克的数字化转型已进入全面开花的阶段，朝着积极的全局式转型前进。

11.1.3　数字化转型是闭环演进

数字化转型不是一蹴而就的，而是不断闭环演进的螺旋上升的过程。数字化转型路径循环如图 11-6 所示。

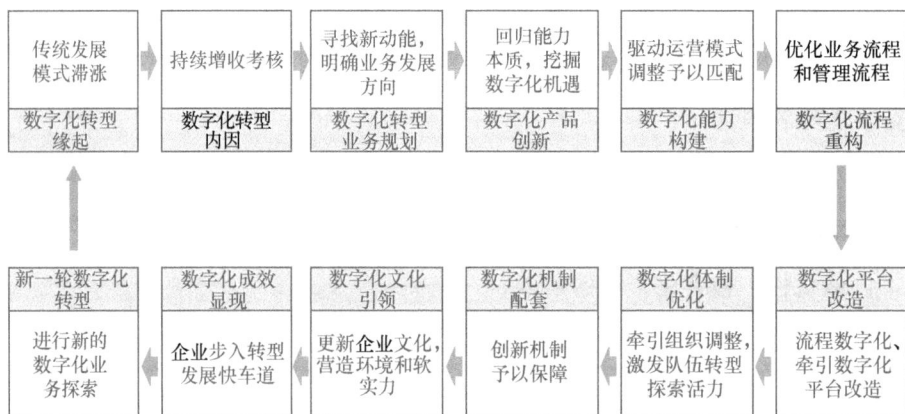

图 11-6　数字化转型路径循环

1. 数字化转型缘起：传统发展模式滞涨

10 年前，企业还在谈论信息化，但在过去几年，数字化逐渐取代了信息化。从宏观环境来看，中国经济的增长速度正在放缓，所有行业都将进行重大调整；从中观环境来看，随着智能化程度的提高，产业竞争加剧，产业间差距增大；从微观环境来看，一方面企业产品和服务同质化越来越严重，创新和技术的突破越来越难；另一方面用户知晓的信息越来越丰富，因此要求也越来越苛刻。宏观、中观、微观3 层环境的变化使得企业按照传统的发展模式获得同等价值，必须寻求转型突破。

2. 数字化转型内因：持续增收考核

国资委修订出台了《中央企业负责人经营业绩考核办法》，于 2019 年 4 月 1 日开始实施。新的考核办法着眼于新发展理念，进一步突出效益效率、创新驱动、实业主业、服务保障等考核导向，着力引导中央企业提高发展质量，加快成为具有全球竞争力的世界一流企业。

为了引导中央企业更好地落实新发展理念，实现高质量发展，国资委从系统的角度优化了目标管理，突出质量第一、效益优先，适应质量变革、效率变革、动力变革要求，着重考核企业净利润、利润总额、资产负债率、营业收入利润率、研发经费投入强度等指标，以实现量的合理增长和质的稳步提升。

3. 数字化转型业务规划：寻找新动能，明确业务发展方向

在现行模式无法带来收入增长的情况下，国有企业需要加快提升对以基础业务为代表的"第一条曲线""第二条曲线"，布局"第三条曲线"。

查尔斯·汉迪（Charles Handy）在他的《空雨衣》（*Empty Raincoat*）一书中提出了著名的 S 曲线理论，他发现行业的发展都不是沿着直线前进的，而是沿着 S 曲线蜿蜒前行。汉迪说道："行业不断增长的秘密在于，赶在第一条 S 曲线逐渐消失之前，开始一条新的 S 形曲线。"S 曲线更替过程是行业发展的机会，也是行业震荡最危险的时刻。以电信运营商为例，站在 2015 年的时间节点可以看到 3 条曲线：以语音、短信、彩信等业务为主的人口红利曲线（2009年以前）、以视频和数据业务为主的流量红利曲线（2010—2015 年）、以家庭

互联网和产业互联网为主的数字红利曲线（2016年至今）。站在2022年的时间节点，3条曲线已经变成以视频和数据业务为主的流量红利曲线（2010—2015年）、以内生要素融合为主（如家庭市场的融合业务和产业互联网的网+云+X）的数字红利曲线（2016—2021年）、以内外生态融合为主（叠加更多能力应用型和服务型的业务）的数智红利曲线（2022年至今）。

4.数字化产品创新：回归能力本质，挖掘数字化机遇

如果寻找新动能的过程是明确国有企业未来发展方向的旅程，那么开展数字化产品创新则是将原子能力和业务贯通的过程。数字化产品创新组合如图11-7所示。

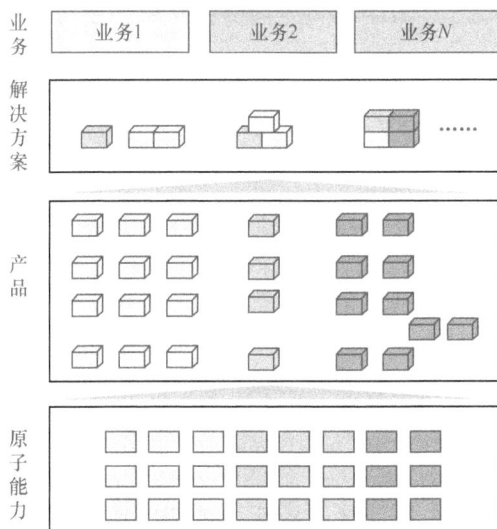

图11-7 数字化产品创新组合

（1）原子能力要模块化

原子能力是产品价值的组成单元，组成产品的各类功能模块、资源、服务均属于该产品的原子能力，如机房、运维能力、大数据技术等内部原子能力及权益等外部原子能力。

（2）产品要标准化

基于行业共识及运营商市场销售范畴，为区分产品与解决方案，产品特指可标准化的被出售对象。

（3）解决方案要一体化

依托于国有企业及产业链合作伙伴的平台能力和资源，将企业或生态伙伴的产品及服务进行组合包装后，为客户提供满足其个性化需求的定制化服务。

（4）业务服务于企业战略

业务是企业经营的领域板块，是企业内部某些生产经营活动或资产的组合。

5.数字化能力构建：驱动运营模式调整予以匹配

如表11-1所示，数字化转型是一个典型的DevOps模式，运营在其中起到

迭代发动机的作用，"三分建设七分运营"的表述毫不为过。运营模式一般包含 5 个层面的内容，包括行政管理层面的内容、销售层面的内容、生产层面的内容、技术层面的内容及资金管理层面的内容。运营模式主要是关注企业内部资源如何更好地进行整合，从而能够更好地提升企业运行效率、更好地降低成本、更好地提升企业满足客户需求的能力。随着数字化产品创新的持续深化，运营模式也在不断演进。

表 11-1　运营模式调整构建数字化能力的分阶段演进

模式	随机模式	计划模式	主导模式	自驱模式
行政管理层面	由业务部门驱动	经营决策机构设置数字化团队制订推进计划	经营决策机构设置数字化团队制定数字化战略	各单元自驱式推进数字化
销售层面	数字化为非常规业务，活动式推进	分为数字化业务和非数字化业务，针对性推进	数字化为常规业务，线性推进	业务全面数字化
生产层面	关注效率和效能，销售推动	关注效率和效能，计划推动	关注效率和效能，数据驱动	关注效率和效能，与外部生态共创
技术层面	自动化技术、信息技术等	互联网技术、信息技术等	数据科学、创新和快速设计原型、信息技术等	量子计算、人工智能、物联网技术、信息技术等
资金管理层面	开展大规模但非线性投资	制订计划并分类投资	投资数字化工程	引入外部资本

6. 数字化流程重构：促进业务流程和管理流程优化

重构必须基于对业务价值链的思考，但不拘泥于现有的组织架构来看业务链条，即思考在全在线的数字化场景中如何开展业务。重构的思考过程要有决心促进业务流程的合理重组，厘清系统边界，以实现高质量和高效率的业务发展。

数字化流程重构可以被认为是数字化转型的基础，是提高生产效率和市场竞争力的有效途径。数字化产品的构建和运营模式与传统产品完全不同。因此，发展数字化业务既要与传统企业的各种资源相结合，又要具备独立的销售、生产流程、管理方式和激励机制，这是数字化业务能否在传统企业的土壤中生存的关键。

7. 数字化平台改造：流程数字化牵引数字化平台改造

在华为公司的描述中，流程数字化定位为"支持业务的快速增长、对客户需求更敏捷地反应及实现资金流、现金流和物流可视的决策"。在理论界，流程数字化是指企业使用数字技术支持新的业务流程或补充现有活动或流程[55]。流程数字化通过引进数字技术，最终实现生产、管理和销售等各个层面的数字化。阿纳特·巴尼尔（Anat Barnir）等人[56]通过研究发现，基于互联网的流程数字化提升了企业战略创新，降低了企业生产成本，上述效应在新创企业和大规模企业中更加显著。随着技术发展与实践，传统企业开始借助移动互联网、平台的流程数字化进行改造，从而促进企业能力的提升。最新的流程数字化研究强调了数据的重要价值，认为基于数据的流程数字化不仅有利于减少企业生产成本，而且提升了消费者的下单意愿[57]。无论使用何种数字技术，企业流程数字化常包括对产品开发流程、顾客营销流程、企业间供应链流程等的重新设计和整合，使它们具有模块化、分布式和跨职能属性，使企业内员工工作能够突破时间、距离的限制。从数字化流程重构到数字化平台改造如图 11-8 所示。

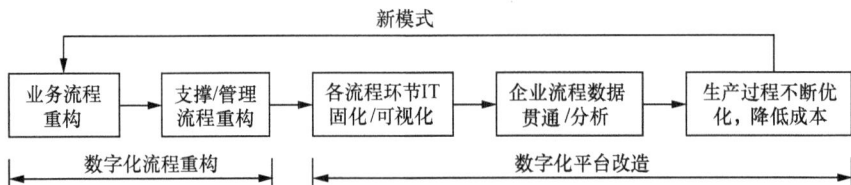

图 11-8 从数字化流程重构到数字化平台改造

以工业制造业为例，在服装企业内部价值链重构中，新技术、新应用、新设备的应用面临大量标准统一与数据畅通的改造问题。跨境电商企业希音从痛点出发，采用"小单快返"的方式，打造出色的供应链管理和自建流量池与平台入口，解决工厂和品牌方的两难问题。以解决服装制造业供需矛盾为出发点，通过数字技术构建柔性制造基础设施，构建云端生产智造、供需精准匹配的服务能力。这些企业将传统行业经验与数字技术相结合，实现企业乃至整个产业链降本增效。

8. 数字化体制优化：牵引组织调整，激发队伍转型探索活力

大多数人都听说过"摩尔定律"，这一定律是由英特尔（Intel）联合创始人戈登·摩尔（Gordon Moore）于 40 多年前提出来的，该定律的提出奠定了数十年来的创新发展节奏。乔治·韦斯特曼提出一个全新的定律，称之为"数字化转型第一定律"或是"乔治定律"，总结起来就是：技术变化很快，但组织变化却慢得多 [58]。

在实践中，组织的数字化也是数字化转型的保障，数字化转型不仅需要技术，而且需要组织管理来保障。如果"事"和"物"的数字化逐步进入固化阶段，但"人"的组织结构形态和关系模式是另外一个不相干的领域，那么就会出现各类系统实际利用率低的现象。当前，随着竞争环境的变化加剧，组织的动态性和复杂性逐步提升，各类动态协同的组织形态和工作岗位轮替逐步增多，让人简单服从事和物，采用"削足适履"的办法来保障数字化建设，显然不能满足当前的企业发展需要。未来，随着组织形态的进一步变化，大量的员工不再是基于流程工作，而是基于目标来工作；事和物终究是要去赋能人，而不是固化和阻碍人。

制造业巨头通用电气公司（GE）在向数字化物联网平台转型的过程中所面临的各种困境都不是因为技术问题造成的。通用电气公司在物联网和机器学习方面积累了深厚的专业知识，并提出了许多很有吸引力的新想法，如数字孪生概念。然而，通用电气公司没有解决数字化与传统部门之间的协作问题。这一问题不仅阻碍了产品开发，同时还对销售过程造成极大的挑战。2017 年，随着数字化业务销售增长缓慢、传统业务销售滞后及数字化方面持续的高投资，通用电气公司 CEO 杰弗里·伊梅尔特（Jeffrey Immelt）于当年年底离职。

在数字化转型过程中面临各种组织结构挑战的并非只有通用电气公司。这些挑战在每个行业内都会发生，而且多年来已经发生过多次，即使是在电商发展的早期阶段。许多企业的传统业务与数字化业务的员工无法相互配合，激励问题使传统部门的员工将精力更多地放在自己身上，而不是集中在数字化创新

或数字化和传统交互的混合体上。虽然强有力的愿景能够创造出动力，但组织和激励问题会成为转型道路上的阻碍。解决这些组织问题需要企业经过反复沟通，并建立清晰的激励机制。

9. 数字化机制配套：创新机制予以保障

在数字化转型的过程中，关键是要处理好传统业务与创新业务的关系，这就涉及面向新老业务的资源配置机制、承接新老业务的组织/人员的考核评价机制及激励分享机制，我们称之为"机制配套三角形"，如图 11-9 所示。

（1）资源配置机制

资源向创新领域倾斜。即使在确定数字化战略方向并将数字化转型放在首位的背景下，企业仍面临资源如何在传统业务及创新

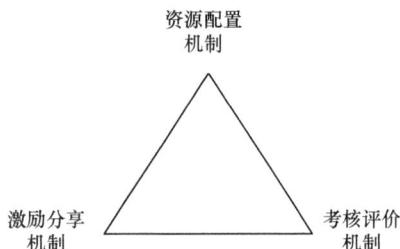

图 11-9　机制配套三角形

业务之间配置的矛盾。一是传统业务规模占比仍比较大，在业务曲线更迭的过程中需要保持稳定；二是创新业务虽然增速快，但是规模小，能否通过资源的倾斜实现"第三条曲线"取代"第一条曲线"，甚至取代"第二条曲线"，仍是未知数。

（2）考核评价机制

技术部门与业务部门平等。明确了资源配置的导向之后，就需要思考技术与业务有效匹配的问题了，包括到底以技术为核心还是以业务为核心，绩效考核以业务部门为主还是以技术部门为主，如何将两者有效组合起来，等等。

以平安集团为例，它的机制保障就是科技与业务同等重要，并且在进行绩效考核时，将业务部门和技术部门团队组合起来进行整体考核。现在平安集团已将金融与科技并列，并通过成立科技公司，做到了科技部门和业务部门的平等，而不再把科技部门作为一个辅助部门。平安集团的科技不再是成本中心，而是价值创造中心。科技也不仅仅是为业务赋能，更重要的是要产出价值，甚至可以说是要帮助科技产生价值。

（3）激励分享机制

打造利益共同体。有资源在新旧业务的配置，就会有价值在转型需要的人才和现有员工之间的分配矛盾。企业在引入新人才时需要平衡新人才与老员工的关系。

10. 数字化文化引领：更新企业文化，营造环境和软实力

在上面的数字化机制优化中，提到了面对新旧业务、资源、组织、人员等如何通过机制优化促进两者兼容，打通利益。数字化文化引领除了提高领导层数字化和员工数字化的意识，逐步营造数字化转型企业氛围之外，最关键之处在于形成数据驱动企业各类决定的思维模式、决策模式。要将以往依靠少数人的经验判断转向更加依靠数据来做决策，领导层和员工要相信数据和依靠数据，甚至完全信任系统的指示，这也是一个文化的变革。

11. 数字化成效显现：企业步入转型发展快车道

从行业来说，即使是精通数字技术的行业，例如高科技、媒体和电信，也都在挣扎。在这些行业中，成功率不超过26%。在石油、天然气、汽车、基础设施和制药等较为传统的行业中，数字化转型更具挑战性，他们的成功率仅在4%～11%。

在判断数字化转型成功与否方面，近些年存在一个非常重要的趋势，那就是对于企业转型成功的评价标准正在悄悄发生变化。过去通常把通过数字科技的能力产生业务价值作为评价成功的核心指标，如转型／创新业务收入增速、规模、占比、毛利等。随着数字化转型的不断深化，企业开始越来越多地关注一个新的非财务类指标——创新的速度。一个企业如果每天能比它的竞争对手发现更多的客户需求、降低成本的新方法，以及提升运营效率的新思路，那它将更有机会在市场上获得成功。

12. 新一轮数字化转型：进行新的数字化业务探索

至此，企业数字化转型已经完成阶段任务，其中战略是指引，数据是基础，产品是关键，平台是依托，考核是驱动，流程是保障，人才是根本，组织是载体。即将开展的新一轮数字化业务探索会面临何种问题、面对何种升级，都不得而知，国有企业应以更开放的心态接受未知的挑战。

11.1.4 数字化转型是全面驱动

数字化转型是一个循序渐进的长期变革过程，不是一个短期项目或计划，因此需要充分调动全员参与，各业务、各职能部门在这一过程中都要找到属于自己的转型角色。从纵向上看，需要从上至下和从下至上推进战略再造；从立体上看，需要内外结合推进数字化转型；从内外来看，需要外部顾问和内部领导团队联合推进。数字化全面驱动概览如图 11-10 所示。

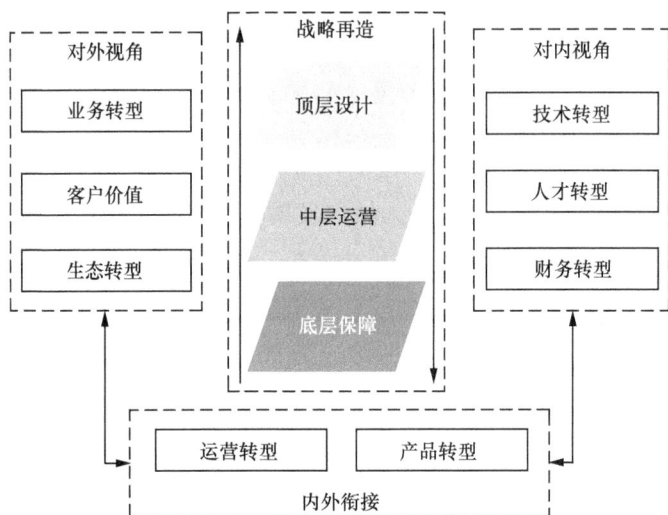

图 11-10 数字化全面驱动概览

1. 纵向看驱动

（1）从上至下

注重顶层设计。成功的转型必须得到高层管理者的重视，从第一层的业务模式讨论和转型目标的确认，到第二层的数据协同实现运营模式的内部动员，再到第三层的组织文化的展现和落地，可以说，企业的高层管理者、中层员工与基层员工都要从自己的转型角色出发，自上而下地去落实转型的路线图和目标。

（2）从下至上

在推动数字化转型的具体执行进程中，来自内部的支撑也同样重要。组织通过大胆的探索与实践，进行业务和管理活动的场景创新，实现降本增效或管理与业务的融合，同时在实践中积极复盘和总结，反馈至第二层的数据协同与第一层的价值创造。

2. 立体看驱动 [59]

至今仍有不少企业将数字化转型定义为企业技术部门的数字化改革，很多CIO（首席信息官）或CTO（首席技术官）收到了管理层关于转型的通知，就开始了一系列的IT建设与改进，却苦于得不到业务部门的配合；也有不少企业将数字化转型认定为企业战略层面的改革，于是CSO（首席战略官）牵头在顶层展开了数字化转型的规划，但落地时却发现与业务部门的使用场景脱节，或者超前的规划无法在技术上落地。

因此，企业必须清楚地认识到，数字化转型的全过程会有大量利益相关者介入，这场数字化转型之旅不仅仅是顶层战略再造或者IT架构升级，也不仅仅是人力资源部门的组织架构调整或者营销与产品服务的数字化策略。数字化转型涉及的角色不仅包含企业内部所有业务部门和职能部门，还包含企业生态体系中所有的合作伙伴。

在这样的前提下，又可以从立体的3个角度去看：

对外的视角：业务转型、生态转型、客户价值；

对内的视角：财务转型、技术转型、人才转型；

内外的衔接：运营转型、战略再造、产品转型。

在这样的1+8的紧密配合、协同发力下，组织才能完成全面的数字化转型。

3. 内外看驱动

由于数字化转型是一件非常复杂和系统的事情，企业内部原有的经验很难指导全部实践，因此需要外部顾问的介入。

外部顾问的职责是传授有关数字化转型的知识，并带领内部领导团队一起制定一套完整的解决方案。他们的优势在于了解转型的知识，有丰富的数字化转型实践经验；他们的缺点是不如企业高层领导了解行业的情况，尤其是企业的真实情况，更重要的是，他们不是方案的执行者，因此需要企业高层领导的协同和帮助。

内部领导团队是方案的共创者和执行者。他们的优势是熟悉所在的行业和企业，而且他们是真正的方案执行者。没有内部领导团队的参与，方案将很难真正符合企业的实际情况。企业的数字化转型需要外部顾问和内部领导团队联合起来，不断优化解决方案，并确保方案落地。

11.1.5　数字化转型是颠覆创新

1. 经验时代结束，创新时代来临

在 VUCA 时代的大背景下，经验时代结束，创新时代来临。中国企业的经营，开始了边观察、边分析、边决策、边试验、边验证、边调整的创新发展时代。

这样的创新发展渗透到企业的方方面面，不仅是战略层面，产品、营销、运营等各项工作都需要面对这样的要求。而仅仅依靠人力是跟不上这样的要求的，这就需要数字化智慧一起应对，建立创新发展的能力，从而产生竞争力。企业需要提升创新力，而数字化升级则相当于与"提升创新力"配套的硬件升级。它能够让边观察、边分析、边决策、边试验、边验证、边调整的创新循环更高效、更细致、更精准。

2. 创新三层面—思维是根本

创新从外在到内核依次分成 3 个层面：创新成果、创新行为、创新思维。顾名思义，已经得出来的创新就是创新成果；产生创新的行为就是创新行为；创新行为背后的思维就是创新思维。企业仅仅做数字化升级，停留在创新的表层循环，就容易陷入低水平重复。

数字化系统在其中的定位和作用是什么呢？它是创新行为与创新成果二者循环的催化剂。创新行为和创新成果之间的循环，其实就是我们尝试的迭代。数字化系统能够大大加速迭代。然而，企业的创新力仅仅停留在这两者的循环，并没有形成核心竞争力，只能暂时让企业不落后，但不能带来领先。比如，电商平台虽然可以应用数字化系统，建立千人千面的界面。但是，很快所有的电

商平台就都有千人千面的界面了，这并不能形成某个电商平台的核心竞争力。

创新最内核的层面是创新思维，也就是决定行为的内在思维。创新思维决定创新是如何思考出来的，而创新行为是改变与创造。经验、复制、模仿、归纳等，这些由过去要素决定未来做法的思维都不是创新思维。那么，从思维来定义，创新就是独立的、有前瞻性的、逻辑演绎推理的思维，即"以独特的视角看问题""以发展的眼光看问题""以侦探般推理来分析问题"。

创新思维、创新行为和创新成果 3 个层面之间，是相互影响的循环关系。创新思维引导和决定着创新行为；创新行为产生有价值的创新改变，产出创新成果；创新成果是创新思维的动力，也给创新思维以实践反馈。数字化系统作为硬件系统，实际上是加速了这个循环关系，让人们可以集中精力在创新思维上，去创造更大的价值。

在 VUCA 时代，企业的动态生态位会不断变化和演进，原来生态位很弱小的企业可能在动态发展中越来越强，原来生态位占优的企业也有可能跟不上时代而逐渐衰弱。在这样的环境下，决定着企业在动态发展中能否掌握主动权的底层能力，就是创新思维。

11.2　数智化时代对战略范式的要求

工业时代形成的战略框架建立在相对稳定的市场和经济结构之上，所用的模型和理论已经很难解释动态变化及当前的时代特征。传统的企业战略制定过程，是通过一个成型的架构，结合市场数据和企业的目标进行任务的计划和分解，配套对应的资源，并且形成完备的绩效考核体系。然后，企业将战略重点工作下发至各个部门或子公司，各个部门或子公司在这个基础上进行战略分解，这种漫长的战略规划制定过程与转型变革脱钩[60]。

面对这个变化的时代，我们需要有一些新的思考，甚至应该采取新的战略范式。我们需要从当下学习以及从当下与市场同步的洞察中获取创意，并且做出适合当下的决策，这是战略范式的根本转变。这个转变需要我们放弃漫长的战略规划流程，采用更为敏捷的方式寻找企业未来发展的方向。

11.2.1　持续学习

企业要建立一种迭代式学习的思维，要崇尚一种边干边学的务实的战略执行方式，让战略执行成为产生下一步智慧的源泉。

迭代式的学习方式并不是漫无目的地执行，它有赖于企业清晰的愿景和明确的价值观。但是在愿景和价值观的驱动下，每一个正确的步骤并不是来自理论推导，而是来自在实践中持续的探索和优化，这一过程就是迭代和持续学习的过程。

持续学习是不断纠正错误的过程。通过这样一个过程，组织里的每个成员可以持续进步，并且将战略体系变成每个人都可以学习和实践的基本方法论，而不再是高高在上的理论体系。

11.2.2　愿景驱动

创新型企业更愿意在愿景和价值观的驱动下，走好当下的每一步。他们在每一步都会做出正确和可预测的结果，然后以此为基础学习如何做得更好，这是一种边做边学的方法。在这个过程中，企业会了解什么是有效的，什么是需要摒弃的。因此，他们不关心理论，而是关心当下实践的结果。它们通常对行动有强烈的偏好，在行动中检验他们的决策并不断优化，这种持续的迭代学习正是他们成功的基础。

对于企业来说，重要的是通过改造和重塑过去的传统战略范式，确定真正适合业务并产生价值的核心要素，同时摒弃在企业战略发展过程中变得繁重且不太有用的方法和流程。

11.2.3　群体智慧

我们需要促进团队合作的文化，在这种文化中，一线生产人员的观点尽可能地融入战略决策。一线生产人员的智慧甚至来自客户，智慧的共创将成为战略决策的基础，从而打破企业内部的层层传递的决策体系，重振脚踏实地、务实工作的创业精神。

更重要的是，要让一线生产的真实情况不断反馈到决策过程中，快速反馈，形成决策和执行的循环。在理想的情况下，我们希望看到能够快速、有效地反映市场真实情况的实时决策。让这种扁平化、实时的群体智慧取代过去冗长、复杂、无限延迟的决策。

11.2.4　反馈赋能

应注意及时向参与战略的所有人员提供反馈。反馈提供者通常是战略参与者和实施者的领导者，应及时反馈被观察者的行为、能力和结果，告诉他们哪些方面做得好，哪些方面需要改进。

11.2.5　领导力

一个组织真正需要的不是一个首席战略官，而是一个战略变革团队，它需要理解变革需求、制定变革策略、实施变革、保持变革持续发展。变革不是一蹴而就、一劳永逸的，因此，这个团队应该随着企业的战略变化动态地设置，同时团队成员应该来自前端业务部门，与企业的战略变革相关的业务变革紧密地结合在一起，这样才能带来真正的企业变革的实效。

11.2.6　定期评价

除了个人反馈外，组织还需要及时评估整个运营体系。在评估过程中，可以发现运营体系和组织能力的缺陷。这种评估可以每季度进行一次，配合周例会能产生更加有效的洞察力，并且能在系统层面和核心能力层面进行更改，从而使组织的战略实施更有目的性和落地性。

第12章
方法指南：数智化时代国有企业战略转型方法论

上一个工业时代所形成的战略框架和战略范式已不那么契合当下社会发展，新时代呼唤新的战略范式。基于上一章对数智化时代战略范式的六大要求，本章提出四步走"Idea^u"战略方法论，仍沿用传统战略管理的环境分析、顶层规划、分解执行、闭环评估的步骤，形成洞察分析、共识转型、快速执行、评估迭代四步，同时考虑数智化时代的非线性、动态性特点，在推进四步走的过程中采用团队共创的敏捷迭代的方式，不断推进企业数字化转型螺旋上升。四步走"Idea^u"方法论总览如图 12-1 所示。

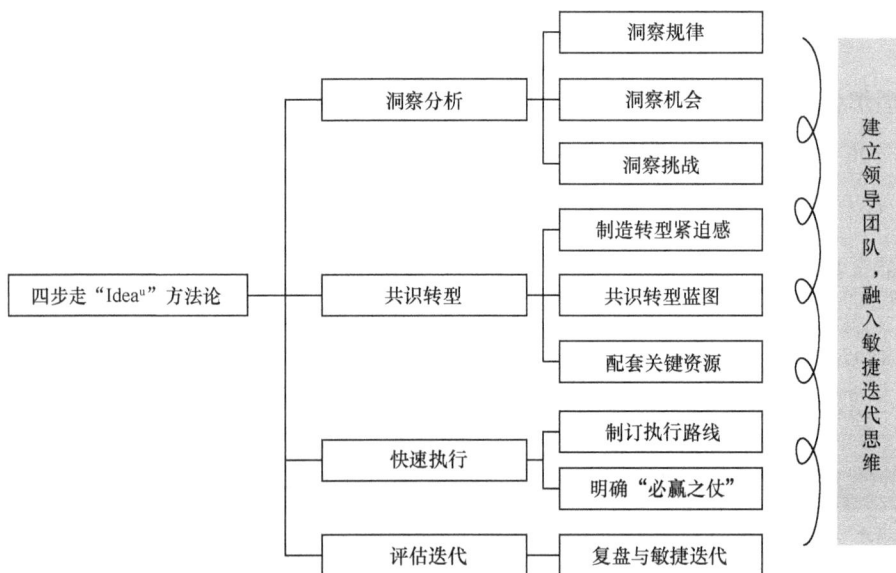

图 12-1　四步走"Idea^u"方法论总览

新的战略方法论与传统战略方法论在步骤上没有本质上的差异，均是首先判断趋势，做出行动；其次明确企业宗旨，做出优先级决策；然后再组织绩效管理，将战略落实为绩效方案。其本质上的区别在于战略新范式融入敏捷迭代的思维，运用工作坊的形式将漫长的战略规划—执行—评估长周期（一般为半年到一年）拆解成更短的周期，并且通过在工作坊中不同层级密集的沟通及氛围的渲染实现每个短周期的目标，在此基础上不断迭代升级。四步走战略转型方法与传统战略转型方法的差异如图 12-2 所示。

传统战略转型方法	四步走战略转型方法
受技术或业务趋势驱动	由市场需求和客户行为驱动
固定的结构与推进节奏构成的管理体系	基于企业基础设计定制化的战略管理体系
由上至下推进	跨专业协作的推进与氛围
制定刚性目标	探索与迭代推进
一锤定音	各阶段滚动评估与优化

图 12-2 四步走战略转型方法与传统战略转型方法的差异

12.1 第一步：洞察分析

洞察分析是整个战略的逻辑起点，旨在帮助企业识别市场机会，明确发展方向。洞察分析实质上是建立对未来市场和产业发展的基本假设，为战略定位、路线设计指明方向。洞察分析概要如表 12-1 所示。

表 12-1 洞察分析概要

为什么：洞察分析结果构成了推进数字化转型的基础，是整个战略的逻辑起点，建立对未来市场和产业发展的基本假设，为战略定位、路线设计指明方向
如何做：洞察规律、机会与挑战，在转型变革过程中予以考虑
输出物： ◆ 规律分析三察三看 ◆ 机会分析结果 ◆ 竞合分析结果 ◆ 外部环境分析小结

洞察分析遵循"洞察规律—洞察机会—洞察挑战"3 个步骤，建立战略的

基本假设：

- 洞察规律：洞悉本质规律，抓住企业所处发展阶段的趋势；
- 洞察机会：发现机会窗口，定位战略聚焦领域；
- 洞察挑战：发展具有竞争优势的业务，补齐战略短板领域。

3 个步骤有着强大的分析逻辑，横向范围上吸收了 SWOT 分析框架的精髓，纵向层次上涵盖了宏观、中观、微观，帮助企业明确战略指向的问题，聚焦战略靶心。同时，这也是一种结构化的思维方式，有着广泛的应用价值。

12.1.1 洞察规律

洞察规律是洞察分析的首要工作，吸收了 PEST 框架而提出"察三侧"——环境侧、区域侧、供需侧，对企业所处阶段进行全方位的研判，奠定洞察分析的基调。洞察规律的主要任务是"三察三看"，即通过察环境侧看发展大势，察区域侧看核心禀赋，察供需侧看产业趋势，目的是描绘阶段图并定位企业所处阶段，为洞察机会提供有效输入。洞察规律结构如图 12-3 所示。

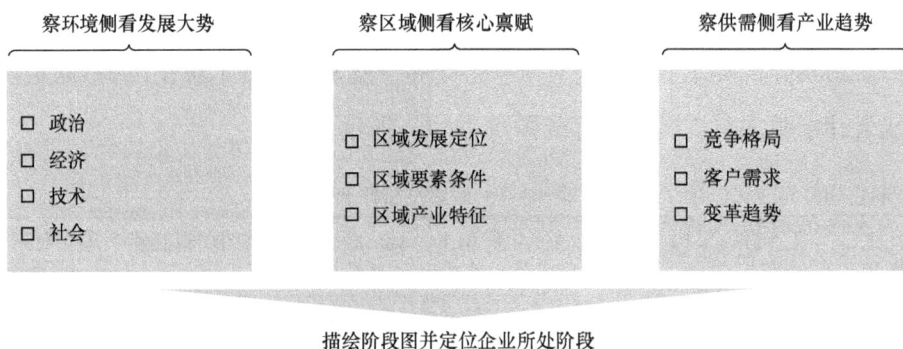

察环境侧看发展大势	察区域侧看核心禀赋	察供需侧看产业趋势
□ 政治 □ 经济 □ 技术 □ 社会	□ 区域发展定位 □ 区域要素条件 □ 区域产业特征	□ 竞争格局 □ 客户需求 □ 变革趋势

描绘阶段图并定位企业所处阶段

图 12-3 洞察规律结构

1. 环境侧

环境侧重点分析对行业和企业具有战略性影响力的各种宏观力量，识别 3 ～ 5 年宏观环境发展趋势及其影响，主要运用 PEST 模型来分析，即政治法律环境、经济环境、社会文化环境及技术环境。

（1）政治法律环境。其包括经济政策、经济体制、社会政策、宏观微观层面等。重点关注产业政策、监管法规及其驱动因素的变化趋势，解读对企业的影响。政策信息来源可从政府部门和行业协会的官方网站、官方微信等渠道获取。

（2）经济环境。可从 3 个层级进行分析，一是宏观层，国家层面的经济走势。二是中观层，区域的经济发展情况。三是微观层，具体客户的市场空间。通过观察政府统计部门定期发布的数据或报告，分析判断经济趋势，提出对企业的启示。

（3）技术环境。重点关注主流成熟技术的应用趋势、前沿技术的研发趋势及其对市场的影响。既要分析与企业业务直接关联的技术，也要分析潜在的相关技术。对技术发展规律的分析，将会为企业技术路线的选择提供依据。

（4）社会文化环境。其包括企业所处的社会环境，既有宏观的社会体制，也有微观的社区环境及各种利益相关者。重点关注社会价值观、生活方式、人口结构、人均收入水平等方面的变化规律趋势及其驱动因素。

环境侧洞察分析关注的是宏观层面，它并不是对所有企业来说都一样重要，但是对于国有企业而言非常重要。政治环境的洞察分析是所有国有企业均需要重点关注的，剩余 3 个方面则基于不同类型的国有企业侧重不同，对于处于充分竞争行业和领域的商业类国有企业需要重点关注经济环境；处于关系国家安全、国民经济命脉的重要行业和关键领域、主要承担重大专项任务的商业类国有企业需要重点关注技术环境；公益类国有企业则需要重点关注社会环境。

2. 区域侧

区域侧重点分析企业所在区域的发展环境，识别 3 年中观环境发展趋势及其影响，通过改造钻石模型构建区域分析框架，将企业战略改为区域发展定位，区域产业特征、区域生产要素保持不变。区域分析框架如图 12-4 所示。

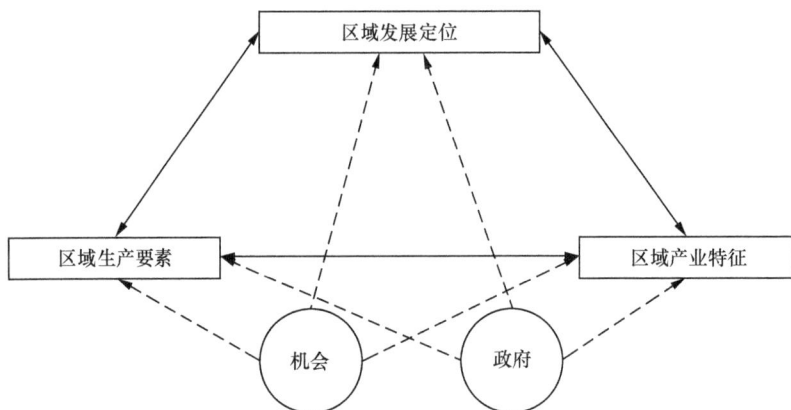

图 12-4 区域分析框架

（1）区域发展定位。重点分析国家层面的区域战略及周边区域的战略定位，判断是否会对所在地区产生虹吸效应。国家层面的区域战略如西部大开发、东北振兴、中部崛起、东部率先、京津冀协同发展、长江经济带发展、粤港澳大湾区建设、长三角一体化发展、黄河流域生态保护和高质量发展。

（2）区域生产要素。不同时代有不同的核心驱动生产要素。过去，生产要素基本上是土地、劳动力，而后增加了资本，数智化时代进一步引入信息技术、数据两大要素，共同完善形成新型增长模式。区域生产要素重点分析区域数字化人才、投资机构、科技企业情况。

（3）区域产业特征。随着产业融合趋势的加剧，产业边界变得模糊。我们需要重新定义产业，认清产业的边界和本质特征。行业的本质是它存在的价值逻辑，也就是为客户创造价值的基点。

产业链地图可以帮助我们认清产业特征，它是刻画产业部门间的技术经济关联关系形态，描绘特定产业中价值链、企业链、供需链和空间链的耦合关联关系的可视化工具。产业链地图特别有助于我们提高对新兴产业的认知，厘清产业链条关系及关键企业的领域分布，此外也可判断行业或产品所处生命周期的阶段，分析行业整合的程度和潜在空间。

（4）机会。在区域侧，机会来源于 3 个方面，一是国家对区域发展出台战略性政策；二是当地政府对区域生产要素加大投入；三是区域产业需求的激增。

（5）政府。分析当地政府对企业所在产业的政策、投资等，如发展基础设施、开放资本渠道、培养信息整合能力等，研判对企业发展的关键驱动力。例如山东临沂地区大力发展直播带货，即数字化营销，而青岛地区大力发展工业互联网，因此，临沂地区的政府需要加快建设 5G 高速网络，而青岛地区的政府必须建设工业互联网及工业互联网的平台体系。

3. 供需侧

供需侧重点分析对企业产生直接影响的竞争格局和客户需求，识别 1 ～ 3 年变革趋势及其影响。主要的洞察分析内容包括竞争格局、客户需求和变革趋势。

（1）竞争格局。从供给的角度重点分析产业的竞争强度、竞争者动态，识别改变竞争格局的关键力量。一个产业竞争的强度源于内在经济结构，运用波特的五力模型可以分析竞争格局。供应商的议价能力、购买者的议价能力、新进入者的威胁、替代品的威胁和行业竞争对手 5 种基本竞争力量的对比决定竞争格局，每种力量的强弱程度都会影响行业赢利能力，稳定的行业结构决定了行业长期获利的能力。

（2）客户需求。从需求的角度分析客户的画像及其行为。客户画像可以用来分析客户的特征、需求痛点，洞察需求偏好的变化趋势。客户行为重点分析客户购买行为发生的场景和决定因素，并分清产品购买角色。例如，电信运营商政企市场的信息化项目并不是由一线的采购人员决定，而是由更高层面集体决策。而个人市场一般由个体消费者决定，社会文化和产品供给过剩会导致客户偏好的变化，导致他们对新属性的追求和购买方式的改变。

（3）变革趋势。从供需两方面整体分析，捕捉供需"错位点"，判断行业变革的趋势。行业市场对数字化产品需求无限地拓展，"需求侧"结构性和"供给侧"结构性调整处于相应周期的动态升级之中，二者构成相互依存、相互促进、相互耦合的关系。呈现"错位→耦合→再错位→再耦合"的交替循环，也是产业"创新—颠覆—再创新发展"的升级过程。行业市场供给侧与需求侧的"不平衡"状态，潜藏着数字化的巨大蓝海市场。

12.1.2 洞察机会

新时代的创新环境瞬息万变，其最大的特征就是不确定性。而不确定性进一步增加了创新的难度、提高了创新的成本、延长了创新的周期，集中体现为动态性、复杂性和多变性等特点。从动态性来看，国际政治、经济、技术、贸易等领域演变速度加快，特别是科学技术更新迭代、推陈出新的态势更加显著，需要企业快速做出响应、迅速做出应对。从复杂性来看，各因素、各变量、各环节错综交织在一起，透过表象看到本质及梳理主线把握脉络的要求越来越高。从多变性来看，调整更加频繁和多样，特别是难以预见突发事件的发生，使得危机出现的概率和造成损失的概率大幅增加。

彼得·德鲁克在《成果管理》（*Managing for Results*）一书中多次提及机会，包括提升企业效率的机会、挖掘和认识企业潜力的机会、抓住今天的机会创造企业的未来等。管理重在解决问题，战略重在选择，在于面向企业目标的机会挖掘。那么面向机会就会带来如何选择、如何竞争、自身能力如何适配的选择问题，在战略层面提出的问题实际上是解决企业目标所带来的选择问题。

12.1.3 洞察挑战

变化不仅创造机会，还有可能制造挑战。辩证地看待挑战，是数字化时代的关键战略思维。并不是所有挑战都是可怕的，挑战是否会影响企业原有的安全经营、是否带来负面经营结果，关键在于如何看待竞争与合作。工业经济时代更关注竞争，数智化时代更讲究竞争中寻求合作，实现和谐共生，这也是新常态下实现高质量发展的时代特征。作为国有企业，要充分发挥自身优势，加强跨界合作创新，整合各企业的资源，充分发挥各企业的产业链、供应链、资金链优势，促进科技创新、技术互补、人才共享、利益合理分配，与内外部生态合作伙伴共同探索形成融合、共生、互补、互利的合作模式和商业模式。

12.2 第二步：共识转型

洞察分析的任务立足于发现机会窗口和关键挑战，而共识转型的任务则是通过能力评估，将企业内外环境联系起来，识别数智化时代企业面临的主要问题，擘画转型的蓝图。共识转型概要如表 12-2 所示。

表 12-2 共识转型概要

为什么：企业在不同的发展阶段面临不同的主要问题，决定了一定战略时期的转型关键 共识转型步骤是洞察分析的落足点，为企业设计战略路线标明方位
如何做：涉及 3 个方面的行动（制造转型紧迫感、共识转型蓝图、配套关键资源）
输出物： ◆ 能力对标结果 ◆ 能力评估结果 ◆ 根因分析结果 ◆ 战略转型蓝图（战略定位、战略目标、战略路径、业务选择、能力打造） ◆ 资源配置表

共识转型遵循"制造转型紧迫感—共识转型蓝图—配套关键资源"递进逻辑。

（1）制造转型紧迫感：开展能力评估，结合洞察分析定位关键问题。企业未能对外部压力有效响应是企业问题产生的外因；企业未能构建持续健康发展的能力是企业问题产生的内因。外因和内因会形成制约企业发展的关键问题。

（2）共识转型蓝图：明确解决制约企业未来发展、事关全局、根本性、关键性的问题，即瞄准解决企业所处发展阶段面临的主要问题，而不是次要问题。提炼结构化分析内容，形成企业战略转型蓝图。

（3）配套关键资源："兵马未动，粮草先行"，配套关键资源重在解决确保战略落地的"粮草问题"。配套关键资源是共识转型的收尾环节，它服务并服从于转型蓝图。

12.2.1 制造转型紧迫感

企业面临的问题主要有两组：一组是内外资源不匹配导致的问题，另一组是内部不协调导致的问题。前者通过外部机会与能力分析发现获取机会的关键问题；后者通过外部挑战与能力分析发现应对挑战的关键问题。从洞察分析到制造转型紧迫感递进逻辑如图 12-5 所示。

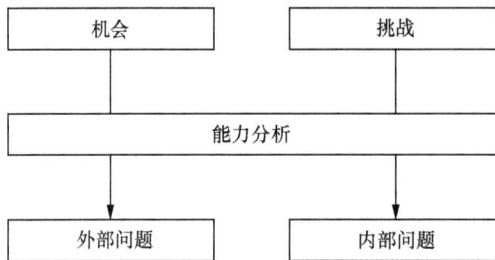

图 12-5 从洞察分析到制造转型紧迫感递进逻辑

该环节主要通过能力分析来抓住新形势下的主要问题，不将有限资源浪费在无关紧要的事物上，企业也就不至于偏离主航道。通过能力分析，一方面可以看企业与标杆间的差距，另一方面可以查找内部的短板，定位关键问题。

1. 能力对标

通过横向对标，可以识别与主要竞争对手相比在机会方面存在的外部问题和差距，进而识别出与外部环境不匹配的内在差距和根本原因。选择合适的标杆是对标分析的先决条件，标杆选择的标准主要有以下 3 点。

（1）先进性。标杆公司是行业的领导者，拥有无可争议的认可度。

（2）相似性。标杆公司在经营范围、营销模式、管理模式方面具有相似性，代表了行业发展的方向。

（3）可学习性。可以学习标杆公司的经验和做法。

对标分析的内容包括 3 个主要层次。

（1）关键绩效指标的比较：主要目的是确定运营绩效的差异，并反映与竞争对手相比的竞争水平与能力。

（2）战略路线的比较：通过观察竞争对手的战略意图和经营活动的变化，我们可以推断出行业主流的发展方式及其与自身的差距。

（3）行业关键成功因素的比较：发现与竞争对手相比，在为发展创造充分条件方面的差距。

2. 能力评估

能力是企业协调和利用资源的企业特质，结合数智化时代特点对波特价值链进行优化升级，基于此来对企业能力进行评估。根据数字化价值链，可制定数字化能力评估模型。数智化时代企业价值链如图 12-6 所示。

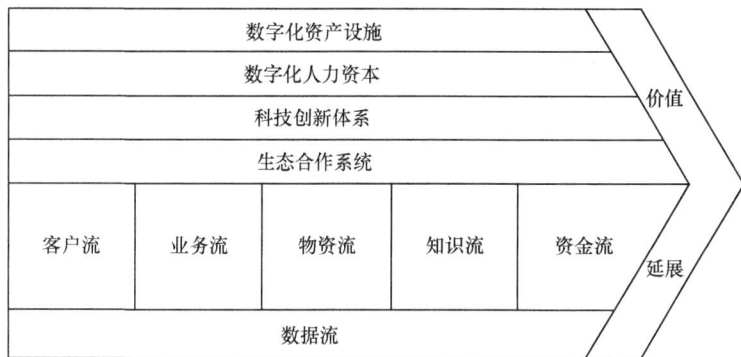

图 12-6　数智化时代企业价值链

3. 识别差距

确定影响企业发展的主要问题，认清与目标 / 标杆的差距。随着发展阶段的变化，企业遇到的主要问题也随之变化。分析里程碑事件以确定发展阶段是识别企业主要问题的前提条件。上升到战略层面的主要问题必须是持久的，而不是短期的。随着外部形势的变化，会呈现出不同的表现形式。具体而言，在某一阶段或某一年，将再次出现阶段性问题，这些问题源自具有长期性质的主要问题，并将决定我们的阶段性或年度重点工作。

内部因素是关键。外部因素是企业发展的外部条件，在一定条件下，对企业的发展起着决定性作用。但无论外部因素的作用有多大，它们都必须通过内部因素发挥作用。对于新兴行业来说，可能存在重塑外部条件的市场机会。但对于绝大多数企业来说，内部因素是问题的根源，应该把重点放在提升自己的核心竞争力上。

12.2.2 共识转型蓝图

共识转型蓝图就是统一思想，凝聚共识，实现战略蓝图。转型蓝图是围绕"做正确的事"展开的，它是战略转型的核心环节，起到承上启下的作用。

共识转型蓝图的首要工作是确定战略定位，明确企业的发展方向和增长方式。厘清发展思路，核心抓住以下5个要素。

（1）战略定位：标定企业发展方位。

（2）战略目标：确定企业发展基调。

（3）战略路径：明确企业发展主轴。

（4）业务选择：锚定企业重点发展领域。

（5）能力打造：聚焦关键能力打造。

这5个要素是相互联系的，抓住了这些要素，企业转型蓝图框架便跃然纸上。共识转型蓝图框架如图12-7所示。

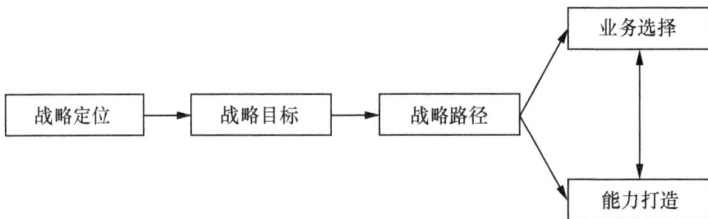

图12-7 共识转型蓝图框架

1. 战略定位

战略定位指企业谋划在行业中占据的有利位置或展现的市场形象，其实质就是选择与竞争对手不同的运营活动，实现独特的价值创造[61]。战略定位是"想做""可做"和"能做"的交集，如图12-8所示。

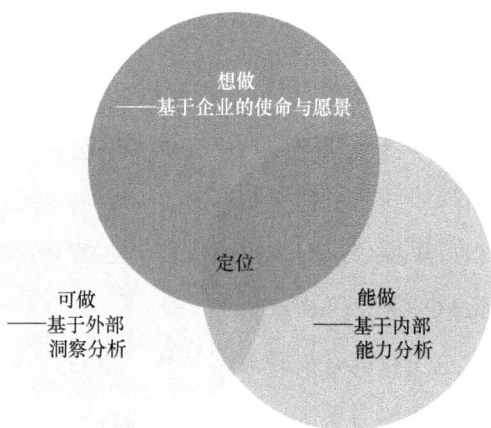

想做
——基于企业的使命与愿景

定位

可做
——基于外部
洞察分析

能做
——基于内部
能力分析

图 12-8　战略定位的交集

想做什么，指的是企业的使命与愿景，描述的是企业为什么存在，会发展成什么样，涉及企业设立的宗旨和核心价值观，是对企业未来发展目标的终极阐述，并由此决定企业的特质。

"想做"反映的是企业的初心，而"可做"指的是外部的现实条件。离开"可做"的前提条件，"想做"也就缺乏土壤。在方法论中，洞察分析环节就是要明确"可做"的问题。"想做"和"可做"共同构建了企业战略定位的充分条件，而"能做"则提供了必要条件。

战略定位是一个客观分析的过程，但是战略定位的最终抉择却是由领导团队战略思维模式决定的。

2. 战略目标

只有当目标激励人们追求卓越时，它才能被称为真正的目标。当你设定的目标是务实的，才能为团队指明方向，并使他们能够找到日常执行的重点。短期目标必须非常具体，并有明确的执行优先级，以使员工专注于最有价值的事情。

战略目标是企业根据自身的战略需求，在一定时间内实现的预期结果。一般来说，未来 3 ～ 5 年的目标为中期目标，未来 10 年的目标为长期目标，15年以上的目标为远景目标。战略规划期越长，对战略目标进行量化就越困难，其主观描述性也就越强，通常需要设定阶段性目标来完善。

战略目标是转型蓝图的重要内容，它是对转型蓝图所期望达成结果的具象化表达。因此，战略目标具有指向性、标志性、可测性。

（1）指向性，指战略导向意图明确。

（2）标志性，指有里程碑式的指标或事件界定结果。

（3）可测性，指目标量化可衡量。

转型蓝图研讨的主要目的是梳理战略逻辑，重在达成内部战略共识，并不要求设计出一套完整的战略方案。因此，战略目标的制定不要求全而细，重在阐明战略指向性目标，如定位目标、业务目标、能力目标、管理目标等总体性目标，反映企业对经营规模、结构水平和地位的预期。具体的战略目标分解及执行目标制定将是下一步骤"快速执行"的首要任务，可运用平衡计分卡、OKR 等工具来辅助完成。

目标管理有多种方法，这些方法在不同的企业有不同的应用，其中 KPI 在企业界有着广泛的应用。KPI 本质上等同于 OKR 中的 KR，只是它从平衡计分卡的 4 个维度（财务、客户、内部流程、学习与成长）规定了 KR。KPI 是要求我们将重要的指标选择出来。而 OKR 是要求我们将一定时间内最优先的要求明确出来，将完成目标最重要的瓶颈选择出来。各种目标管理方法出现的时间顺序如图 12-9 所示。

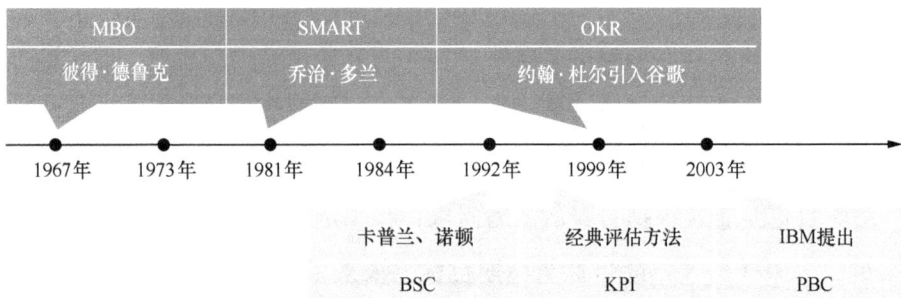

图 12-9　各种目标管理方法出现的时间顺序

纵观各种绩效管理方法，其实能够归结为两大流派：一是以目标管理理论、权变理论、激励理论为主的思想流派，包括 MBO、SMART 和 OKR，其主导思想认为在目标明确的条件下，人们能够对自己负责，进行自我管理和自我激励，以实现目标为目的。二是以控制论为主的思想流派，包括 BSC、KPI、PBC，其主导思想认为需要通过管控和利益杠杆驱动员工实现目标。

总之，在过去几十年中，绩效管理思想的"流行"大体上遵循了"目标论－控制论－目标论"的过程，这一趋势在很大程度上受到了外部宏观环境变化和社会变化的推动，但这并不意味着在某个时间点或在所有企业中一种思想或方法将完全取代另一种。同时，无论是哪个学派，绩效管理的本质都是一样的：让员工通过绩效管理不断提高自己，最终实现企业目标和个人成长。

企业的关键任务是如何在实践中通过选择合适的方法和工具，看到并回归绩效管理的本质，根据外部环境的变化趋势，同时根据自己的企业文化、所处阶段，管理成熟度的不同，选择适合自己的绩效管理变革最佳路径，融合运用"控制论"和"目标理论"的长处来解决每个企业面临的问题。

数智化时代，企业要建立起敏捷的绩效管理体系，首先就要回归绩效管理的本质，同时从机制上建立组织的"弹性"，而这其中最需要把握的关键点则是：①"要内驱力，不要外驱力"是与传统理念的核心区别；②"保障目标一致性、促进协作、避免冲突"是关键；③"帮助员工、激励员工、成就员工"是最该做的事；④"绩效管理的本质"是实现目标和促进员工成长，而不是考核。

3. 战略路径

企业在不同时期面临的发展环境与主要矛盾会有所不同，自然会有不同的战略路径，这将决定以企业为主角的"故事"的走向。定义战略路径是为了确定企业发展的总体基调，以及贯穿一系列战略任务的主线。通过制定目标、把握主线、凝聚共识，把企业的精力与资源集中在主要矛盾上，不受次要矛盾的干扰，并以统一的基调协调企业发展中的利益相关者。

4. 业务选择

业务选择就是要锚定的重点领域，即企业是干什么的，企业的边界与范围在哪里。对于多元业务的企业，就是要明确业务组合规划，它将决定企业的成长方式。对于单业务企业，就是确定产品组合规划，它将决定企业业务的发展重点。

5. 能力打造

能力打造是在能力分析的基础上，明确关键矛盾和问题，将精力和资源集中使用到效力的关节点或支点。这样只需要在关键矛盾和问题上做出一个相对较小的调整，就能释放出更大的力量。因此，能力打造是转型蓝图中的重要内容之一。找准并打造核心能力，就找准了企业发力的方向。

按照能力分析的两种维度，能力打造也有两种思路：一种是以终为始的思路，按照拟寻求的竞争优势要求即外部对标的要求，构建充分条件，那么最为核心的充分且必要的条件就是企业战略着力点；另一种是突破瓶颈的思路，结合能力评估企业的短板，通过补短板提升企业竞争优势，那么需重点弥补的短板便是企业能力打造的关键点。

12.2.3 配套关键资源

具有战略定力的企业会站在战略全局来思考资源配置问题。战略导向是资源分配的基本原则，不能将其简化为基于盈亏平衡逻辑的财务预算。管理者应该根据公司的战略选择项目，否则，时间和精力将被浪费在外围项目上，使核心项目缺乏必要资源。

配套关键资源的关键任务是在有限的资源条件下实现资源的精准投放。明确需要什么资源，整合什么资源，资源优先配置到哪里，是配套资源环节要着力解决的核心问题。配套关键资源是按照战略意图，对资源进行评估、整合与分配的过程。其目的是为战略实施提供关键资源、组织结构与体制机制的精准配置。配套关键资源的逻辑与范围如图 12-10 所示。

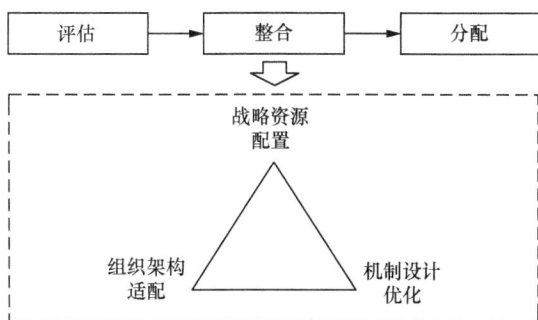

图 12-10　配套关键资源的逻辑与范围

1. 配套逻辑

（1）评估。评估战略与资源的匹配程度。一方面，我们必须仔细分析战略需求，另一方面，必须评估资源及其可供性，以便判断它们对战略的支持程度，并为资源准备奠定基础。

（2）整合。根据评估的情况，明确资源筹备的策略。资源的来源有两种途径：一种是企业的自有资源，另一种是外部资源整合。通常企业面向未来进行战略布局，对资源的战略需求常会超越当前手中已有的资源储备，需要有效利用外部资源。因此，制定正确的资源整合策略是资源有效配置的关键。

（3）分配。按照战略的重要性确定资源配置的优先顺序。只有资源遵从战略逻辑来配置，才能规避人情化、领导意志的倾向。

2. 配套范围

（1）战略资源

战略资源保障力是指企业拥有支持其战略的人力、财力和物力资源的程度。首先，从需求方面，我们分析了战略任务对关键资源的需求程度；其次，从供给方面，我们分析了企业拥有的资源规模和质量，以及它们获取的渠道、所需成本甚至生成速度。

① 人力评估。人才是最宝贵的资源，他们发挥着战略支撑点的作用。一般可以从人员的规模、结构及效率开展评估。

② 财力评估。财务资源可以体现在现金流量表中。一般可以用趋势分析法、比率分析法、因素分析法进行分析。

③ 物力评估。数智化时代，物力不仅仅涉及在建工程、固定资产等，还应该包括专利、软著等虚拟的"物"。在实践中，企业重要战略部署的很大部分是要实施的关键项目和里程碑项目。因此，有必要将重点放在战略层面的项目上，估算其所需的资源。

一旦评估了人力、财力和物力，就可以进行有针对性的分配。

① 人的配置方式。根据战略需要部署人员，以确定人力资源的规模、结构、水平和继任计划；同时，必须考虑获得人力资本的成本、员工忠诚度和文化认同。现在，各级人力资本的外部市场已经发展起来，高端猎头公司已经出现，识别外部人才比以往任何时候都要容易。但它也带来了另一个问题，即公司员工更替加快，员工忠诚度降低。因此，企业必须建立良好的人才培养体系，完善激励机制，做好"选、育、用、留"工作。

② 财的配置方式。资金分配的主要解决方案是融资。第一种是直接融资，其目标是股东增加企业注册资本或通过在资本市场公开上市筹集资金，最终反映在资产负债表中以增加所有者权益。第二种是间接融资，为债权人融资，如银行贷款、发行公司债券等，并最终反映在资产负债表中增加负债。

③ 物的配置方式。物的配置主要通过战略层面的项目投资实现，包括技术研发、固定资产项目、技术改造项目、资产收购项目、股权投资项目等。根据企业拥有的资源多寡和项目战略的重要性，企业做出自建、合资、共建、并购及外包等决策。

关键资源的分配与战略密切相关。一方面，战略引导着关键资源的配置，另一方面，关键资源的分配为战略落地提供了物质保障，有利于竞争优势的构建。战略的优先次序使资源分配更具战略性和逻辑性，使资源能够优先分配给最重要的战略任务。

一般来说，企业筹措的关键资源最终通过预算等形式来统筹配置。预算体系和资源分配原则必须合乎战略蓝图，使关键资源优先配置到重点业务，为重大行动提供资源保障。

（2）组织结构

"结构追随战略"的命题，是 1962 年美国战略管理专家艾尔弗雷德·钱德勒在《战略与结构》一书中提出的。他认为，战略与结构的关系类似经济基础与上层建筑的关系：战略决定着组织结构，战略重心的转移决定着组织结构的调整，组织结构制约着战略的实施。因此，一旦转型蓝图确定，组织结构也需要重新评估。

通常从 3 个方面对组织结构适配性进行评估：①结构和效率：根据管理幅度、响应能力、运作效率和成本进行衡量；②组织规模和职能：主要从横向职能模块、纵向层级、人员编制配置等衡量；③组织绩效：评估它如何激发组织和个人动力来创造绩效。

组织结构的调整涉及主要利益的调整，并受决策层认知、外部环境变化、企业运作能力和干部储备情况等因素的影响。主要调整策略包括：①优化：适应原有的组织结构，微调职能或者层级，但不进行根本性改变；②重构：基于新的业务逻辑或者流程，彻底改变原有组织；③新设：不触碰原有组织架构，建立一个全新的组织机构。

在数智化时代，新技术、新模式、新产业、新需求等不断涌现。企业经常面临如何处理新兴业务发展与传统业务之间的关系的问题，这也是企业组织变革中的一个新挑战。目前的主流做法是组织区隔，使其能够独立于传统业务开展预算和运营，从而不受传统流程和文化的约束。

（3）机制设计

机制的建设对形成企业内部良好的制度环境、促进组织内稳态性至关重要。机制的优化设计要遵循以下原则：①简明性原则：制度表达简洁明了、通俗易懂，便于组织成员理解和运用；②适用性原则：机制设计既要简单又要能解决问题，太复杂的机制会产生更多的运行成本和精力投入，影响实际效果；③合理性原则：制度的设计要合乎人性的特点，引导人性善的一面。

制度是只无形的手，会影响人的行为规范。当企业内部战略执行乏力、乱象众生时，领导者应当反思制度层面是否出现了大问题。

12.3 第三步：快速执行

再好的战略都离不开有效的战略执行来实现。快速执行就是要对战略意图如何得到贯彻、业务设计如何得以落地等问题进行深入、系统的思考，具体通过以下两个步骤推进快速执行。快速执行概要格式要求如表 12-3 所示。

表 12-3 快速执行概要格式要求

策略名称：XXXX

年度重点工作	完成时间	衡量标准	责任人	责任部门
使用"动词+宾语"的表达方式，应体现具体方法和措施，避免出现过于抽象或者表决心的表达方式，各重点工作要粗细一致，周密完整	按照起始-结束的格式明确每项重点工作的开展时间段	对每项重点工作完成情况的衡量标准，可以是量化指标，也可以是阶段目标	应为高管团队成员，原则上只有一人	原则上为该高管的分管部门

（1）制定执行路线：制定行动路线的关键在于找到执行的出发点、着力点、落脚点，使得任何行动都有针对性、目的性。

（2）明确"必赢之仗"：将长周期的战略目标及战略重点分解到执行的第一年，打好"第一仗"。

12.3.1 制定执行路线

战略重点及其子任务一般跨越了 3～5 年的战略周期，有些在几个月或者 1～2 年内就可以告一段落，有些则需要贯穿整个周期，甚至在周期结束后进入下一个周期继续执行。为此，将战略重点及其子任务放入有时间进度描述的甘特图中，就可以形成一个清晰的战略执行路线图，如图 12-11 所示。

战略重点	目标	策略	路径	2022				2023				2024				2025				2026			
				Q1	Q2	Q3	Q4	Q1	Q2	Q3	Q4	Q1	Q2	Q3	Q4	Q1	Q2	Q3	Q4	Q1	Q2	Q3	Q4
财务价值创新	建立基于供应链的市场化价值评估机制	积极推进与价值创造相匹配的财务管理体系创新，提升财务管理水平	建立协同公司 5 年战略的价值管理体系 构建财务风险防控体系 建立以安全为前提、以价值提升为目标的现金流管理体系																				
	建立成熟、完备的专业生产领域财务派驻制度与精细化预算体系，关键资源配置效能显著提升	大力推进与供需关系相匹配的市场化资源分配模式与精细化预算体系，提升资源配置有效性	优化供需导向型的市场资源配置机制 建立精细化预算编制与闭环管理体系																				
	逐步建立覆盖产品、分类店、分业务线、分经营主体等全维度的精细化预算机制	积极推进精细化核算体系与财务支撑体系创新，满足重要生产领域的财务支撑需求	建立自动化、精细化收支归集机制 建立基于价值链管理的精细化高效价值生产结算体系																				
	逐步建立全流程市场化财务定价、结算、评价机制，建立高效财务支撑机制，建立精细算账共享结算中心	基于供应链管理更新思维，探索建立内外部市场化产品、营销、服务、网络、支撑、合作等关键环节的科学价值评估	完善市场导向型的财务管理支撑体系 建立基于供应链的市场化价值评价机制																				

图 12-11　战略执行路线图

231

在快速执行的团队共创过程中，企业要特别警惕"雨露均沾"的心态和贪大求全的现象。

每个部门都天然具有本位主义，更重视本部门在企业战略中的作用与地位。因此，在寻找战略重点和细化分解的过程中，希望把自己所在部门的中长期工作都体现在里面。比如，财务部门的人会希望战略重点中有"强化预算管理"、人力资源部门的人会希望战略重点中有"做好关键人才队伍的培训"等这样的描述，但这还是忽略了"战略是实现组织整体目标、赢得竞争的根本方法与手段"这一基本内涵，混淆了企业级战略与部门策略的层次，以及全局性战略举措和局部工作重点。没有出现在企业战略重点描述中的内容，并不意味着它不重要或者不会发生，而是极有可能在更低层次或者部门级的工作重点里体现，同样会被纳入预算、考核与激励的管理范畴。

制定执行路线首要任务是认清行动路线的构成要素，主要包括执行领域、执行目标、执行策略、执行路径、执行保障。

1. 执行领域

执行领域是战略重点，尽管企业战略滚动更新，但所采取的主要行动始终是可追踪的。一般企业战略行动通常包含市场发展、运营能力与治理体系三大方面，具体会基于企业规模、性质有些许差异。例如业务较单一的中小企业，战略行动通常由市场、服务和运营系统（包括生产、供应、交付等）驱动。对于规模较大、业务多元的企业集团，还会关注资本运营、生态合作等。

2. 执行目标

本质上，相对于传统的绩效目标制定方法（如 KPI），OKR 是一种受更高级动机状态驱动的方法，是一种接近绩效使能状态的方法。数智化时代，在战略转型过程中，我们一方面在战略蓝图中仍会沿用传统绩效目标制定方法（如 KPI）去设定长期目标，但另一方面会通过在战略执行中结合 OKR 将长远的战略愿景下的宏伟目标拆解成相对短周期的目标，在不断的研讨过程中朝着宏伟目标再出发。

3. 执行策略

同一战略目标的实现，可以采用不同的执行策略。例如，在市场方面，可采取立足现有产品和市场的渗透策略，也可以是着眼新市场开发的策略；在地理范围方面，可以是区域深耕、全国拓展，也可以是海外扩张；在核心技术方面，可以是紧盯、赶超，也可以是前沿领先等。因此，我们需要根据实际情况，采取合适的执行策略。

4. 执行路径

执行路径解决的是策略如何实现的方式与方法问题，也就是回答如何到达那里。以电信运营商建设 5G 网络为例，中国移动采取"自建"路径，加大网络投资建设 5G 网络；而中国电信和中国联通采取"共建共享"路径，创新性地提出在全国范围内合作共建一张 5G 接入网络，以便快速建成覆盖广、技术优、投资省、感知好、体验佳的 5G 网络。所以，一旦行动策略定下来，执行路径的选择便是关键。

5. 执行保障

完整的战略实施路线图，除了明确战略重点及策略、以季度为单位的时间进度，还要有路径的负责人或部门、配合人或部门、所需资源、关键项目成果等内容。

12.3.2　明确"必赢之仗"

完成战略周期内的执行路线描述，并不意味着大功告成，相反"快速执行"才刚刚进入"深水区"。再强大的战略，如果没有落实当前的关键战斗部署，以及把战斗的责任分解与落实到具体的队伍与人员身上，仍然会停留在 PPT 的状态。

因此，我们需要把 3～5 年的战略焦距拉近到未来一年，用更聚焦的方式明确这一年里更为关键的行动。这就需要我们制定出这一年的"必赢之仗"。战略管理中讲究的"战略要做 1 年，看 3 年，想 10 年"，就是在时间周期上，以及"思、知、行"三者关系上体现战略解码原理。"必赢之仗"示例如图 12-12 所示。

战略重点	策略	必赢之仗 2022年	2023年	2024年	2025年	2026年
战略重点一	策略1	阶段重点				
	策略2					
	策略3					
战略重点二	策略1					
	策略2					
战略重点三	策略1					
	策略2					
战略重点N	策略1	阶段重点				
	策略2					
	策略3					

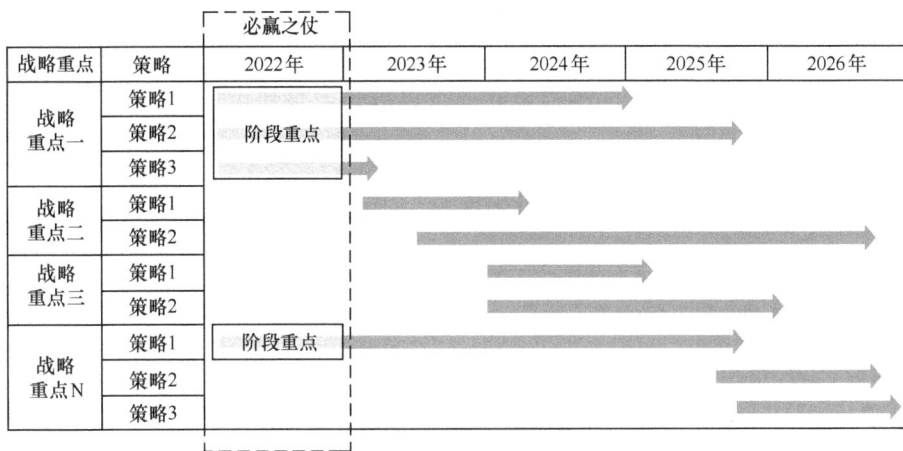

图 12-12　"必赢之仗"示例

在图 12-12 中，我们可以清晰地看到：企业在制订 2022—2026 年的 5 年战略规划时，针对 5 年后目标的实现，确定了战略重点和策略。然而，这些策略必须在 2022 年有更具体的体现，并作为当年的重点行动来开展。此外，在 2022 年有时会出现一些当年发生、当年结束的事件，它们对于整个 5 年的战略成败也具有重要意义。这时也必须把这些事件考虑进来，与策略的年度推进置于同样重要的位置，形成当年的"必赢之仗"[62]。"必赢之仗"关键逻辑如图 12-13 所示。

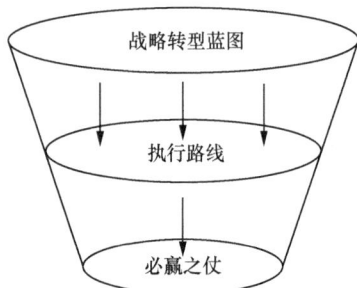

图 12-13　"必赢之仗"关键逻辑

1."必赢之仗"筛选

什么是"必赢之仗"？"必赢之仗"是指企业在未来一年非打不可、聚焦能量、输不得的"战斗"。这些"战斗"具有以下特征：

- 需要由企业高管挂帅；

- 明确具体目标；

- 是有可能取胜之战；

- 对企业战略重点推进的成败有决定性影响；

- 影响波及整个企业范围；

- 需要在整个企业范围内调动资源才能达成。

有适当能力和意愿的关键人员能主动请缨是最理想的，但是必要时也需要领导者指定人员，所以这个过程考验了领导者调兵遣将的个人领导力，也考验了核心管理团队的集体领导力。为了保证责任到人，挂帅人员后续必须签订"军令状"，具有对相关人员推动、问责与激励的权力。

为此，企业还需要将战略解码推进到下一个关键环节：分解为具体行动并明确绩效责任。

2. "必赢之仗"落实 [63]

落实"必赢之仗"需要对执行路线图进一步分解，明确年度的重点工作，具体包含执行目标分解与执行策略路径分解两方面。

（1）执行目标分解。在企业管理情境中，目标分解是司空见惯的管理动作，尤其是在预算管理与绩效管理这两个领域。举例而言，某企业次年的销售收入目标设定为 1 亿元，那么各业务单元（区域公司、事业部、产品部门等）会在博弈之后形成各业务单元次年的销售收入目标。但是，这种典型的目标分解往往沦为"数字游戏"，因为在整个过程中并没有解决最关键的问题——"销售收入目标在企业层面是如何实现的"及"在各业务单元又是如何实现的"。因此，要落实"必赢之仗"就必须把目标与实现目标的具体动作在基层进行细化。

（2）策略路径分解。要避免"物理式分解"，追求"化学式分解"。"物理式分解"是简单按照预算、既有结构进行切分，往往体现为流程化。比如，对于"开发新产品"这一策略，在分解时，很多人会将其分解为"市场调研、撰写可行性报告、制订开发方案、立项、制订开发计划、总结验收、打样、小试、中试、上市"这样典型的常规流程，陷入"物理式分解"的误区。真正重要的是，企业必须对现有新产品开发的做法进行分析评估，打破常规，根据客户和竞争的需要，抓住关键环节创新变革。比如，同样是"开发新产品"，有人将其分解为"从标杆企业引入新型产品经理，塑造打造爆款的产品理念，重建产品开发流程，邀请目标客户代表参与产品开发前端"等行动，这种分解方式让行动的内涵与实质产生了根本的"化学反应"，从而实现"化学式分解"。

在团队共创实践中，考虑到时间与参会人员的限制，企业的"必赢之仗"通常只需要分解到部门级，"必赢之仗"的领导者和分解出来的部门责任人应该在会议之后，立即组织相关人员进行二次分解，把行动贯彻到部门内关键岗位层面，但是整个过程都必须严格使用表 12-3 所示的格式，以保证成果质量和后续的执行监督。

以上是战略转型的第三步快速执行的内容，通过整体回顾其意义、做法与输出物，能够更深刻地领会该部分的内容。快速执行概要如表 12-4 所示。

表 12-4　快速执行概要

为什么：对战略意图如何得到贯彻、业务设计如何得以落地、年度重点工作等如何保障等问题进行深入系统思考
如何做：制定执行路线、明确"必赢之仗"
输出物： ◆ 行动路线图 ◆ "必赢之仗"年度重点工作表

(12.4) 第四步：评估迭代

完成"必赢之仗"设计之后，要将它纳入一个短周期的评估中，并在这个短周期内实现小步的突破，在这个过程中不断地寻求迭代、升级、完善和提高，从而对已经形成的前面 3 个步骤进行不断的验证。评估迭代概要如表 12-5 所示。

表 12-5　评估迭代概要

为什么：为了确保达到既定目标，对转型过程的监测和战略目标和短期目标的持续评估可以跟踪其成功与否
如何做：通过对目标体系和成功反思进行持续监控，组织可以确保维持变革
输出物： ●年度重点工作目标达成分析 ●年度战略复盘（战略转型成效红绿灯）

那么在评估迭代过程中，企业需要建立一个推进小组，能够在组织内部有效地推进年度重点工作，并且进行有效的学习、快速地反馈。更重要的是，企业要不断地去验证前期的假设，然后做循环改进。

通过这 4 个步骤完成战略转型的全过程，进而可以返回第一步，去重新思考在这一段时间里，市场上、客户侧及外界又发生了哪些新的变化，是否与企业过去的认知相一致。如果不一致，是哪些假设和认知出了问题，是否需要做一些调整和改进。如果依旧保持一致，是否实现了企业的战略意图，是否交付了企业计划的客户价值，如果不是，是企业对障碍认知有缺陷吗？是对那些根本原因的分析不到位吗？还是企业的创新举措本身出现了问题？还是在组织能力的培养方面没有做到位？

通过这样的思考和分析过程，战略团队可以将整个战略流程变成可追溯、可完善的持续过程而非一个单项的事件，而且在这个过程中，团队可以持续学习。

12.5 团队共创：建立领导团队，融入敏捷迭代思维

12.5.1 建立领导团队

数智化时代，在推进战略转型的过程中，通过建立领导团队来融入敏捷迭代思维，实现团队共创，范围和目的如下。

范围：推进数字化转型的领导团队有 4 类，分别是公司党组成员、转型变革专家、沟通引导专家、培训专家。

目的：主要是实现快速决策、构筑转型变革文化、发挥群体智慧、强化领导力。公司党组成员要承担对战略意图、业务选择的重大决策，并且和专家共同营造有利于转型的信息传递和成果共享机制与氛围。转型变革专家要设计整个数字化转型推进工程，能够将 6 个核心思想和 4 步法，以及其中的工具熟练地组合，根据企业自身的需要进行搭配。他不仅需要对这些工具、流程和方法

熟练理解，更重要的是他需要了解业务，甚至需要有非常丰富的业务经验。同时他还要负责打造一种新的文化和氛围，这种文化是变革导向的，而不是传统经营导向的。转型变革专家可由具备变革思维的市场高层管理人员担任。沟通引导专家负责现场引导每一次战略议题的研讨，应对工作坊中的各种提问环节，并专注于流程，从而使数字化转型战略得以顺利推进。沟通引导专家可由外部专家担任。培训专家则负责面向中高层管理者开展领导力培训。

通过运用团队共创的方式，让工作坊全员通过研讨快速、全面地达成各阶段的共识。通过建立领导团队，让战略研讨过程中富有经验的引导者或者组织者能够将大家汇集上来的各种关于战略的陈述，运用相关工具和技术加以总结，再向下一阶段快速推进。这种基于共识的、基于当下创新式的做法会让大家凝聚在一起，有一种强烈的归属感和责任感。这种效果是咨询顾问进行传统分析所无法带来的，这也是团队共创的魅力所在。战略研讨工作坊议程示例如表 12-6 所示。

表 12-6　战略研讨工作坊议程示例

日期	环节	主题	内容
第一天	洞察分析	领导开场	站在管理层角度提出本次研讨的目的与要求
		议程及研讨规则说明	专家顾问介绍整体议程，提出研讨规则
		"破冰"	高层领导团队数字化领导力画像与展示
		外部环境分析与研讨	顾问引导每组研讨规律、机会、挑战，研讨结束后总结各组观点并展示顾问团队前期分析成果
	共识转型	制造转型紧迫感	各研讨小组按照既定维度对公司能力进行评估打分，之后公布打分结果
			顾问现场整合，从第三方角度达成打分共识，总结关键问题
		共识转型蓝图	顾问引导进入战略蓝图研讨，畅想未来定位，描述公司 5 年后成功的样子
			各组讨论战略蓝图并展示

续表

日期	环节	主题	内容
第一天	共识转型	共识转型蓝图	顾问引导各组聚焦战略定位与目标，促进战略蓝图达成共识
			总结及布置作业
第二天	共识转型	共识转型蓝图	回顾第一天研讨成果
			讨论战略路径、业务选择与能力打造，各组成果展示，顾问引导达成共识
		配套关键资源	各组研讨战略重点排序，提出资源配置次序
			顾问引导达成资源配置优先次序共识
	快速执行	制定执行路径	按照战略重点责任人进行重新分组，对战略重点进行研讨细化
			战略重点小组成果展示，其余小组可质询
			总结及布置作业
第三天	快速执行	明确必赢之仗	回顾第二天研讨成果
			顾问讲解"必赢之仗"定义及描述方法
			顾问引导其中一场"仗"
			各组研讨并完成"必赢之仗"展示，接受其余小组质询并完善成果
			高管及中层领导签订责任状
定期评估迭代			
第一天	评估迭代	评估启动	顾问讲解评估结果
		评估成果分享与研讨	各组澄清并研讨下一步推进优化计划，进行展示并接受质询
		优化年度阶段目标与策略	顾问引导形成年度阶段目标及策略的优化共识

12.5.2　数字化领导力评估

　　企业在推进数字化转型的过程中，需要树立新的领导者形象，以党的领导力为灵魂，以愿景领导力为引领，以变革领导力为动力，以创新领导力为源泉，以人才领导力为根本，提出数字化领导力画像，如表 12-7 所示。

表 12-7　数字化领导力画像

画像	特质	说明
党的领导力	坚定信仰	思考问题、决策方向始终以党章为根本遵循，把政治摆在首位
	坚定落实	为党工作，把爱党、护党落实到经营管理的各项工作中
	廉洁守纪	以自身的实际言行为他人做出表率，坚持开展批评和自我批评，习惯在受监督和约束的环境中工作、生活
愿景领导力	战略眼光	能展望企业未来发展的各种可能性，并将其转换为具有突破性意义的发展战略
	管理创新	能凭借新颖、更完善的管理方式使企业顺利地推进数字化转型进程
	结果导向	执行计划时即使困难重重，也始终能完成既定目标
变革领导力	风险承担	愿意基于有限信息表明立场或采取行动
	模糊容忍度	面对不确定、模糊甚至矛盾的信息时，即使这些信息会影响正确的理解与判断，也能冷静应对，给予包容
	应变力	事情向意料之外的方向发展时能够从容应对
创新领导力	非线性、不对称	更喜欢不对称、非线性、非结构化的工作环境
	好奇心	能以新颖的方式解决问题，留意到复杂信息中的各种情况，对事物有深入了解的欲望
	不确定性管理	即使在事态不够明确或企业的发展道路不够清晰时，也能有效管理企业
人才领导力	凝智聚力	提高各类利益相关者的参与度，激发群体智慧应对不确定性；能创造良好的工作氛围，点燃员工的工作激情，使其全力以赴，完成数字化转型目标
	内驱挑战	克服严峻挑战后所达成的成就往往更能激起自己的工作热情
	自信影响	相信自己能够影响事态发展，引导出积极结果

第13章
工具指南：数智化时代国有企业战略转型工具

在学习了四步法之后，就可以结合本章介绍的工具进行实践了。笔者认为企业要实施战略转型，并且取得最佳的成果，除了一些"刚性"的工具之外，还需要一些"软"技能，这些"软"技能很多是关于心态、技巧、团队对话和互动的。战略转型工具概览如表13-1所示，表中为每个步骤的具体环节提供了对应工具及技能。

表13-1 战略转型工具概览

步骤	环节	工具	
1.洞察分析	洞察规律	资料收集表	世界咖啡
	洞察机会	四个机会区域图	
	洞察挑战	四阶竞合分析	
2.共识转型	制造转型紧迫感	数字化能力评估模型 根因分析工具箱	未来探索
	共识转型蓝图	德鲁克事业理论 战略调色板 目标洋葱图 价值主张锚定图	
	配套关键资源	核心–外围分析模型	
3.快速执行	制定执行路线	执行路线表 重要性排序表	群策群力
	明确"必赢之仗"	重点工作分解表	
4.评估迭代	复盘与敏捷迭代	红绿灯仪表盘	复盘会

13.1 洞察分析工具

13.1.1 洞察规律工具

洞察规律建立在大量信息、数据和事实收集、分析的基础上，通过假设、推理，做出趋势与矛盾的判断。资料收集是洞察规律的基础工作，它将涉及多方面的信息资料的收集，如表 13-2 所示。

表 13-2 洞察规律信息收集表

内部资料	外部资料
◆ 企业领导讲话 ◆ 年度 / 半年度部门汇报材料 ◆ 企业规划报告 ◆ 经营分析会材料 ◆ 部门工作计划 ◆ 财务报表 ……	◆ 政府官网 ◆ 中国知网、维普 ◆ 行业协会网站 ◆ 证券网站 ◆ 工商局网站 ◆ 行业采购与招标网 ◆ 咨询公司网站 ……

13.1.2 洞察机会工具

四个机会区域图

变化，特别是那些重大的变化将带给企业机会，那么应该抓住什么样的机会，如何去识别有效的机会呢？回到根本上，与企业的战略发展相关的机会，是那些真正有市场需求的机会。需要注意的一点是，数智化时代的机会并不仅仅是即将迸发的市场需求，对于已经出现甚至成熟的产业、行业、业务也能够催生新的市场需求。结合迈克尔·特里西（Michael Treacy）与弗雷德·威尔斯马（Fred Wiersema）在《市场领导者的修炼》（*The Discipline of Market Leaders*）中提出的市场领导者会选择的 3 种"价值信条"——运营卓越、产品领先和客户关系密切，笔者形成了基于生命发展周期的数智化时代的 4 个机会区域图，如图 13-1 所示，通过机会区域图分析，企业可以结合所在产业、行业及当前各类业务的发展阶段抓住转型机会点[63]。

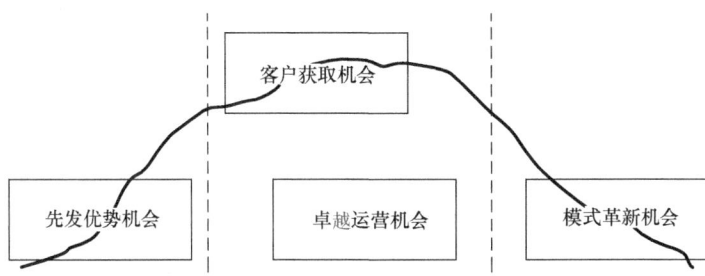

图 13-1　基于生命发展周期的数智化时代的 4 个机会区域图

（1）先发优势机会区域

先发优势可以用于任何类型的商业供给物，可以是产品，也可以是服务，等同于"供给"的概念。要抓住先发优势的机会需要大量的研发投入及承担重大的市场风险——这种特性将先发优势的机会区域与其他机会区域区分开来。作为风险与开支的保证，回报不仅包括已经获得的销售额，还有通过新的顾客来获得接踵而至的潜在销售额。因此，在这一区域，企业关注的重点首先是赢得市场份额，然后才是将利润最大化。后面两个机会区域都不存在这种情况。先发优势机会区域机会点及示例如表 13-3 所示。

表 13-3　先发优势机会区域机会点及示例

	机会点	机会点说明	例子
先发优势机会区域	颠覆性创新	基于不连续的技术变革或颠覆性的商业模式来创造新的市场种类	技术变革——5G 远程手术、无人机施肥等；商业模式——拼多多重构了"人"与"货"的关系，从传统的消费者通过搜索找到商品，变成用推荐算法让商品找到消费者
	应用性创新	一种解决方案型创新，可以通过挖掘已有产品的新用途为它们开拓新的市场，而且一般是通过用新颖的方式对产品进行重新组合来做到这一点	专为飞行员设计的降噪耳机如今早已"飞入寻常百姓家"，成为音乐发烧友随身携带的专属装备

续表

机会点		机会点说明	例子
先发优势机会区域	产品创新	这种类型的创新在当前的市场中继续关注已有的产品，通过提供当前产品没有提供的特性、功能来实现差异化	电信运营商在普通宽带的基础上推出的游戏专线、临时网络加速包等；吉列公司将其剃须刀业务的重点从剃刀转向剃须刀刀片
	平台创新	提出了一个简化的产品层来掩盖其中的复杂性与综合性，将那些已被广泛接受的产品重置，使其具备这种新的功能	厚重的笔记本电脑通过轻薄笔记本电脑＋云服务来解决

（2）客户获取机会区域

这个机会区域会产生许多改变局部产品方面的机会点，因为其核心产品并没有改变，因此在成熟的市场中，随着越来越多的供应商达到了同一个相对完整的设计要求，产品本身的商品化程度也就会越来越高。在这些市场中，对先发优势机会区域的额外投资并不能产生回报。相反地，在业务生命周期的早期，产品品类的关键功能仍有相当大的改进空间时，这个区域就不太适用了，因为它们的首要评价标准仍旧是性价比。

在客户获取机会区域，按照从最接近产品到最接近客户的转变有4个机会点，如表13-4所示。

表13-4　客户获取机会区域机会点及示例

机会点		机会点说明	例子
客户获取机会区域	产品线延伸创新	这种类型的创新是通过结构改变，从已有产品中创造出有特色的子品类。其目的是通过改造旧产品以获得更有吸引力的产品来拓展成熟市场，绝大多数产品的核心基础构架并没有改变，这样供应商就可以进行分期投资，降低开发风险	饮品系列增加苏打水、奶茶等品类；彩铃业务引入视频彩铃业务
	增强型创新	这种类型的创新是不断优化产品的组成部分，对产品的核心基础构成影响越来越少，创新对象越来越接近产品外观。其目的是通过改变产品某个单一的维度来改进已有的产品，再次激起顾客对这个品类的兴趣	樱桃口味的可口可乐；明星视频彩铃、综艺节目视频彩铃等

续表

	机会点	机会点说明	例子
客户获取机会区域	营销创新	这种类型的创新关注企业与顾客交互过程的差异化。其目的是比竞争对手销售更多的产品，而不是比他们生产更好的产品	直播卖货； 拼团； 快闪店； 无人零售店
	体验式创新	客户获取机会区域中最彻底的优化形式是体验式创新。其价值并不是基于功能的差异化，而是来源于产品或服务的体验。体验创新特别适用于产品已经完全商品化，且其购买决策没有风险的消费者市场	酒店为住客提供免费增值服务，如提前选房、电子欢迎牌等； 服装店提供VR试衣； 产中介提供VR看房

以上这些都在强调：转型机会点必须选择合适的创新类型。顾客在选择一种产品而放弃另一种产品时总需要有合适的理由，赢得顾客偏好是营销成功的关键。

（3）卓越运营机会区域

客户获取机会区域关注市场需求方的产品差异化，作为补充，卓越运营机会区域则关注供给方的差异化。这一区域的主要成果是获得低成本结构，让企业能降低价格，进行资本再投资或获得更高的利润。除此之外，该区域机会点需要注意的是投入市场的时间及对市场变革的适应速度，这两点都是在竞争壁垒较低的市场中获得成功的关键。

在卓越运营机会区域，按从最接近产品到最接近流程的转变有4个机会点，如表13-5所示。

表13-5　卓越运营机会区域机会点及示例

	机会点	机会点说明	例子
卓越运营机会区域	生产创新	数智化时代的生产创新有两种，一是减少已有产品的材料成本与制造成本，但不改变其外部属性，如典型的做法是减少定制化部分，换成低成本的标准化部分；二是利用技术手段提升人员效能，如机器换人、IT换人、AI换人等	电视、计算机、手机等将高成本手工集成的定制元件设计替换为低成本的标准化部件与已集成的子系统； 机器人客服、机械手臂

	机会点	机会点说明	例子
卓越运营机会区域	集成创新	数智化时代的集成创新有两种，一是通过将各个分散的元件集成为一个单一的中心化管理系统来减少顾客对操作复杂产品的维护成本，典型的做法是对已有系统的向后集成，且通过一个管理集成层作为缓冲，允许在保证内部构架不变的情况下进行外部的改变；二是打造超级接口，在原子能力平台上连接各个标准化的解耦元件，最大限度地实现个性化	一键美颜；打印、传真与复印多功能一体机；智能家居平台接入各类家电
	流程创新	数智化时代的流程创新关注两点，一是边际利润的提高，其做法并不是减少产品本身的浪费，而是从生产产品的过程中减少浪费，取消工作流程中没有价值的步骤；二是提升产品到用户的精准度与速度，通过新技术、数字工具与数据能力重塑经营的各个环节，降低与用户之间的摩擦，提升用户价值的运营效率	沃尔玛的供应商管理库存流程（VMIP）；Zara快时尚
	价值转移创新	这种类型的创新包括商业模式的重新定位，将其从原有的市场价值链商品化元素转向更具利润的领域	前程无忧推出人力资源咨询服务及招聘外包服务；阿里云推出云计算培训业务、数字化咨询业务

同时考虑客户获取机会区域和卓越运营机会区域的创新，总的来说，成熟市场的创新类型是利于深化与已有顾客的关系而不是获得新顾客。由于这些关系已经确立，创新类型的影响并不需要与先发优势机会区域的创新产生同样深远的影响力，因为先发优势机会区域的创新焦点在于获得新顾客。为了保持有吸引力的供应商利润，同时满足顾客对低成本的需求，客户获取机会区域和卓越运营机会区域的创新必须不断减少开支并提高资本有效性。

（4）模式革新机会区域

市场为交易提供了必要的环境，同时市场的创造是需要昂贵的成本和承担一定的风险的，任何市场都拥有各自有价值的资产，当面临着一个衰退的市场时，消费者与供应商仍有动机去参与其中。

从供应商的角度来看，有两个机会点，一般来说两者具有先后顺序：转移大部分资源用于一个新的品类，同时依据盈利并退出战略，最优化当前品类有用的剩余生命周期来获得利润。模式革新机会区域机会点及示例如表 13-6 所示。

表 13-6 模式革新机会区域机会点及示例

	机会点	机会点说明	例子
模式革新机会区域	重置创新	将其内部资源用于一个增长的业务，并将企业重新定位到该业务中	2005 年 IBM 将 PC 业务卖给了联想集团，将发展重心从硬件向软件转变；2020 年 10 月，IBM 将公司一拆为二，集中精力向混合云和人工智能转型
	并购创新	通过合并与收购等外部方式解决品类更新问题，企业可以成为兼并者或被兼并者	AT&T 进军内容领域，2015 年，以 671 亿美元收购了美国最大的卫星电视运营商 DirecTV；2018 年，AT&T 以 854 亿美元收购全球第三大无线电视、影视制作及娱乐公司时代华纳

数智化时代，不变的是业务生命周期模型，变化的是业务、企业等的生命周期，因此笔者仍用其来分析影响竞争优势战略的市场驱动力。同时，基于数字技术的创新可以提高企业遏制模仿的能力，并且具有较强的规模效应，即多生产一个单位的产品或多服务一个客户的边际成本往往为零或接近零，最终让企业长期处于竞争优势地位。因此，笔者将业务生命周期与创新类型模型共同考虑，得到形成企业核心优势的机会图。

数智化时代的战略性领导活动就是通过创新获得可持续竞争优势，这是企业经营的核心。正确地选择需要对每个创新类型的特性都有深刻的认识，4 个机会区域图提供了不同阶段创新机会点的类型及对应示例，帮助企业更好地聚焦关键，共识转型。

13.1.3 洞察挑战工具

四阶竞合分析

关注变化，也让我们关注竞争和合作态势的变化，因为市场和市场需求的变化会导致竞争对手和生态伙伴的行为也发生不同的改变。

我们融合数智化的时代特征，对挑战的维度进行新的重组整合，产生新的业务洞察。如图 13-2 所示，我们按照产品竞争、行业竞争、产业竞争和跨界竞争对横轴进行划分。工业经济时代是由产品、行业到产业逐步过渡，主要关注竞争者，如左纵轴所示，仍是按照替代者、新进 / 潜在竞争者、现有竞争者进行划分，强调在固定的市场空间中切分蛋糕。数智化时代更关注从跨界、产业、行业到产品的洞察逻辑，主要关注合作者，按照互补者、增强者和连接者3 种类型，强调重新定义增长空间。

国有企业要在跨界和产业层面的合作发挥更大力量。国有企业是产业布局优化的重要力量，在增强科技创新实力，推动经济转型升级方面发挥着排头兵的作用。

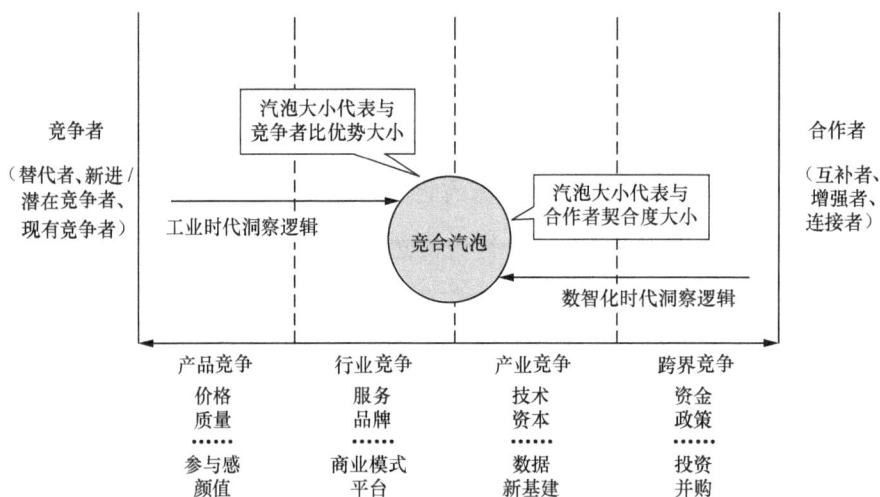

图 13-2　四阶竞合分析图

（1）第一阶：产品层面的竞合

数智化时代，产品层面的竞争越来越趋近于产品的绝对价值。经过用户体验产品质量，消费者已经不再过度依赖过往经验，这是消费环境的一个大变化。因此，面对客户需求的变化及个性化，产品层面的竞争要适应和跟上这一快速的变化，更好地满足客户需求。工业时代产品层面的竞争关键在于价格、质量等比别家好，现在则是"以客户需求为核心"，不仅仅是满足已有的需求，更是充分调动技术和应用的组合不断唤醒和创造需求。当企业不断唤醒和创造顾客价值的时候，那就不是跟谁竞争了，应该是跟谁合作去获取更大的发展空间。数智化时代产品层面竞合对比如表13-7所示。

表13-7 数智化时代产品层面竞合对比

工业经济时代	数智化时代
和竞争对手比价格	强化客户参与感 符合客户审美的产品颜值 和合作伙伴共同提高附加值
和竞争对手比质量	……
和竞争对手比便利	和竞争对手比价格 和竞争对手比质量 和竞争对手比便利

（2）第二阶：行业层面的竞合

所谓行业竞争，是围绕产品展开新的增值性的功能、服务或者新的产品开发。围绕产品展开的物流业务、金融业务、研发业务、人力资源外包业务等，都可以认为是行业竞争的范畴，行业竞争依然是以产品为核心展开的。

数智化时代，行业层面的竞争通过颠覆商业模式能够快速扭转格局。商业模式就是盈利模式，传统工业经济时代借助企业自身的服务、品牌或供应链效率能够形成稳定的盈利，现在仅通过传统要素难以实现市场格局的超越，需要融合数据、资本等新要素构建新商业模式，形成新的供需平台。数智化时代行业层面竞合对比如表13-8所示。

表13-8 数智化时代行业层面竞合对比

工业经济时代	数智化时代
和竞争对手比服务	和竞争对手比商业模式 和合作伙伴共创新商业模式 和竞争对手比企业平台 和合作伙伴共创新企业平台
和竞争对手比品牌	……
和竞争对手比效率	和竞争对手比服务 和竞争对手比品牌 和竞争对手比效率

从产品竞争到以商业模式为代表的行业竞争，企业家开始把眼光从企业内部转移到外部。商业模式创新者通常能够抓住趋势，创造性地利用某个或某几个外部环境中出现的新要素，改变满足某类需求的方式。比如，同为知识产品，纸质百科全书和电子百科全书具有完全不同的商业模式；同为住宿服务，Airbnb 与连锁酒店集团具有完全不同的商业模式。前者抓住了数字化的趋势，后者抓住了未被充分利用的闲置资源，这些都源于创业者对环境趋势的敏锐洞察。

（3）第三阶：产业层面的竞合

数智化时代，依托产业生态联盟的竞争方式成为新潮流。一方面，新兴技术的融合演进降低了信息不对称对要素流通的约束，大数据能够提供更多的质量信号。另一方面，信息技术显著降低了协作成本，培育或参与产业联盟成为企业在产业组织中发展的现实选择，构建在用户价值供给方面的比较优势成为产业组织竞争的主要维度。传统产业边界被打破进一步加快了要素流通的速度，竞争机制将促进产业组织内部要素配置的优化，实现整个产业链的效率升级。

为了增强产业联盟组织本身的竞争优势，联盟内部还需要不断地进行自我升级，升级的过程中同样也存在着优胜劣汰的竞争机制。就核心企业而言，维持核心地位的关键在于扩大用户连接和获取用户数据，在价值端和供给端之间发挥核心枢纽的作用。同时，为了保障价值的高效供给，核心企业还需要不断更新内部共享的重要技术，促进参与者创造碎片化价值及业务之间的协同。核心企业主导着生态内部的要素配置，而在价值供给和技术共享两个方面更具优势的参与者才能成为生态的核心企业。就辅助者而言，在核心企业的引导下创造能够满足用户预期的碎片化价值并且与其他参与者之间实现业务的高效协同，是培育竞争优势的关键，而在这两个方面表现低效或者无效的辅助者必然会被其他更为高效的辅助者所替代。国有企业必须要成为产业联盟中的核心企业，这就要求国有企业构筑高质量的数据治理及科技创新体系。数智化时代产业层面竞合对比如表 13-9 所示。

表 13-9　数智化时代产业层面竞合对比表

工业经济时代	数智化时代
和竞争对手比技术	和合作伙伴共享数据 和合作伙伴共建基础设施
和竞争对手比资金	……
和竞争对手比资产	和合作伙伴共享技术 和合作伙伴打通资金 和合作伙伴置换资产

近年来，国有企业在高新技术、生态环境保护和战略性新兴产业等方面加大了对民营企业的投资合作力度，培育和带动了一批企业发展，促进了相关产业竞争力的提升。比如，国家开发投资集团有限公司（简称"国投"）出资 216 亿元，发起了多支基金，形成了一个从孵化到转化，从成长到成熟，覆盖企业全生命周期的基金体系，基金总规模达到 1600 亿元。

（4）第四阶：跨界竞合

企业之间建立的虚拟连接打破了物理环境对企业发展的约束，不仅创造了跨界发展的新机遇，而且消除了传统的行业壁垒对潜在进入者的抵御，企业不得不面临来自其他领域的更为激烈的竞争。随着用户价值成为生态运行的核心维度，规模经济、技术优势、沉没成本等进入壁垒的作用被削弱，尝试通过横向和纵向的一体化降低协作成本的战略逐渐被替代，跨界合作成为产业组织发展的常态。

产业环境的空间化驱动了竞合升级，由原来的企业争相从外部环境提取资源为我所用，转向没有参照系、战场无所不在的跨界竞合。相对于产业竞合，跨界竞合更强调动态的、多维的战略群组生态战，是永不停歇的运动战、是多维综合的超限战。生态演化既是空间维度上的纵横捭阖，更是时间维度上的生死竞速。生态具有非线性性质，一步落后，步步挨打。已建立生态的企业可以更顺利地进入新商业模式，为生态吸纳更多资源,进一步强化竞争优势。数智化时代跨界竞合对比如表13-10所示。

表 13-10　数智化时代跨界竞合对比表

工业经济时代	数智化时代
采用投资并购的多元化战略	获取政府政策背书 强化资本运作

数智化时代，用户响应是企业实现生存和发展的重要价值观。通过整合价值链、供应链、产业链而建立高效的价值网络，实现价值创造、价值传递和协同、价值交付成为企业抵御潜在进入者的竞争策略。在跨界互联的战略思路下，越来越多的国有企业通过跨界整合建立商业生态，不断扩大业务范围。近几年开始加码环保业务布局的华润集团，就是很好地运用政策及资本的力量来跨界布局。

13.1.4　洞察分析沟通工具

在该部分，团队需要在以下重大问题上达成共识。

- 总体发展形势和阶段是什么？

- 企业面临的机会和挑战在哪里？

在运用世界咖啡工具时，可以回答以下问题并进行记录，如表 13-11 所示。

表 13-11　研讨问题表

步骤	环节	研讨问题
洞察规律	政治	◆ 哪种监管法规会影响你的商业模式 ◆ 哪些规则、制度会影响客户端需求
	经济	◆ 宏观经济的发展趋势如何 ◆ 哪些因素在影响经济走势
	技术	◆ 哪种技术代表着重要的市场机会或成为扰乱市场的威胁 ◆ 市场客户正在采用哪种新技术
	社会	◆ 哪些社会或文化趋势可能会影响消费者行为 ◆ 在文化和社会价值观中，哪种转变可能会影响企业的商业模式
	区域	◆ 区域内产业的基本特征及关键的成功要素是什么
	供需	◆ 不同细分市场增长趋势与前景如何 ◆ 哪些是目标客户最重要的需求？哪些是最极端的痛点？按照重要性将痛点和收益排序 ◆ 目标客户的特征是什么，有何关键诉求 ◆ 决定目标客户购买的决定性因素是什么？购买场景是什么
洞察机会	/	◆ 哪类细分市场出现了新产品、新模式 ◆ 新变化背后的驱动因素是什么
洞察挑战	/	◆ 公司主攻产业 / 市场上有哪些竞争对手 ◆ 关键竞合点有哪些

世界咖啡

（1）介绍

著名的"World Cafe"（世界咖啡）会议模式的主要精神就是"跨界"，不同专业背景、不同职务、不同部门的一群人，针对数个主题，发表各自的见解，意见碰撞，从而激发出意想不到的创新点子。

世界咖啡让参与者从对个人风格、学习方式和情感智商这些我们惯用评判人的方式的关注中解放出来，使人们能够用新的视角来看世界。让人们进行深入的沟通，并产生更富有远见的洞察力。

（2）步骤

假定参与人数为 30 人。

• 第一步：抽签分组

分 ABCDE 五组，写有同一个字母的标签各 6 个，抽签形成组。

• 第二步：组内自我介绍 + 选桌长

每个组员进行简单的自我介绍，并选出一位桌长（桌长是每桌唯一留在原地的人）。

• 第三步：公布话题 + 组内第一次发言

公布一个讨论的话题任务，比如说"公司 ×× 业务应抓住哪个机会区域、哪个机会点？"组内第一轮发言，桌长记录并总结。在发言过程中不用争论和分辨，每个组员尽可能多地表达观点即可。

• 第四步：去旅行

除了桌长之外的其他伙伴，随意去别桌"喝咖啡"。这里需要注意的是，接收"顾客"的每一桌需要保证同时不可出现两个同组的人。待"顾客"都落座后，桌长先表示欢迎，并且介绍本组之前讨论的结果。之后由"顾客"发言，发表自己组的结论。

这个过程中，每个人在时间允许的范围下尽量充分地表达，不用去管合理与否，意见不同也暂时不必争论。桌长做好记录并总结。

这个过程重复 2～3 次，具体次数根据时间和团队需求确定。这是一个信息发酵的过程，你会发现几轮下来，即便是来自同一个组的"顾客"说的也不一样。并且每个人都会在一次次的表达和倾听当中，加深对于问题的思考，并且大量吸收来自不同人的不同角度的观点。

● 第五步：衣锦还乡

到别的桌游历多次的各组成员，带着对问题更深层次的理解，回到原来的小组，分享自己这一路的所见所得，可谓"衣锦还乡"。

桌长也将几轮讨论的收获和组员共享，之后进行最后一轮的组内讨论，总结并得出结论。

（3）适用场景

洞察分析沟通工具适用场景如表 13-12 所示。

表 13–12　洞察分析沟通工具适用场景

适用场景：外部洞察、组织愿景与战略统一、经营目标分解、团队融合、工作创新、企业文化培训、组织氛围营造、会议效率提升、问题分析与解决、领导力发展、管理技能提升、内部讲师培养、课程设计与开发、读书会等	
优点：聚焦一个问题；集合头脑风暴，解决实际问题，可以立马实操	缺点：对桌长要求比较高，企业需要多人具备引导技术；领导的加入，大家很难说真话

13.2　共识转型工具

13.2.1　制造转型紧迫感工具

本节结合上一章提到的企业数字化转型中涉及的战略、数据、产品、平台、考核、流程、人才、组织 8 个方面，试图从企业应该达到的程度出发提出能力评估模型。

1. 数字化能力评估模型

（1）整体框架

如表 13-13 所示，数字化能力评估模型从四大范围、11 个维度、46 个能力项来进行评估。能力划分 7 个等级进行评价，同时标注出应该达到的能力层级。

表 13-13 数字化能力评估模型

范围	子范围	能力	等级						
			1	2	3	4	5	6	7
数字战略，创新与生态	业务战略和规划	需求管理					5	6	
		业务分析			3	4	5	6	
		业务流程提升					5	6	7
		企业与业务架构					5	6	7
		业务风险管理				4	5	6	7
		可持续性				4	5	6	
	信息战略	企业 IT 治理					5	6	7
		战略规划					5	6	7
		信息治理				4	5	6	7
		信息系统协调						6	7
		信息安全			3	4	5	6	7
		信息保障					5	6	7
	创新与生态	创新					5	6	7
		研究		2	3	4	5	6	
		采购		2	3	4	5	6	7
		供应商管理		2	3	4	5	6	7
		关系管理			3	4	5	6	7
数据驱动，技术与平台赋能	数据治理与驱动	分析			3	4	5	6	7
		数据可视化				4	5		
		数据管理		2	3	4	5	6	
	技术赋能	新技术跟踪与研究				4	5	6	
		持续性管理				4	5	6	
		网络规划					5	6	
		方案架构				4	5	6	
	平台赋能	服务水平管理		2	3	4	5	6	7
		IT 基础设施	1	2	3	4			
		设施管理			3	4	5	6	
		资产管理		2	3	4	5	6	

续表

范围	子范围	能力	等级						
			1	2	3	4	5	6	7
业务变革与运营交付	产品与服务	市场营销		2	3	4	5	6	
		产品管理			3	4	5	6	
		用户体验			3	4	5	6	
		组合管理					5	6	7
		销售支持	1	2	3	4	5	6	
	变革与运营交付	业务建模		2	3	4	5	6	
		业务流程测试				4	5	6	
		变更实施规划与管理					5	6	
		项目管理				4	5	6	7
数字文化，技能和能力	组织文化	组织能力发展					5	6	7
		组织设计和实施					5	6	7
	考核评价	绩效管理				4	5	6	
		资源管理				4	5	6	
		能力评估			3	4	5	6	
		收益管理					5	6	
	人才	专业发展				4	5	6	
		学习设计与开发			3	4	5		
		知识管理		2	3	4	5	6	7

（2）使用指引

如表 13-14 所示，主要从自主性、影响力、复杂性、知识、业务技能 5 个维度来区分 7 个能力等级。与 DMM 数字化成熟度模型不同，除了从应该达到的能力进行逐级说明之外，描写方式采用人员能力的角度更有代入感，评估更准确。在研讨中可比照具体等级对应评估。

表 13-14　能力等级说明

	自主性	影响力	复杂性	知识	业务技能
1	在监督下工作；使用少量自主决定权，也可以与同事合作期望在突发情况下寻求指导	影响力最小；可以单独工作，也可以与同事合作	在稳定的环境中执行例行活动；在处理突发问题时寻求帮助	具有适合于工作领域的应用基本通用知识；应用新获得的知识来开发新技能	有足够的沟通技巧，与他人进行有效的对话；展示出有思路的工作方法，应用程序和流程；有助于确定自己的发展机会，遵循行为准则，道德规范和组织标准，意识到健康和安全问题；了解并应用基本的个人安全实践
2	在常规指导下工作；使用有限的自主权解决问题，不频繁参考他人意见开展工作	与同事互动并可能对同事有一定的影响力；可能与客户、供应商和合作伙伴等外部人员有接触；在自身领域有更多的影响力，意识到需要与团队合作，并能代表用户/客户需求	在各种环境下开展一系列工作活动，可能有助于日常规问题的解决	展现出行业基本通用知识的应用技能；获得了本领域的基础知识，并能在系统的应用中吸收有效的信息	有足够的沟通技巧，与客户，供应商和合作伙伴进行有效的对话；能够在短时间内计划，安排并监督自己的工作，展现出合理目标路径的工作，理解并使用适当的方法和工具；识别并争取自己的发展机会；充分意识到有关个人所期望的基本组织安全实践

续表

	自主性	影响力	复杂性	知识	业务技能
3	在大方向下开展工作，识别和应对复杂问题和任务；接收具体指令，工作中监视；可以判断何时需要将问题升级处理；在认同的节点接受出的工作决策	与同事互动并影响同事；与客户、供应商和合作伙伴有工作层面的接触；可监督他人或做出影响自己目的工作决策。理解并协同分析用户/客户需求，并体现在日常工作中	在各种环境下实施一系列工作，包括复杂的和非例行工作；妥善处理问题	具有良好的通用、本领域和专业的知识，在组织中有效执行，通常从具备知资质的机构获取知识和知识信息；展现出对知识有效运用；了解更广泛的业务环境；采取行动开发自己的知识结构	展示有效的沟通技巧；在有限的期限内，根据相关的立法、标准和程序，计划、安排和监督自己的工作；非常理解自己的角色与其他的业务的分之间的关系；展现出解决问题所需的分析方法和系统方法；主动识别和争取适当的个人发展机会；理解自身角色对安全的影响，展现出自身工作所需的日常安全实践和知识
4	在清晰的责任框架指引下开展工作；行使实质性的个人职责和自主权；规划自身工作以满足既定的目标和进程	按客户层级影响客户、供应商和合作伙伴；对其他人的工作和资源分配承担一定的责任；参加与自身专长相关的外部活动；做出长期影响项目成功和团队目标的决策；与团队成员、用户和客户定期协作，确保用户的需求在整个过程中得到满足	在各种情况下从事广泛而复杂的技术和专业活动的工作；调查、明确并解决复杂问题	有必要对公认的通用行业知识和专业知识机构进行深入了解；对本组织相关领域有深入的了解，能够在不熟悉的情况下有效地应用知识，不断巩固自己的知识，并为他人的发展做出贡献；快速吸收新信息，并有效应用；保持对不断发展中的实践和应用中的认识，并对自己的发展负责	流利的口头和书面沟通技巧，并能向技术和非技术人员解释复杂的信息；规划和监督工作进度，以满足时间和质量目标；促进具有共同目标的利益相关者之间的协作；从众多适用中做出合理的选择，方法、工具和应用对自己的工作和组织运作所需专解安全对自身或者同事工作的重要性，在自身发展中的寻求专家的建议

续表

	自主性	影响力	复杂性	知识	业务技能
5	在大方向指引下开展工作；工作任任是自我发起的技术或项目，全面负责达成指派的技术或项目目标；设置关键项目的目标，并在任务或责任分配当中承担重要角色	通过自身专业的贡献影响组织、合作伙伴和同事；建立适当和有效的业务关系；做出影响工作任务成功（即结果、截止日期和预算）的决策。对适当的分配和管理资源有重大影响；在贯穿领导引领的各个阶段工作／客户协作；确保客户的各个工作阶段；确保满足客户每个工作阶段需求并保持一致性	开展广泛的、各种复杂的技术和专业工作；承担在广泛情况下经常不可预知地而运用基本原理完成的工作；理解自己的专业和更广泛的客户／组织要求之间的关系	完全熟悉公认的行业机构的通用知识；积极为自己的个人发展和辅导他人寻找新的知识；在整个行业或企业中开发更广泛的知识；应用知识帮助定义他人适用的标准	展现出领导力；在正式和非正式的场景下开展有效的交流；促进多元化目标的利益相关者之间的协作；从时间、成本和质量目标对工作进行分析、设计、计划、执行和评估，并对持续运营改进的范围和选择提供建议；积极为个人发展和议以时考虑到所有需求；在为客户／利益相关者实施有利的解决方案中展现出创造性、创新和道德思维；就与自己专长相关的可用标准、方法、工具和应用提供建议，并可以从备选方案中做出适当的选择；保持对行业发展的认识，持续保持最新技能；评估和衡量风险；主动确保自己和他人的安全，必要时与安全专家接洽，为组织的安全做出贡献

续表

	自主性	影响力	复杂性	知识	业务技能
6	在某个重要的工作领域对所采取的决策和行动拥有明确的授权和责任，包括技术、财务和质量方面；设定组织目标，并指派职责	影响政策和战略的制定；构建与客户、供应商和合作伙伴的重要关系；做出影响他人组织工作、财务和质量方面实现和决定组织目标实现和财务表现的决策	有广泛的商业见解，并深刻理解自身专长；实施包括技术、财务和质量方面在内的高度复杂的工作；促进政策和战略的实施；创造性地应用了广泛的技术或商业管理原则	在自己组织中推广通用和特定的知识的应用；在自己组织内部和已的组织内的供应商、合作伙伴、竞争对手和客户的工作活动和实践中开发出业务技能	展现出明显的领导力；与所有层级的技术和非技术受众进行有效的沟通，理解并在用人机构新技术的影响。理解并在内部传播行业的变化，以及技术带来的变化；促进遵守化和影响。吸收复杂的信息，促进遵守有关立法，产品和客户的人提供所需的服务；已和同事保持自己组织内的技能最新，主动保持自己在职责范围内和组织内共同促进安全方面发挥主导作用
7	处于组织的最高级别，拥有工作领域中超越企业其他任何方面的授权，包括策略的制定和应用；对自己或者被组织推行采取的他人所采取的行动和决策负全部责任	为组织的成功做出关键性的决策；激励企业，并以最高层次的影响力引领战略的制定和实施；推动该企业在行业内的发展；在一个或多个组织推进技术的开发；发展与客户、合作伙伴、行业领袖和政府的长期战略合作关系	引领战略的制定和实施；运用最高级别的领导力对行业、新兴技术对更广泛的商业环境的理解	建立了广泛的商业知识，包括自己组织内部的活动和实践，以及对供应商、合作伙伴、竞争对手的全面理解；培养一种文化，鼓励在自己的影响范围内对通用和特定的知识进行战略性的应用	具有全方位的战略管理和领导能力；交流新出现的战略和技术对组织和个人的潜在影响，并评估使用或不使用这种做法和技术的风险；理解、解释和提出复杂的想法，并以令人信服的方式说服各级对象；评估立法、约束和包容，积极促进遵守全部技能和能力；确保组织开发和调动所需的领域和能力；在自己的工作领域和整个组织中捍卫安全

2. 根因分析工具箱

（1）整体框架

根因分析由两个步骤组成，第一步先基于访谈记录整理问题提及率，并按照提及率聚焦高频问题，第二步采用 5-why 挖掘根因，形成变异鱼骨图，如图 13-3 所示。

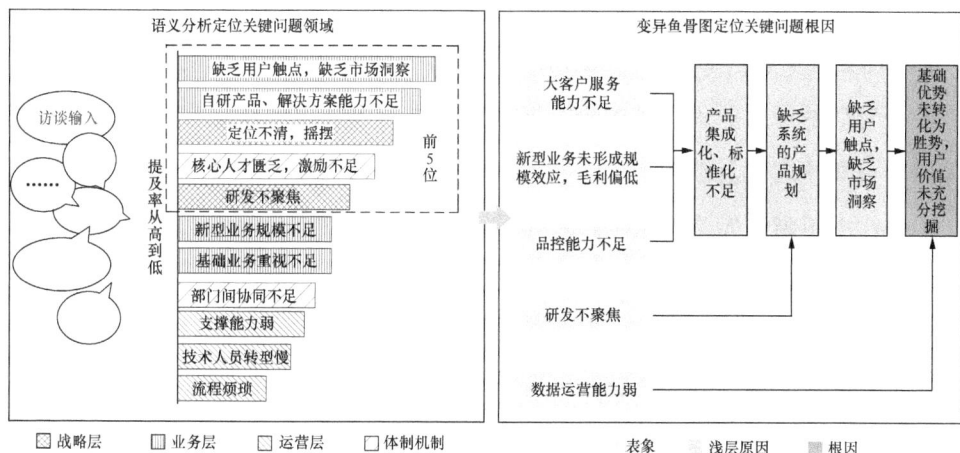

图 13-3　根因分析整体框架

（2）使用指引

① 语义分析

完成中高领导层的访谈后，梳理访谈记录，提炼出访谈过程中提到的发展问题，填入表 13-15 中，并通过打标签的方式逐步聚类归集。

表 13-15　访谈记录梳理示例

一级标签	二级标签	访谈对象层级	访谈原文
战略层	定位不清、摇摆	分管副总	……
战略层	研发不聚焦	部门经理	……
……			

② 词频分析

接着可以按照一二级标签对访谈记录梳理表进行分析，可以得出全公司关注问题的提及频次、占比，进一步还可以对比不同层级所关心的问题。

③ 根因挖掘

该步骤可采用团队共创的方式，这个过程可以用反复追问为什么的方法来完成。其中有一个关键的工具，是由丰田生产方式的创始人大野耐一所发明的5个为什么的方法（5-why model），通过不断地追问为什么，找到这些障碍或者差距背后的深层原因。基本上，通过至多5个为什么的深入探究，差距或者障碍的根本原因就会被找到。

在这个不断追问为什么的过程中，要避免那种庸俗化的倾向，尤其是避免那种将原因归结到他人身上的推卸责任的做法，或者将原因归结为缺这个或者少那个的"匮乏思考"的倾向，而是坦诚地直面问题的本质。

当我们将一系列现象的根本原因逐渐梳理出来之后，这些原因可能不止一个，可能是5个或者8个，所有战略思考的参与者此时此刻需要把这些原因做一个归总，也就是找到原因之间的逻辑关系，从而看到这些事情是如何互相影响的。这个过程是非常有建设性的，同时也是充满趣味的。当然这些逻辑关系不见得能够导出一个理想的根本原因，它们可能是并行的。但是当我们把这些事情的原因之间的逻辑寻找出来的时候，解决问题的渴望会被激发出来，而那些有可能实现战略性突破的想法，也就呼之欲出了。

具体操作上，首先组员可将二级标签问题列出来，然后不断地问"为什么"来建立一个通向根本原因的原因，并将问题与问题连接，得出变异鱼骨图。

13.2.2　共识转型蓝图工具

1. 德鲁克事业理论

在数智化时代，彼得·德鲁克于1954年提出的事业理论依然适用于企业愿景和使命的创建。"任何组织要想取得成功，就必须拥有一套自己的事业理论。"德鲁克认为，外部环境的假设决定了企业的利润来源，而企业使命的假设则决定了哪些结果对企业是有意义的。换言之，从总体上它们认为自己应该为社会做出什么样的贡献。最后，核心竞争力的假设说明企业为了保持自己的领导地位所必须具备的特长。

如图 13-4 所示，德鲁克事业理论第一环由 3 个部分构成。第一，有关组织外部环境的假设：社会及其结构、市场、客户和技术。第二，有关组织特殊使命的假设。第三，为完成企业使命所必需的核心竞争力假设。第二环由 4 个要求构成。第一，环境、使命和核心竞争力的假设都必须和事实相符。第二，第一环中 3 个部分的假设必须相互协调。第三，事业理论必须为整个组织内的成员知道和理解。第四，事业理论必须不断经受检验。

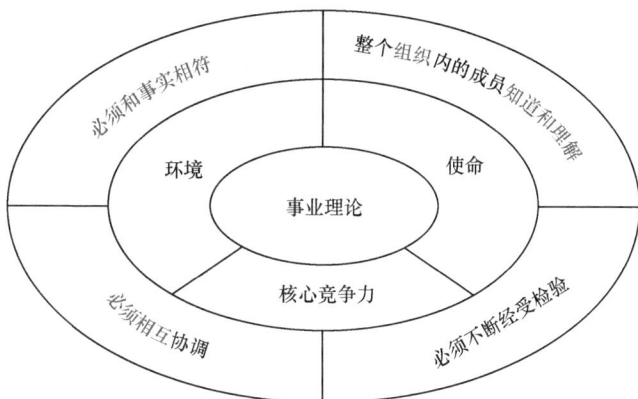

图 13-4　德鲁克事业理论概图

2. 战略调色板

2015 年，为了应对日益活跃的多元化商业环境及大量涌现的战略方法，BCG 资深合伙人马丁·里维斯（Martin Reeves）和众多学者联合提出了一个统一的选择框架：战略调色板，即利用对环境的了解、掌控的可能性、环境的严峻程度等要素，转化成 5 个重要的情景和 5 个对应的战略方向，并可根据各领域面临的具体商业环境量身打造合适的战略方法。战略调色板框架如图 13-5 所示。

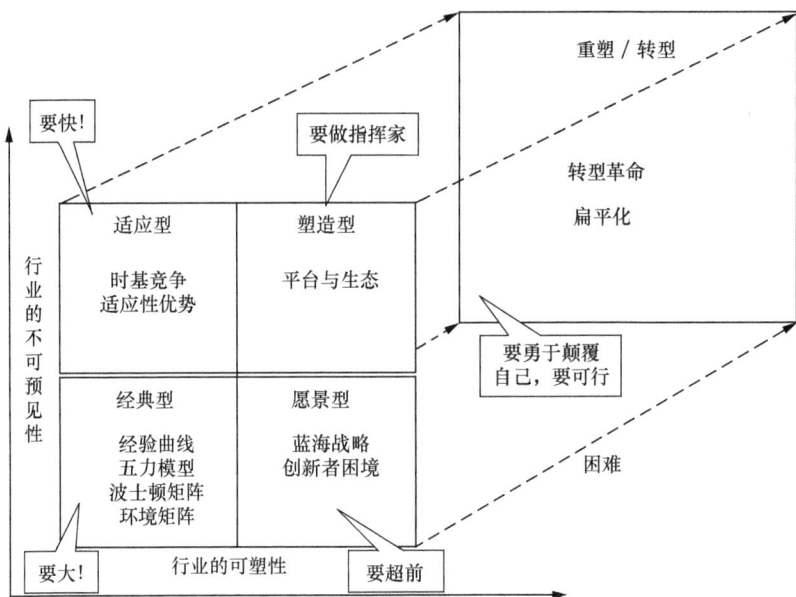

图 13-5　战略调色板框架

使用以下 3 个维度将商业环境进行分类：① 可预测性：企业能否预测商业环境未来的发展变化；② 可塑性：企业能否独立或者以合作的方式重塑商业环境；③ 环境严苛性：企业能否在商业环境中生存。

组合成 5 类典型的商业环境，并根据战略调色板制定、实施与之相对应的战略方案。

（1）经典型战略（做大）：企业前景可以预测但难以改变。企业适合选择经典型战略，五力模型、波士顿矩阵都属于经典战略风格的概念。

（2）适应型战略（求快）：企业前景难以预测和难以改变。因为市场环境的可预测性低，战略制定之后要随时根据市场的转变而改变，它所强调的是成为最快的。

（3）愿景型战略（抢先）：企业前景可以预测并加以改变。它要求企业领导者具备独特的洞察力和清晰的目标，制定一项高瞻远瞩的战略，成为像乔布斯一样的"第一人"。

（4）塑造型战略（协调）：企业前景难以预测但有可塑性。如苹果、谷歌、安卓等企业企图建立一个生态圈，并致力在这个生态圈中占据统治地位。它的目标是成为整合者。

（5）重塑型战略（求存）：企业资源严重受限，在艰难的环境中努力生存和前行。特殊性在于为陷入困境的企业带来一丝希望。它的目标只有一个：生存下去。

工业经济时代，使用较多的是经典型战略、适应性战略和愿景型战略。进入外部环境多变的数字经济时代，会更多地使用塑造型战略和重塑型战略。战略调色板 5 种战略定位如表 13-16 所示。

表 13-16 战略调色板 5 种战略定位

战略环境	战略定位	战略目标	战略路径	战略重点
万物初生，机会先导	经典型战略（做大）	规模、市场份额	产品开发运营效率提升	开发创新产品和服务；发展最佳成本结构
市场洗牌，脱颖而出	适应型战略（求快）	用户活跃、价值创造周期	市场渗透与开发产业链扩展地理区域扩展	进入新市场，寻找新客户；推行新的渠道和交付路径；横向一体化或纵向一体化；区域、全国及全球市场拓展
群雄逐鹿，定点超越	愿景型战略（抢先）	率先进入市场、新用户满意度	技术创新运营创新	掌握核心技术；推动前沿领域创新；改善核心职能领域的效能和效率
行业变革，战略牵引	塑造型战略（协调）	生态合作健康度、利润、新产品活跃指数	模式重塑能力重构	发展业务运营的新方式；建立合作伙伴关系，快速响应市场；提升业务灵活性；提升核心能力，从而提高效率
环境挤压，生存受限	重塑型战略（求存）	现金流、成本占收入的比例	聚焦价值全面重塑	传统业务转型升级；精准投放资源；建立生态

3. 目标洋葱图

如图 13-6 所示，目标洋葱图是笔者按照"目标管理＋绩效评估"的大逻辑，结合战略管理不同层次的目标定位，适配不同的目标管理工具而形成的，形似洋葱，故命名为"目标洋葱图"。

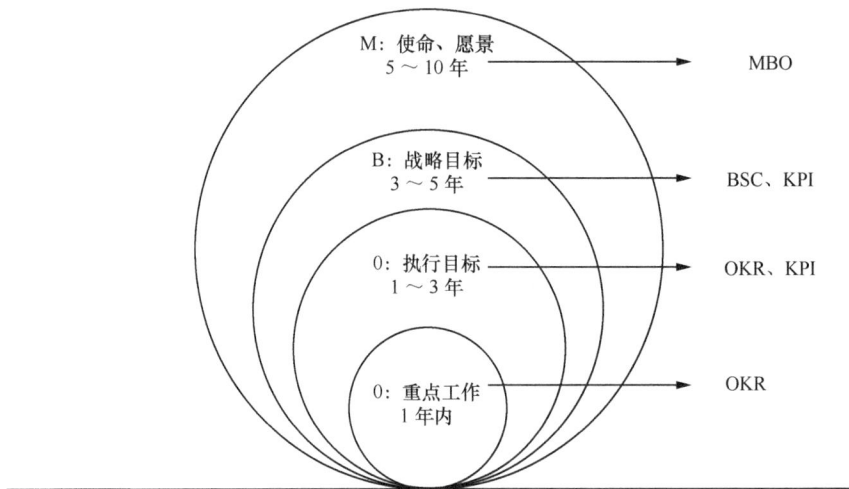

图 13-6　目标洋葱图概览

在制定企业愿景与使命目标时推荐采用 MBO，这是彼得·德鲁克设计出来的工具，用建立目标和在实现目标过程中通过自我控制的方式来进行管理，把个人的价值观、长处、想要达到的目的和组织对社会的承诺、对顾客的承诺、想要达成的目标统一起来，尽可能让它们一致。

在制定战略目标的时候，可基于 BCS 分类维度增加数字化元素，并选取核心指标形成 KPI。在制定执行目标的时候，一方面可由员工基于年度重点工作自驱式提出 OKR；另一方面承接战略目标中的 KPI，共同形成 1～3 年的执行目标。

4. 价值主张锚定图

业务选择解决"干什么，如何赚钱"的问题，主要任务是业务设计，旨在明确企业创造价值的核心逻辑，把战略机会点转化为收入和利润，建立自己的商业模式。在研讨过程中，基于上两个环节明确的战略定位、战略目标之后，可结合业务模式、价值主张锚定图明确价值主张方向。

（1）整体框架

价值主张必须适合其所属企业的企业类型。有一种基本的区分方式，将商业世界分为两个相互独立又互相影响的领域。它是由一对相反的商业架构来定义的，这二者分别是复杂系统模式和规模运营模式。

复杂系统架构专门从事咨询服务、集成服务等，处理复杂问题并提出场景化解决方案。它侧重为大型企业提供服务。这类公司包括浪潮公司、宝信软件、太极集团等。相比之下，规模运营架构侧重为中小企业或个人提供标准化产品及服务。尽管它也有许多面向企业客户的产品与服务，但其根源在于面向消费者的业务，包括小米、苹果等公司。

这两个模型中的每一个都有其"最佳点"，在这个最佳点上效率是最佳的，左右两侧都有下降趋势。在复杂系统架构中，一方面，它会因为系统太复杂而崩溃；另一方面，如果没有足够的复杂性需要解决，那么成本结构就会变得难以承受，就像复杂系统企业试图向下移动市场以服务中小型企业客户的情况一样。在规模运营架构中，如果想要为大型企业客户提供产品与服务，就必须打造专门的产品与服务、专门的渠道甚至需要专门的技术投入，如果没有足够的订单规模，会导致入不敷出。图 13-7 为价值主张锚定图。

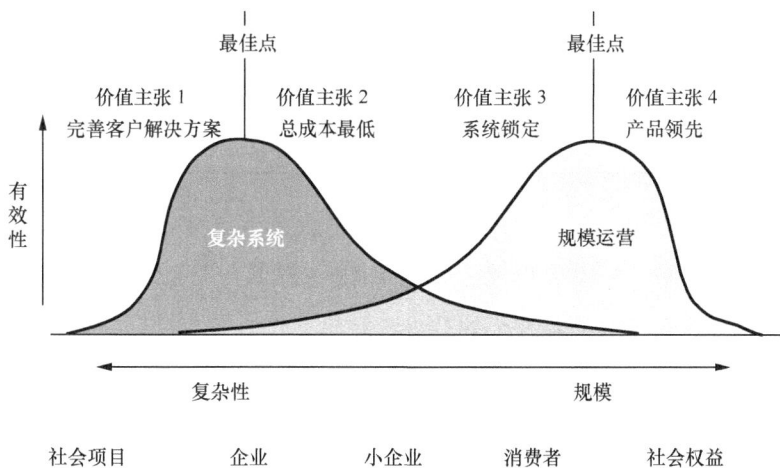

图 13-7　价值主张锚定图

这两种模式几乎在每一个业务维度上都是截然相反的。也就是说，它们在如何研发、设计、采购、制造、营销、销售和服务上，推行着截然相反的战略和技术。在一个领域内的最佳实践在另一领域内就可能是最坏实践。

设置企业价值主张是建立在这两类架构其中之一的基础上，而不是建立在二者折中的基础上。

一般来说，与复杂系统适配的价值主张是价值主张 1，完善客户解决方案，即为客户提供最优的解决方案；还有价值主张 2，总成本最低，即为客户提供一致、及时和低成本的产品与服务。

与规模运营适配的价值主张是价值主张 3，系统锁定，即提供最终用户的高转换成本、赋能合作伙伴增加价值；还有价值主张 4，产品领先，即突破现有的业绩边界，提供有竞争力的产品和服务。价值链要素如表 13-17 所示。

表 13-17　价值链要素

价值链要素	复杂系统	规模运营
研究	定性阶段	定量分析
设计	模块集成	集成的模块
资源	考虑边际量	考虑平均量
制造	适应性方法	确定性流程
市场	价值链控制	品牌与宣传
销售	顾问式销售	低接触度分销
服务	开放式咨询	封闭式处理

（2）使用指引

在研讨过程中，可结合价值主张锚定图，按照客户选择、价值主张、价值获取、业务活动和战略控制 5 个部分进行输出。

开展业务选择，需要考虑 3 组关系：一是客户选择与价值主张的关系。客户的需求和痛点是业务设计的出发点，将决定产品与服务的价值主张，回答"为谁创造价值，创造什么样的价值"的问题。二是业务与利润的关系。明确利润逻辑，找到持续的业务收入来源，回答"如何赚钱"的问题。三是企业与竞争对手的关系。找准战略控制点，建立维持企业长久的竞争优势，回答"我们用什么手段持续赚钱"的问题，如表 13-18 所示。

表 13-18 价值主张锚定图研讨输出

业务	客户选择	价值主张	价值获取	业务活动	战略控制
业务一					
业务二					
业务 N					

13.2.3 配套关键资源工具

核心 - 外围分析模型[64]

核心 - 外围分析模型是进行资源优先排序的一个框架，区别对待差异化流程与其余各类工作。核心 - 外围模型主张从成熟市场的使命关键性外围业务中提取资源，从而为成长型市场中的差异化行为提供所需资金。

（1）整体框架

核心。在目标市场中创造可持续的差异化，带来售价提升或销量增加的所有活动。核心管理寻求在核心领域内显著地超越所有竞争对手（此处的"核心"与"核心竞争力"或"核心业务"并无关系。核心竞争力描述的是差异化的能力，而核心业务描述的则是在总营业收入中占很大比例的品类）。

使命关键。对决定公司存亡的产出而言至关重要。

使命关键性外围。使命关键性外围活动必须根据市场期望而采取。然而，在这些方面表现得比其他企业更好，并不能提升差异化水平和增加利润。从战略上来说，在某一领域过度分配资源会导致下一代创新活动的资源分配不足。

如图 13-8 所示，目的是在资源分配上优先考虑核心。这是向左的箭头和左边两个象限内竖直方向的椭圆的含义，但是企业的决策是在使命关键风险存在的情况下制定的。管理者必须分配资源来防止这一不利因素，而这是向上的箭头和上方两个象限内水平方向的椭圆的含义。

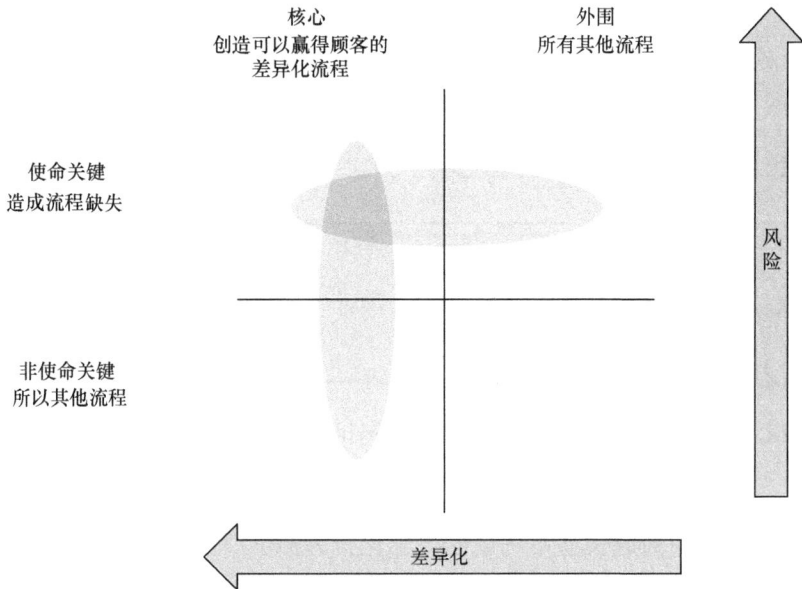

图 13-8　核心 - 外围模型框架

无须多作思考就能发现右上方的象限会出现问题。使命关键的外围所需要的，正是企业为下一代核心所分配的资源，但是企业却不敢将这些资源从它们的现有任务中释放出来。

企业所谓的使命关键性外围究竟指的是什么呢？每一次产品装运、每一件财务事项、每一份雇用协议；信息安全、研发供给、投资报表、生产管理系统……很少有企业会在这些方面形成差异化战略，因此它们不是核心。但是，如果它们其中一个出了故障，负责的管理人员就会遇到很大的麻烦，因此它们是使命的关键。

为了确保它们不出纰漏，企业让有经验的员工来完成这些任务，并指派有经验的管理者来监督他们的工作；组建系统来跟踪记录这些工作，并在出现问题时及时上报；设置主系统出现故障时可作替代的备用系统。简而言之，企业如今占用了相当多有价值的资源来防范使命关键性失败可能带来的后果。

在这样的情况下，资源在核心和外围的范围内周期性地循环，核心 - 外围模型资源流转理想状态如图 13-9 所示。

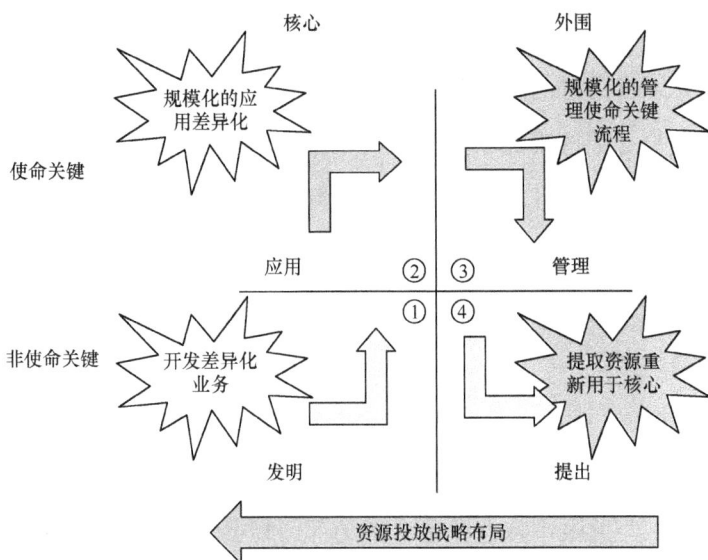

图 13-9　核心 – 外围模型资源流转理想状态

转型从第一象限开始，此时的焦点是核心，但包含了降低风险的计划。

这是属于非使命关键性核心的区域，这里的主流是实验室实验、产品孵化、创新小组，以及小规模试验计划。在寻求差异化的过程中鼓励承担风险，而通过限制风险的影响范围，企业的其他部门则得到了保护。

当转型到了其黄金时段之后，它就从第一象限移至第二象限。在这个时候企业会推出新一代产品线，发动新一代的营销战役，投身新一代的市场品类，并在新的地理位置开办销售门市。此时企业期望得到最高的回报，因为它们拥有与众不同的竞争优势，并最大限度地开发和利用这种竞争优势。当然，风险仍然存在，但是回报与风险是相当的。

在竞争差异化得以维持的时间内，在第二象限的时间越长越好。但是，竞争对手会找到办法同化那些竞争优势。这种情况一旦发生，转型就从第二象限移至第三象限，这样就来到了使命关键性外围区域。

一旦管理层意识到这类业务不能再带来竞争优势，其对待此类业务的态度就会转变。关注的焦点从差异化转向了生产率。标准化替代了差异化成为首要焦点，目标从胜过竞争对手转为满足市场标准，而管理层的注意力转移到了系统化和自动化，以及任何能够为其他任务解放人才的工具。

然而，为了将提取的资源最大化，企业必须将业务从第三象限移到第四象限，系统性地根除那些附加于高价值资源的风险。此时应当进行的是六西格玛优化和 DMAIC 分析，引入质量圈、统计流程控制、服务水平协议，并最终将整块业务外包。组织将继续保留名义上的管理部门来指导这些关系，但曾经被此占用的大量稀缺资源就可以被释放了，这些被释放的资源接下来又被投入下一轮的转型循环当中。

（2）使用指引

① 对当前的业务进行核心 - 外围分析

首先，在 4 个象限中将企业各个市场部门划分种类。结合价值主张锚定图工具来看，对于复杂系统导向的企业，描绘核心与外围运作的典型多重网格，是由产品品类、消费者行业与地理位置构成的；对于规模运营企业，这一多重网格是由产品品类、消费者人口统计学（包括地理位置）、销售渠道构成的。

图 13-10 所示为某电信运营商国际业务核心（基于地理位置）- 外围分析示例，其一方面要在象限一市场加大资源投放，另一方面资源要从第三四象限中通过数字化手段释放出来。

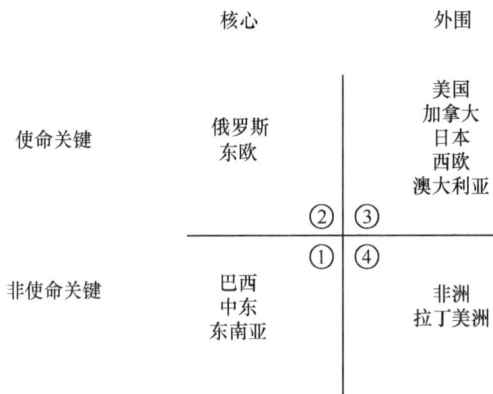

图 13-10 某运营商国际业务（基于地位置）核心 - 外围分析示例

企业应该多花些时间在定位问题上，有助于指导下游的资源分配决策。同时，由于这些问题是主观判断的，一定会出现各种不同的观点。然而，当讨论结束之后，每个参与者都必须持有相同的态度进入下一个环节。

② 利用资源分配分析补充核心 - 外围分析

不要因为预算而分心，企业需要关注的是人员的安排，特别是在第一、二、三象限对应的承接部门中任命最佳操作者。这些个体具备的领导职能或技能可以改变结果，必须保证能利用他们的技能来达到最优的效果。

③ 设立更具雄心壮志的目标

原则上，应该包括以下几点：

• 将目标瞄准一个或更多的核心机会（第一、二象限）并给予高度的关注；

• 确定最有成效的负责人，驱动项目的发展（这可能会带来一个或两个关键人物招聘的需求）；

• 瞄准一个或多个外围机会（第三、四象限），从中提取资源为核心服务，同样也要特别考虑执行这个项目负责人的候选人。

在这个过程中，要让管理者脱离他们原有的安逸地带，使其产生危机感。如果一切过于风平浪静，那可能意味着议程还不够具有挑战性。

13.2.4　共识转型沟通工具

1. 未来探索

（1）介绍

未来探索是一种"能让一个系统很快地转变它的行动能力"的组织促动法，是一种大型团体计划会议。这个方法能够让大型的不同团体确认共同使命、为行动负责并承诺执行。

未来探索会议可以由 60 ～ 70 人参加，有时是 100 人或更多。

（2）步骤

工作坊通常跨度为 2 ～ 3 天。有 5 个阶段，分别是过去、现在、未来、共识和行动。每个阶段都包括集合信息、小组分享、整体汇报和团体对话 4 个环节。

● 第一步：聚焦过去

思考 1：在过去几年，与公司业务领域相关的方面，对参与者个人而言，发生了什么？

思考 2：在过去几年，公司都发生过什么重要事件？

思考 3：在过去几年，产业 / 行业都发生了什么？

分享和呈现：梳理和反思在 3 个层面的发现（个人、公司 / 行业 / 产业）

● 第二步：聚焦现在

思考 1：当下，公司内部正发生着什么深刻地影响着我们的"未来 3 年的可持续发展"？

思考 2：当下，行业正发生着什么深刻地影响着我们的"未来 3 ～ 5 年的可持续发展"？

思考 3：梳理和反思当下两个层面的发现（公司 / 行业 / 产业）。

分享和呈现：我们所经历的骄傲和遗憾。

● 第三步：聚焦未来

思考 1：如果我们非常成功地实现了可持续发展，那会是什么样子的？发生了什么？定位是什么？我们的突破方向是什么？客户对我们的期待是什么？

思考 2：我们 3 ～ 5 年可持续发展的愿景 / 目标清单是什么？

分享和呈现：共识共同愿景 / 目标清单。

● 第四步：凝聚共识

思考 1：如果达成前述的愿景或目标，那么我们下一步的重点工作规划有哪些？

思考 2：关于这些重点工作，他们之间的关系是什么？

分享和呈现：筛选关键工作，找到"杠杆"最小（少）的投入可以带来最大的变化效果。

● 第五步：推进行动

分享和呈现 1：未来 3 年公司战略落地的现状陈述与期望陈述。

分享和呈现 2：未来 6 个月的短期行动计划及团队成长计划。

（3）适用场景

共识转型沟通工具适用场景如表 13-19 所示。

表 13-19　共识转型沟通工具适用场景

适用场景：1. 适用于为组织创建共同的近期或者远期愿景，即使组织的结构十分复杂；
2. 对于有共同愿景的组织，未来探索可以增强大家为愿景共同努力的决心，增强内在动力；
3. 流程相对简单，不需要烦琐的会议准备，也不需要外部专家的深度介入；
4. 化解问题和困难引发的消极情绪，在组织内形成合力，凝聚正能量；
5. 帮助组织快速行动，当组织面临复杂，快速变化的环境时，特别适用

优点：适合快速达成多人对愿景 / 使命的共识，且通过共识目标和行动的方式保障高效执行	缺点：需要专门的组织监督后续行动推进

13.3　快速执行工具

13.3.1　制定执行路线工具

1. 执行路线表

在共识战略转型蓝图之后，就可以按照业务、能力、资源、保障四大维度进行拆解，填入执行路线表的前四列，如表 13-20 所示。

表 13-20　执行路线表

战略重点	执行目标	执行策略	执行路径	执行保障

2. 重要性排序表

通过团队共创研讨，明确各战略重点并按照优先级排序，提炼执行路径（作为"必赢之仗"输入），按照优先级从高到低匹配关键的资源及体制机制，如表 13-21 所示。

表 13-21　战略重点重要性排序表

优先级排序	战略重点	执行路径（再提炼）	执行保障
1			
2			
3			
……			
N			

13.3.2　明确"必赢之仗"工具

重点工作分解表

根据战略重点优先级梳理形成公司年度执行的"必赢之仗"，即年度重点工作，然后进一步拆解成部门关键任务，如表 13-22 所示。

表 13-22　重点工作分解表总表示例

2022 年 XX 公司十项"必赢之仗"				
年度重点工作（M）	挂帅	关键任务（K）		负责部门
M1	聚焦重点行业，打造标杆项目，实现规模化推广，打造领先品牌	张总	K1	行业事业部
			K2	销售事业部
			K3	……
……	……			
M10	建设适配战略及业务发展的人力资源管理体系，激发全员活力	李总	K29	人力资源部
			K30	人力资源部
			K31	搭建培训管理体系，协同赋能，进一步加强内部人员产品能力、研发能力、运营管理能力等专业化能力	培训中心

针对各部门所负责的关键任务进一步细化，明确配合部门、所需资源、关键量化指标和"里程碑"，并在年度指标刚性的前提下按照季度进行评估迭代，如表 13-23 所示。

表 13-23　重点工作分解表分表

关键任务编号	K31	项目牵头部门	培训中心		
关键任务名称	搭建培训管理体系，协同赋能，进一步加强内部人员研发能力、运营管理能力等专业能力				
关键行动描述	1. 制定培训管理制度，为开展各项培训活动提供制度保障 2. 整合多种资源，分层、分类开展内部人员能力提升培训				
配合部门	各部门：提出培训需求、设置课程及内训师 宣传中心：企业文化宣传资料（电子、物料）设计及制作				
所需资源	培训经费 500 万元、宣传费用 50 万元				
关键指标	2022 年 1 季度	2022 年 2 季度累计	2022 年 3 季度累计	2022 全年累计	
培训覆盖率	30%	60%	70%	100%	
人均培训时长（含在线学习）（小时）	≥ 20	≥ 30	≥ 35	≥ 40	
"里程碑"时间点	"里程碑"描述				
2022 Q1	1. 制度类授权体系梳理完毕 2. 完成 2022 年度培训计划制订				
2022 Q2	1. 完成五大专业认证 2. 完成内训师选拔工作				
2022 Q3	1. 完成新员工启航训练营活动 2. 完成半年培训评估分析				
2022 Q4	适时优化各项培训管理规定				

13.3.3　快速执行沟通工具

群策群力

（1）介绍

群策群力首先是关于有效沟通的方法。它试图在组织中营造一个让组织全体成员能平等、无拘无束、坦诚的沟通与交流的环境，并通过这样的环境来凝聚组织的智慧。

其次，群策群力是高度有效、快速解决企业中跨部门问题的方法。在解决问题的过程中，每个人的声音都具有相同的权重，受到同样的尊重。另外，群策群力强调对问题的快速解决。

最后，群策群力作为一个新的行为规范和企业文化，对组织追求卓越管理具有更为深远的意义。群策群力强调和提倡的无障碍沟通、组织成员的平等参与，速度和对成员的使能等都是培育一个有竞争力的企业文化的关键。

（2）步骤

工作坊通常跨度为2天。有5个步骤，分别是共识愿景、团队共创、落地计划、城镇会议、任务承诺。每个阶段都包括集合信息、小组分享、整体汇报和团体对话4个环节。

• 第一步：共识愿景——分析战略蓝图

思考1：影响战略落地的因素有哪些？

思考2：年度目标的反思？什么样的年度目标是好目标？

思考3：未来几年，哪些战略重点将会影响目标的达成？如何影响？

分享和呈现：梳理和反思实现战略蓝图的关键。

• 第二步：团队共创——聚焦年度重点工作（"必赢之仗"）

思考1：目标锚定的标准及类别定义是什么？如何描述最重要的目标？

思考2：目标澄清及优先级排序是什么？

思考3：需要的资源有哪些？做什么样的努力？预期成果是什么？

分享和呈现：公司级"必赢之仗"和资源配置优先级。

• 第三步：落地计划——明细具体的实施计划

思考1：各部门如何分解落地？

思考2：需要横向拉通哪些协同部门、协同人员？

思考3：潜在的难点与瓶颈？

分享和呈现：部门级"必赢之仗"和资源配置计划。

• 第四步：城镇会议——高管质询及决策

以小组（通常是部门）为单位汇报年度重点工作，高管提问并决策。

• 第五步：任务承诺——明确职责与责任

思考：奖惩机制如何？

分享和呈现：责任人员职责确认及授权仪式。

（3）适用场景

群策群力适用场景如表 13-24 所示。

表 13-24　群策群力适用场景

适用场景：1. 常规的年度、半年度、季度、月度跨部门协调会议； 　　　　　2. 战略解码与执行； 　　　　　3. 新产品研发； 　　　　　4. 文化变革	
优点：高效、快速解决企业跨部门推诿扯皮以及议而不决的问题	缺点：前期需要较长的设计时间（如战略蓝图的输入）

13.4　评估迭代工具

13.4.1　复盘与敏捷迭代工具

红绿灯仪表盘

（1）整体框架

红绿灯仪表盘顾名思义是采用不同色块来显性化展示战略重点或年度重点工作完成情况的一种工具，通过定期评估聚焦"黄灯"及"红灯"工作，并进行进一步分析总结，调整举措。红绿灯仪表盘整体框架如图 13-11 所示。

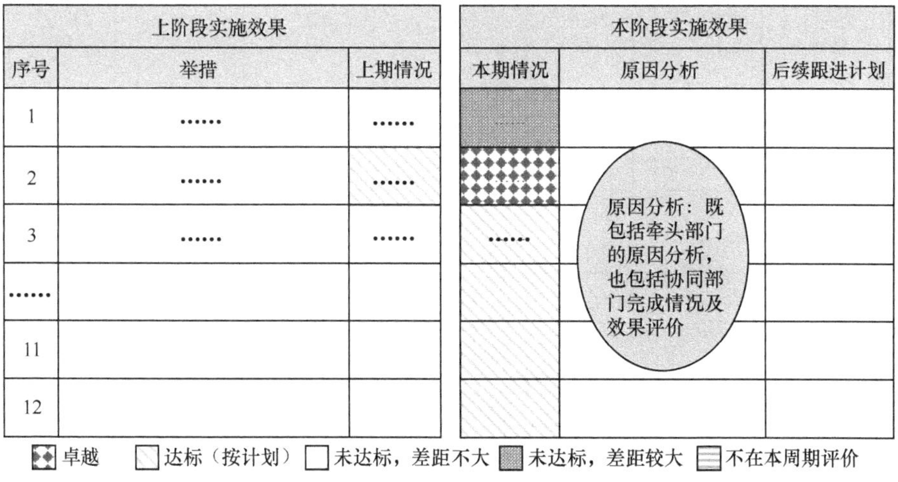

图 13-11　红绿灯仪表盘整体框架

（2）使用指引

① 红绿灯标示方法

首先明确不同评估对象的评估方式，一般有量化的衡量指标和定性的"里程碑"两种，如表 13-25 所示。

表 13-25　评估对象计算方式

评估对象	方法
衡量指标	根据衡量指标的执行周期目标值，按照评估周期时进度进行分解，设定衡量指标的阶段目标值；然后通过指标的阶段目标完成率来进行计分： ◆ 正向指标阶段目标完成率 = 实际完成值 / 阶段目标值 ×100% ◆ 反向指标阶段目标完成率 =[1+（阶段目标值 – 实际完成值）/ 阶段目标值]×100% ◆ 衡量指标的得分 = 阶段目标完成率 ×100 注：正向指标对应衡量指标档案中极性是"越大越好"；反向指标对应衡量指标档案中极性是"越小越好"
"里程碑"	如按照进度完成则得满分，否则不得分

一般来说，衡量指标 110 ～ 120 分认定为卓越，可标蓝色；100 ～ 110 分认定为达标，可标绿色；80 ～ 100 分认定为"未达标但差距不大"，可标黄色；小于 80 分即判定为"未达标且差距大"，可标红色。

战略重点和战略工作如果涉及多个衡量指标和"里程碑"的情况，采用加权平均分作为整体得分，再标色处理，之后可快速一览整体落地情况，如图 13-12 所示。

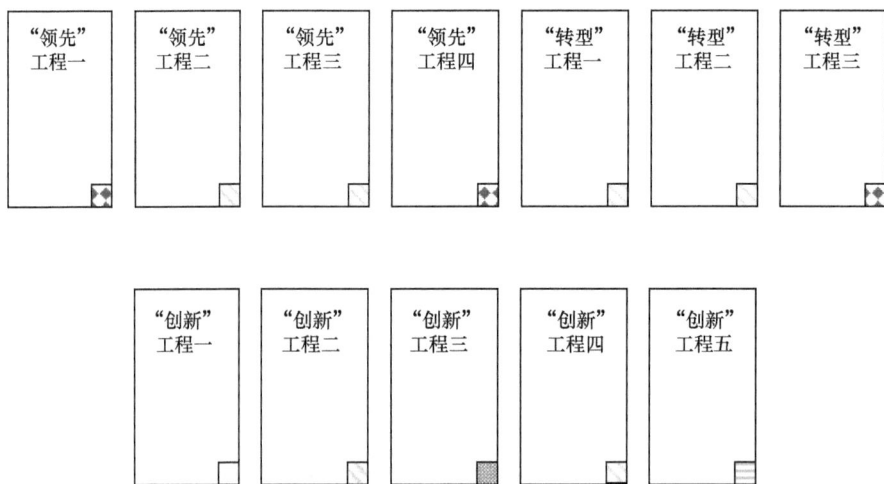

图 13-12　红绿灯仪表盘结果示例

② 指标及"里程碑"分析

聚焦红灯工作的红灯指标分析，如图 13-13 所示。

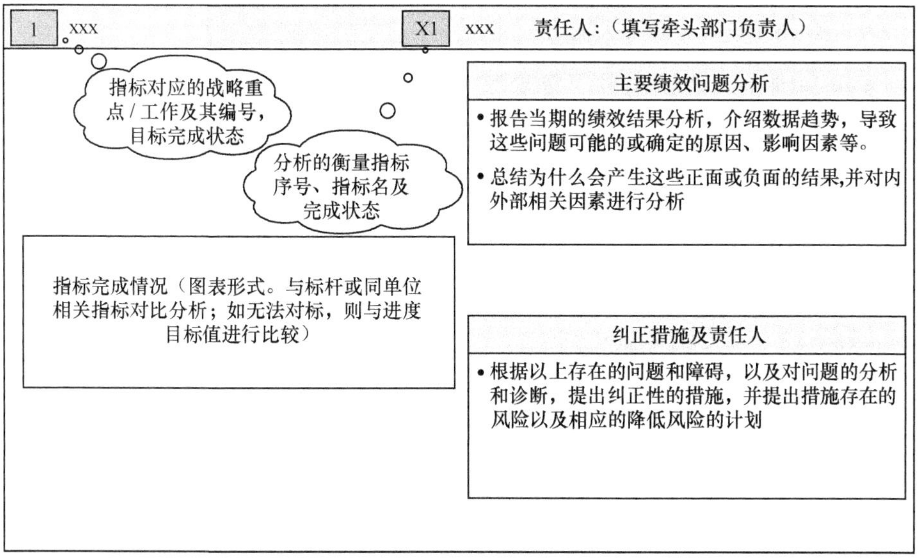

| 1 | xxx | | X1 | xxx | 责任人：（填写牵头部门负责人） |

指标对应的战略重点／工作及其编号，目标完成状态

分析的衡量指标序号、指标名及完成状态

指标完成情况（图表形式。与标杆或同单位相关指标对比分析；如无法对标，则与进度目标值进行比较）

主要绩效问题分析
- 报告当期的绩效结果分析，介绍数据趋势，导致这些问题可能的或确定的原因、影响因素等
- 总结为什么会产生这些正面或负面的结果，并对内外部相关因素进行分析

纠正措施及责任人
- 根据以上存在的问题和障碍，以及对问题的分析和诊断，提出纠正性的措施，并提出措施存在的风险以及相应的降低风险的计划

图 13-13 红灯工作中红灯指标分析模板

聚焦红灯工作的未达成"里程碑"分析，如图 13-14 所示。

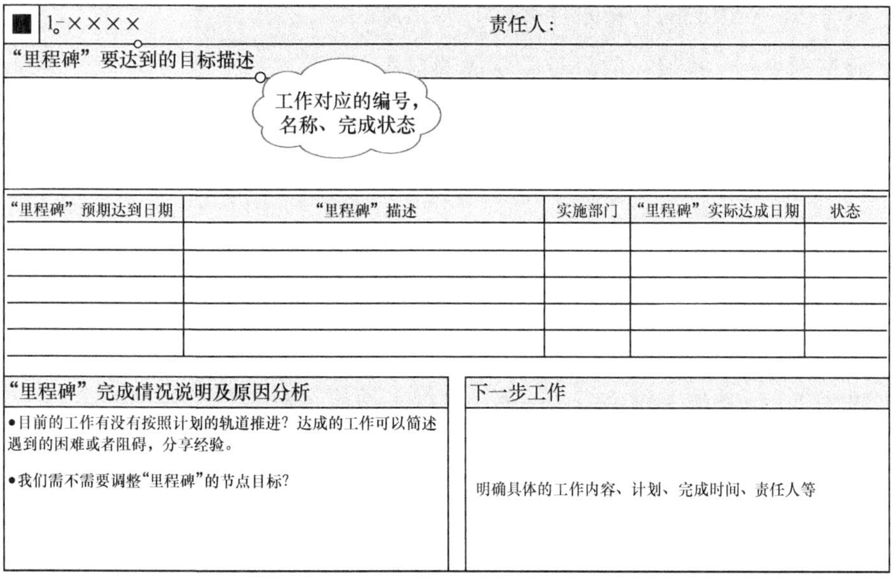

| ■ | I₋×××× | 责任人： |

"里程碑"要达到的目标描述

工作对应的编号，名称、完成状态

"里程碑"预期达到日期	"里程碑"描述	实施部门	"里程碑"实际达成日期	状态

"里程碑"完成情况说明及原因分析
- 目前的工作有没有按照计划的轨道推进？达成的工作可以简述遇到的困难或者阻碍，分享经验。
- 我们需不需要调整"里程碑"的节点目标？

下一步工作

明确具体的工作内容、计划、完成时间、责任人等

图 13-14 红灯工作中未达成"里程碑"分析

13.4.2 复盘与敏捷迭代沟通工具

复盘会议

（1）介绍

复盘是围棋术语，也称"复局"，是指对局完毕后，复演该盘棋的记录，以检查对局中招法的优劣与得失关键，一般用以自学或请高手给予指导分析。运用在战略评估迭代中，复盘的本质是"解决问题"，考察"当初是怎么定目标"和"现在做成的结果"之间的差异，然后根据差异分析原因，寻找解决方案，然后再继续推进战略落地，以此保证每走一步都朝着战略目标更近一步。

（2）步骤

复盘工作坊通常分为4步，分别是回顾目标、评估结果、分析原因、总结规律。

● 第一步：回顾目标

思考1：当初的目的是什么（目的指的是为什么做这件事，目标是要做成什么样）？

思考2：实现的策略及路径是什么？

思考3：要达成的目标是什么？

分享和呈现：共识当前阶段应达成的目标。

● 第二步：评估结果

思考1：与目标相比，结果的不足是什么？

思考2：与目标相比，结果的亮点是什么？

分享和呈现：把目标和结果之间的差异呈现出来。

● 第三步：分析原因

思考1：成功的关键因素（主观/客观）是什么？

思考2：失败的根本原因（主观/客观）是什么？

分享和呈现：聚焦内因、自身优势与自身问题。

● 第四步：总结规律

思考 1：成功的原因是否可以复制？失败的因素是否可以避免？

思考 2：成功和挫折是否可以让我们在后续的竞争中表现得更好？我们可以获得哪些理念？建立哪些长效机制？

思考 3：下一步的工作是否因此进行调整？

分享和呈现：坚持做什么、优化调整什么，以此形成下一阶段战略落地计划。

（3）适用场景

复盘与敏捷迭代工具适用场景如表 13-26 所示。

表 13-26　复盘与敏捷迭代工具适用场景

适用场景：1. 月度 / 季度工作例会；	
2. 年度经营分析会；	
3. 项目阶段经验总结会议；	
4. 绩效盘点分析会；	
5. 战略项目复盘总结；	
6. 经验萃取与落地；	
7. 民主生活会	
优点：营造学习型文化；便于战略统筹部门在复盘后能够自发组织高效会议；学会发现问题、挖掘问题、分析解决问题的高效方法，项目实施过程中的质疑、反思，以及项目计划的不断优化，对达成目标有关键性作用	缺点：需要战略部门具备较强的统筹组织能力，熟悉业务并掌握研讨技术

第14章
策略指南：数智化时代国有企业战略转型框架及策略

14.1 国有企业"战略转型"框架

在数智化时代背景及战略理论发展趋势的基础上，本文形成了一个国有企业"战略转型"框架，并对应提出转型策略指引。

框架概览

如图 14-1 所示，战略转型框架由战略基调、愿景与定位、战略目标、关键路径、关键能力、战略基座六大部分组成。

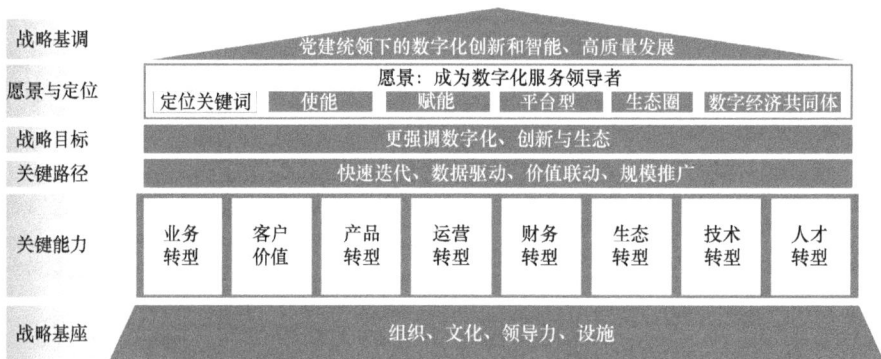

图 14-1 战略转型框架

（1）战略基调（发展原则）：战略发展中一种决定性的根本力量秉持。

（2）愿景与定位（发展方向）：未来要成为一个什么样的企业？

（3）战略目标（发展速度与发展质量）：未来要达到什么样的发展目标？

（4）关键路径（关键方法 / 着力点）：如何实现战略目标？

（5）关键能力（发展点及发展能力）：未来需要哪些战略发展点？未来需

要什么样的核心发展能力？

（6）战略基座（战略保障）：如何确保各项工作落地？

战略的本质是要解决企业的可持续发展问题。在"战略转型"框架中，所有构成部分都是围绕企业发展来进行的。顶层设计包括战略基调、愿景与定位、战略目标，中层运营包括关键路径和关键能力，最后就是底层保障。

如果说顶层设计的主要任务是确定"什么是正确的事"，那么中层运营则是要回答"如何正确做事"的问题，底层保障则是"确保结果正确"的关键。顶层为中层提供方向与思路，底层为中层提供有力支撑，它们之间相互影响，构成一个有机的发展战略系统。

14.2 国有企业战略转型 1+8 策略

14.2.1 战略再造

1. 顶层设计

（1）数字化创新和智能、高质量发展

数字化创新和智能。数字经济时代，企业与客户的关系发生了深刻变革，定制化的产品、开放性的客户关系越来越彰显"人"的重要性，强调企业为"人"（客户）创造价值，企业价值由"人"（员工）创造；面对这一趋势，国内外先进企业纷纷做出了"以人文本"、向数字化转型的战略调整。

高质量发展。对于国有企业来说，推进企业数字化转型，代表了未来新的生产力和新的发展方向，是推动国有企业不断创新，打造世界一流企业的重要抓手，成为推动公司高质量发展的重要引擎。

（2）愿景是要成为数字化服务领导者

数字化服务。数字经济由数字产业化、产业数字化和数字化治理构成，下一步数字经济的一个重要方向是虚拟和实体经济的融合发展。未来，国有企业要着力推进新型基础设施建设，打造高水平数字经济产业链，促进数字经济和实体经济深度融合，带头做好经营模式、管理模式、商业模式的数字化转型，加快改造提升传统产业、培育壮大数字经济产业链，发挥国有企业的示范引领作用，努力实现数字经济时代的高质量发展。

领导者。要充分发挥国有企业在数字化、智能化升级行动中的中坚作用。一方面，从创新特点来看，国有企业更擅长做长期导向的、高精尖产业领域的、更具社会意义的创新。这一点与数字化转型的整体要求相符。另一方面，从责任和使命的角度，国有企业往往同时肩负着政治目标和社会责任，且与政府有着天然的强联系。这既保证了国有企业及时获取必要的创新资源，更好地进行高精尖技术突破，也强化了国有企业在数字化转型中的制度合法性，从而顺利实现数字化转型升级与创新发展。

（3）定位的关键词是使能赋能、平台型、生态圈和数字经济共同体

国有企业是所在行业数字经济的使能者，是对整个生态圈企业的赋能者。作为一个平台型企业，国有企业要构建生态圈并逐渐成长为生态圈的圈主，最终引领产业链共同构建一个数字经济共同体。国有企业地位框架逻辑如图 14-2 所示。

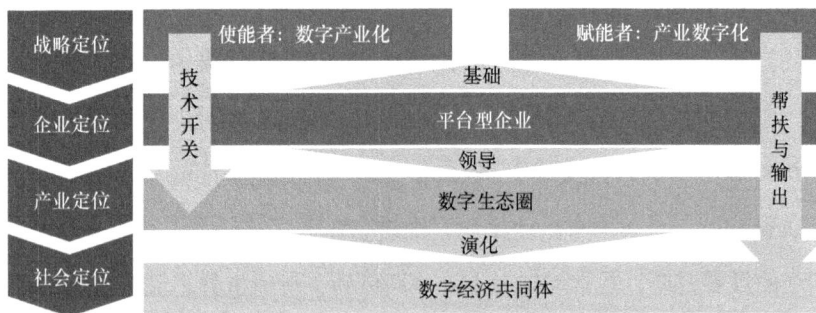

图 14-2　国有企业地位框架逻辑

推进产业链现代化是国有企业的使命担当，国有企业数字化转型要以突出产业链现代化为重点，这样才能引领产业链新格局，形成产业竞争新优势。

平台是数字经济的核心载体，也是企业数字化转型的重要支撑。国有企业要从中心化向平台化转变，从生产中心、销售中心模式，转变为线上线下

一体化的平台体系。通过平台促进数据集成、流程集成、应用集成、界面集成。

政府在数字经济发展中的定位是打造数字经济的生态圈，国有企业需要明确起数字生态圈的产业定位。

发展数字经济是把握新一轮科技革命和产业变革新机遇的战略选择，国有企业需要承担数字经济共同体的社会责任。

（4）目标更强调数字化、创新与生态

目标是对定位的量化和指标刻画，为了衡量一家企业数字化转型的结果与效果，需要使用一些全新的战略指标，套用 BSC 维度，目标上更强调数字化、创新与生态。国有企业战略转型目标体系如表 14-1 所示。

表 14-1　国有企业战略转型目标体系

目标	说明	指标参考
数字化收入	反映企业数字化转型的经营成效	◆ 数字化收入占比、增速 ◆ 数字化收入规模、毛利
生态伙伴	反映企业生态圈和平台的发展情况	◆ 伙伴质量、满意度、忠诚度 ◆ 联合业务收入 ◆ 平台能力调用次数
数字化设施与研发创新	反映企业对数字化创新的投入力度与效果	◆ 数字化技术创新投入占比 ◆ 业务研发创新转化率 ◆ 系统云化占比 ◆ 资产可视化占比
数字化学习与发展	反映企业内部驱动的情况	◆ 数字化人才占比 ◆ 数字化共享服务占比

2. 中层运营

顶层设计完成之后，接下来开始运营层面的改变，其核心四要素为：① 业务快速迭代；② 数据驱动决策；③ 预算跟随调整；④ 敏捷规模化落地。

（1）业务快速迭代

业务快速迭代的核心是产品创新和概念快速迭代的极简主义方法，这意味着首先企业工程师和设计师必须抑制他们对完美的不懈追求；其次，产品或流程的客户界面必须尽可能简单直观，以增强用户参与度；最后，管理层必须了解这些技术，甚至拥有使用这些技术的经验。

（2）数据驱动决策

数字化经济时代，数据成为关键的生产要素。在整个数字化转型计划中，采用MVP产品设计理念，用低成本快速实现产品的第一个版本，快速推向市场获得第一批种子用户，这种操作机制更依赖于数据驱动。

数字化企业的标志，是建立以事实为基础的假设条件，并在数据驱动下制定决策。要想确保决策的准确性，就需要收集足够的数据，同时通过合适的数据分析方法以及数据驱动的决策机制，在每个关键节点上，让企业做出尽可能正确的判断。

（3）将预算与机制挂钩

国有企业通过周期性的战略和规划流程来进行预算决策，通常每年发生一次。然而，在数字化时代，这种周期性的规划的作用将大不如前。风险投资家们甚至认为，这种周期性的规划是无关紧要的，他们只关心初创企业能否实现预定目标，并以此为标准决定是否进行新一轮的投资。这种思路应该植入数字化转型的企业，因为它能在确定的计划和不可控的变化之间以及明确的决策需要和快速调整适应之间，帮助企业解决如何平衡的难题。

从具体的做法上来说，管理者需要摒弃原有的制定跨度长达数年的固定预算的思维模式，在开始投资创新产品和业务时只提供较小数量的可控的资金，当项目达到预期的节点，例如第一款最简可行产品投产或者成功地获得第一批客户时，快速地投入后续资金，而不必通过烦琐的审批过程。同样地，如果项目未能达到关键节点，例如未收到积极的客户反馈时，则应该采取适当的措施，如减少预算，甚至终结对该项目的投入。企业可以建立一个类似初创企业投资委员会的机构，对企业内部的投资和项目进行持续管控。

（4）以速度为原则开展规模化推广

前文中提到，数字化转型是一个复杂而漫长的过程。即使如此，我们仍要以速度作为规模化推广的指导原则。这是因为，速度越快越能控制转型过程，越能减少转型的阻力，我们完成数字化转型的流程越多，它们在企业中的不寻常之处就会变得越不明显，新的数字化体系将随之成为常态。

我们可以借鉴一种起源于汽车行业的方法——"建设—运营—移交（BOT）"，加快推广速度。这个方法指的是：汽车制造商委托其供应商在自己的厂区中建设和运营设施，一旦该专业公司实现了这些设施的全面正常运转，就会根据事先的约定将这些设施的控制权移交给汽车制造商。

该方法在数字化转型中的应用，我们称之为数字化 BOT，即 DBOT。它与工厂不一定有关，但和专业公司及专家有关。为了加快数字化的规模化推广，企业可以委托数字化专业公司及专家提供类似的数字化专业服务，快速地将最初的数字化成果在整个企业范围内全面铺开。等过了一定期限（通常为 6～9 个月），再逐渐让自己的员工承担这些专家的角色。

3. 底层保障

如果说数据驱动的运营能让企业在数字化战争中拥有不败之地，那么底层的保障则能帮助企业最大化地加速运营。为了更好地应对数智化时代的竞争和挑战，以敏捷组织、创新氛围和数字化底座构筑底层保障尤为重要。

（1）建立敏捷组织

① 构建"大前端融合重组 - 中台集约化运作 - 大后端前置响应"的前中后台组织架构。大前端融合重组包含销售部门的线上和线下融合等，前端组织内部通常由小模块单元组成，每个单元都具有明确的使命和自主的决策权，它们负责某一类具体的客户或某个端到端的流程，既具有灵活性，又具有规模化的可能性。中台集约化运作包含集约化运营中台为前端提供统一的技术支撑和赋能，研发与业务运营紧密耦合嵌入前端等。大后端前置响应包含常态化职能嵌入，即对前端事业部 / 事业群直接职能对接、标准化支撑服务的输出。此外还有任务前置响应，即项目制前置并快速响应。

② 流程型组织、扁平化管理。传统企业的组织机构是职能型组织，其特点是以部门为单位定岗定编；未来，企业将以满足客户需求为核心设计运营流程，以完成流程节点要求为导向设定岗位；组织机构逐步走向流程型组织、扁平化管理。

（2）营造创新文化

① 共同文化和价值观。通过强大的共同文化和价值观，把全公司凝聚在一起，以创新、主人翁意识和高标准作为核心价值观，并在人员招聘和制度考核的过程中关注价值观的匹配度。赋予敬业度高的员工更大的权责，通过他们强大的内驱力和激情，助推企业文化的持续提升。

② 适用于数字化转型的考核制度。为了在数字化转型中实现数据驱动决策的目标，企业必须在所有职能部门都设定受持续监测的考核指标，例如欧莱雅集团的"20-50-100计划"：到2020年，通过数字化渠道实现总收入的20%，与现有50%的客户建立直接联系，并在自定义的"品牌热爱评分"中获得100%的支持率。这是一个清晰的、可衡量的成功指标。

（3）转变心智模式

数字化转型要成功落地，离不开企业管理者在心智模式方面的改变，这是企业数字化转型最重要的因素，因此在变革过程中，管理者和员工的认知模式都必须随之改变。企业的数字化转型有多个维度，无论是产品和服务的数字化转型，还是组织和管理的数字化转型，背后的支持体系都是心智模式的改变。因此，企业要推进数字化转型，首先要完成的是领导者思维方式的变革，其次是中高层及公司全员的思维革新。

（4）建设数字化设施

建设全面云化、共享协同、赋能调用和智慧定制的数字化基础设施。

① 全面云化

作为一种新的IT基础设施，云在未来如同"水、电、网"一样重要，将是企业组织架构搭建的重要工具，承载着企业的核心经营数据，更是所有企业未来竞争力的关键所在。

企业要走向数字化的运营，要实现数字化转型，应该把IT系统从面向内部运营、内部员工，变为面向自己的客户、合作伙伴，实现客户在购买和使用企业产品和服务的实时、按需、全在线、自定义体验。基于这样的目标，网络、运营系统、业务的全面云化是数字化转型的必要条件和基础手段。"全面云化"是目前可见的有效的手段和技术支撑，云化不是简单的资源虚拟化，而是全面的架构变革，从而才能结构性地提升效率，包括研发效率、部署效率和运营效率。

② 共享协同

降本增效和快速响应是共享协同驱动力。数字化基础设施是综合集成新一代信息技术，围绕数据的感知、传输、存储、计算、处理和安全等环节，形成支撑经济社会数字化发展的新型基础设施体系。因为这种复杂性，在新兴技术融合演进的过程中，国有企业应推动不同设施之间的互联互通，实现城市间、行业间、企业间的数据流通、共享、协同。

③ 赋能调用

数字化基础设施涉及硬件产业、软件产业，以及各类开源技术、闭源技术等，这就决定了其具有生态复杂性，需要很强的生态协同能力，并通过技术和产业的开放性来吸引更多的参与者，以保持生态的活力。

构建"赋能调用"的数字化基础设施新模式，需要产业各环节的协同操作，包括基础设施和应用服务间的协作、同类型供应商之间的协作、上下游供应商之间的协作，甚至内部产品之间的协作。

④ 智慧定制

数字化基础设施应该从每个环节都能够提供智能化的能力支撑。智慧定制的标志是数据驱动决策，让机器具备推理等认知能力，大数据能够指导决策。同时完成业务数据化的进程，开始进入业务智能化，依靠数据去改变业务。

14.2.2 业务转型

数字化时代的业务转型，主要以数据进行驱动。过去，市场是以产品为中心的，企业围绕产品，用广告、促销和公关活动等传统营销手段吸引客户，促成消费。而现在，媒介形式不断丰富，各种社交媒体层出不穷，信息日趋碎片化，企业已经失去了利用中心媒体影响消费决策的机会，必须通过全方位了解客户的关注、喜好、消费、决策与推荐习惯,并将这些资产进行数据化,从中找出"肉眼"难以察觉的增长点,获取更多的新客户。

1. 商业模式向 C2B 及 B2B2C 转型

如图 14-3 所示,整体来看,C2B2B2C 即从用户到平台,从平台到企业,再从企业到用户。分开来看,C2B 模式是通过客户数据驱动企业的研发、智能化生产、运营和营销流程、组织管理;B2B2C 模式是通过搭建平台服务行业客户,再由行业客户对外拓展。

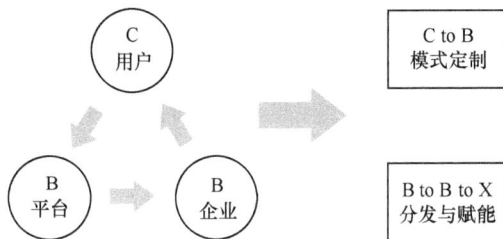

图 14-3　新的 C2B2B2C 商业模式

2. 构建 6 种新收入来源与收费方式

在新的模式下,加快构建 6 种新收入来源与收费方式,如图 14-4 所示。

① 平台合作分成

如图 14-5 所示,平台型商业模式成为企业制胜关键,能够获得最大倍数的平台模式已经成为大企业优先考虑的商业模式,众多企业通过互联互惠、充分利用数据、加强创新,实现平台的高效运作与共赢共享。

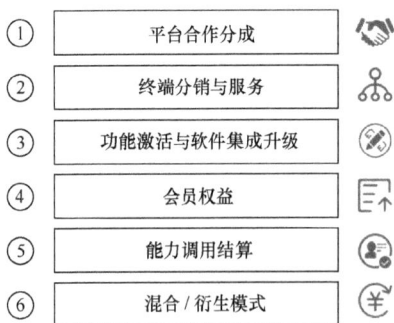

图 14-4　新收入来源与收费方式概览

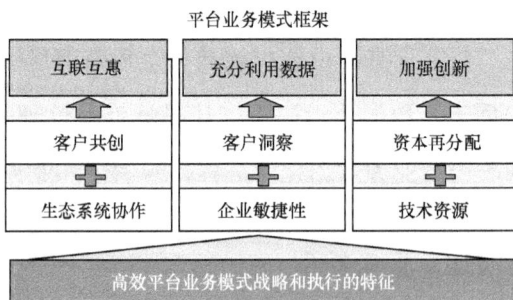

图 14-5　平台业务模式框架

② 终端分销与服务

采用终端分销与服务模式,引入智能交通、健康娱乐、智能家居等智能化产品设备,丰富产品品类,打造智能、便捷的用户体验,增强用户吸引力。

③ 功能激活与软件集成升级

通过为企业客户提供一体化解决方案，提高服务的增值空间，如云物一体解决方案关注数据转售、分析、服务费用，平台租用、存储、计费、下载分成费用，以及云网融合产品的咨询、网络、分成费等。如物联网解决方案"一次性安装 + 解决方案与功能收费"成为主流，同时依托物联网专网 +IoT 核心平台，联合设备厂商、方案提供商，向客户提供一站式服务。

④ 会员权益

通过会员权益体系增强用户黏性，可以有效地减少用户流失，提升用户价值。首先，会员体系是人口红利到达拐点的必然结果。只关注用户增长，通过价格战的补贴式销售时代已经过去，对于会员体系的完善是在用户资源争夺到一定阶段的举措。其次，会员体系使用户排他性留存和复购。会员体系可带来用户的高留存、高黏性、高消费和高忠诚度。最后，会员权益将从单一功能向多重功能扩展。多功能会员体系可以从不同场景获取新流量；降低推广成本；贯通线上线下业务和流量，对新零售布局意义重大。

⑤ 能力调用结算

沉淀平台核心能力，通过能力调用结算，强化变现模式。如互联网金融与主营强关联形成反哺、在 B 端通过硬件销售、收单费、服务费、利息等强化变现，同时通过线下支付服务商，拓宽线下支付场景。又如智慧家庭，打造平台、统一入口、掌控连接标准，收取平台使用费、服务费、安装费用，广泛与产业链上下游的设备供应商、软件内容服务商、专业服务供应商合作获取后向分成。

⑥ 混合 / 衍生模式

以"前向收费"和"后向收费"为基础，发展出"衍生收费"模式和多种收费方式并存的混合模式，如图 14-6 所示。

前向收费

- 向服务和内容的使用方收费，即向用户直接收费

  - 体验型：先免费体验部分产品，认可后再付费购买，如部分手机游戏
  - 产品分级：用户可免费使用普通服务，高级或个性化的产品需要付费，如网站会员
  - 限时免费：限时免费吸引用户，培养用户使用习惯，如 Microsoft Office

后向收费

- 向内容和服务提供方收费

  - 广告：通过精彩的内容吸引流量，提升自身价值，通过广告盈利，如门户网站
  - 竞价排名：以竞争出价的方式，获得网站的有利排名收费，如百度搜索
  - 向第三方收费：搭建交易平台，向使用平台的有利的商家收费，如淘宝

衍生收费

- 推动免费服务所形成的庞大用户群尝试新的付费服务

  - 增值业务：通过免费的基础产品培养大量客户，增值业务收费获利，如 QQ
  - 跨界型：通过纵向一体化获取竞争优势和多元化的收入来源，如碧桂园跨界至餐饮、茶饮、口腔、护肤品等多个领域

混合模式

- 既向前对用户收费，又向后对内容提供商收费

  - 多种收费并存，大部分企业都会通过前后向收费结合的方式来增加收入来源
  - 用户选择：用户可自主选择前向付费或后向付费，如视频网站的"跳过广告"服务

图 14-6　混合/衍生模式示例

14.2.3　客户价值

按照扩触点、建能力、挖价值的逻辑，借助数字化转型提升甚至创造新的客户价值。

1. 扩大客户触点 5 个"即"

数字化客户价值的布局就是要创造与客户直接接触的机会，并且持续地把这种机会变得更多。渠道体系可形成 5 个"即"，体验即渠道、互联网业务即渠道、码店即渠道、终端和操作系统即渠道、SaaS 服务即渠道。

2. 坚持"业务 > 数据 > 技术"原则，提升客户互动

这里的互动，不仅仅指"产品或服务"的交付，更是指客户与企业的所有接触点：从最初的营销、销售到决策、购买，再到售后，帮助客户更好地使用产品以实现客户成功。

在传统的商业环境里，无论是企业客户还是个人客户，客户旅程都是线性的，遵循发现、产生兴趣、搜索比较、购买、分享这样一个流程。现在，客户旅程已经呈非线性展现。例如，以个人客户 A 为例。A 被"限时折扣"或精美的文案吸引，在某品牌的微信公众号完成了对产品的了解（发现），没有经过其他环节就直接完成了消费（购买）。

一定要坚持"业务 > 数据 > 技术"原则，提升客户互动。没有业务，就没有客户的接触和互动；没有接触和互动，就得不到数据；没有数据，技术也就毫无用武之地，更谈不上客户的获取、转化和满意度。

3. 重视客户运营，持续挖掘价值

优秀的企业，并不是简单关注销量，而是将更大的精力放在复购、续订、使用习惯和满意度等数据上，并基于这些数据的分析结果不断迭代产品和服务，不断为客户创造价值，最终帮助客户成功。

14.2.4　产品转型

产品和服务作为创造价值的部分，可以说是商业模式的核心板块，企业的

经营活动都是围绕产品和服务展开的。产品和服务是企业与客户沟通的载体，也是企业运营管理的抓手，更是企业综合能力的体现。

1. 产品服务化、服务产品化

产品和服务的界限正在变得越来越模糊。有些做产品的企业越来越强调服务的重要性，即产品服务化。还有一些本来就是做服务的企业在让服务变得更加标准化，这称为服务产品化。虽然产品和服务的边界变得模糊，但它们的核心价值都是要真正满足消费者的某种需求。

2. 强化用户参与

做产品的过程就是一个看到用户、倾听用户、判断用户、与用户建立连接，并且在与用户的交互反馈中迭代和优化的过程。产品思维就是一个人打造产品的思维方式，包括判断信息、抓住要点、整合资源，把自己的价值打包成一个产品向世界交付，并且获得回报。

同时，产品设计会变得更加开放，消费者的参与度会更高，对品牌的忠诚度也会更高。就像童话《小王子》里小王子说的那样："你是五千朵玫瑰中普通的一朵，却因我的爱而独一无二。"当用户参与了一个产品的设计，他们对这个产品的感情则是其他消费者无法理解的。

3. 基于行为细分用户

同样是标签，基于行为的 Tag 的丰富度要远高于基于身份的 Label，同时它又是动态变化的。比如，你在刚开始和一个人打交道的时候，可能更看重他的身份标签，比如他的出生地、学历、家庭背景等，但身份标签往往带有成见。随着你和他接触得越来越深入，你会更关注他做了什么，也就是他的行为标签，你对他的理解会越来越准确。

通过把一个人的品质、品行、偏好、趣味、行为不断地细分，变成越来越多的小标签，然后朝着全息化的方向把他合成一个完整的人，做到比消费者更了解他自己。这样不仅可以做出爆品，而且可以持续地做出爆品。

4. 生产方式高度解耦

产品开发的新思路是"大中台、小前台"。前台主要做各种各样成形的产品，而中台做各种各样的半成品或模块。中台存储了大量的资源和能力，当一种新的场景被发现的时候，中台将大量的资源和能力快速地注入前台，在很短的时间内就能够形成爆款产品，这些对组织结构也提出了新的要求。

14.2.5　运营转型

数智化时代到来，企业提供的产品和服务将会随着客户需求的持续升级而不断变化，企业的运营工作也将随之发生改变，但无论运营工作如何变化，其目的都是要实现投入产出最高效、最大化。

1. 构建透明可视、无缝连接的运营体系

透明可视。建立透明化的运营体系，对各环节实现全局掌控，通过完善的流程架构打通部门壁垒，全面实现组织运营能力提升。以往"各自为政"的研发、采购、生产、销售、仓储、物流和服务等职能部门和流程，将合而为一构成企业价值链中密不可分的运营体系。

无缝连接。内部职能与供应商、物流商、分销商等外部合作伙伴整合，保证从产品、服务的创新到交付客户之间的连通，即促使研发、生产、销售和服务等过程当中的跨部门职能和外部合作伙伴达成无缝连接，把供应链的协调运行与客户的实时需求进行统一，实现资源整合最大化，为客户创造价值。

2. 打造数据与能力共享机制

体系内的关键成员可同时查看信息与进程，调用原子能力。建设共享原子能力是关键基础，企业需要对业务环节进行梳理，将前后台分离后的业务环节进行高度提炼，以组件化方式设计标准业务流程，建立面向数字化服务交付模式，敏捷、灵活、快速搭建运营共享原子流程库。运营服务的中台化趋势成为一个必由之路，从场景的分析、共性分析、领域建模、能力中心和微服务能力的界定和识别，到面向流程和业务解决方案的服务编排，运营中台的微服务需

要向外对接渠道、生态场景，向内对接数据中台、产品中台等其他领域。

3. 实现数据驱动的即时响应

实时反馈和接收终端客户的需求变化信息，并迅速规划和执行，即从运营资源布局视角、监测支持视角、分析应用视角，基于运营数据集市建立运营动态感知地图，包含服务管理、渠道管理、设备管理、人员管理、订单管理、风险管理、运营体检等主题，实现数据驱动的即时响应。

14.2.6 财务转型

财务转型概括来说，首先，需要调整财务管理的角色和定位；其次，以"业财融合、财务价值敏捷驱动、投资赋能"三步走实现转型。

1. 调整财务管理的角色和定位

在数字化浪潮中，长期被认为位于大后方的财务部门也踏入了旋涡中心，面临着前所未有的挑战。财务部门在整体商业价值中能够起到的作用已经今非昔比，财务职能必须进化成为更全面的新角色——成为新产品、新业务的财务分析专家和业务发展顾问，即通过新技术的应用和辅助，实现先进的预测性分析，不仅能为业务部门的决策提供更明智的建议，还能整合经营数据，最大化地挖掘商业模式当中的财务价值，并主动管理风险。

2. "业财融合、财务价值敏捷驱动、投资赋能"三步走

首先，财务部门要通过新技术的应用和辅助，为业务部门提供深入的数据见解和预测，提供基于财务数据的投资决策。通过财务部门往来的数据有着更高的实时性和动态性，而且非结构化的数据日益增多，不同的业务单元、部门和子公司还有着更多的信息交换和共享。财务部门应该主动负责集中管理风险及分析业绩数据，从而为业务部门提供深入见解和决策依据。

其次，要建立敏捷的财务价值，参与数字化产品的设计和创新，通过投资并购进入新领域并跟踪成效。商业模式的创新并不意味着必须推翻现有的战略和经营体系。财务模型作为商业模式里极其重要的一环，揭示的是企业的成本

结构、收入来源、投资效率和资金风险等。如果用发展的眼光审视财务的价值，有没有可能发现创新的机遇？

最后，投资新领域并跟踪成效。越来越多的企业考虑通过收购新业务、新技术、新团队等迅速提升企业的数字化组织能力，对于这类收购、并购，财务部门除了深入参与商业尽职调查之外，还应该通过分阶段投资的方法来管理风险。

14.2.7　生态转型

数字化与互联网改变了传统的经济逻辑，给企业提供了向生态圈发展和扩张的基础。在互联网时代，数字化技术跨越了时间与距离，使数字化产品或服务具有了非物质属性，可以跨越边际效益限制，实现指数式增长。在这样的宏观环境下，一个不重视生态体系构建的组织必然无法完成数字化转型的目标。企业必须重视生态建设，明确对外进行战略投资与生态体系拓展合作的责任部门和管理者，提升组织能力以应对数字化时代的新要求。

1. 制定生态战略

制定开放合作的战略。前端业务部门牵头以年度为周期制定生态战略，提前规划和布局合作伙伴生态，基于此制订年度商业计划，通过战略和商业计划落地，不断牵引开放与合作。

2. 构建分层、分级合作管理体系

构建分层、分级的决策授权与权益机制，使合作业务决策更加快捷、合作伙伴积极性更高。打通研发、营销、销售、交付和服务等各环节，让合作生态更敏捷。

3. 完善合作生态的组织

成立合作生态决策委员会，对公司级联盟、生态圈战略、政策，以及业务发展进行决策。同时配套创新实验室、联合孵化中心、合作伙伴发展中心三位一体的生态组织，创新实验室面向合作伙伴开放能力，联合孵化中心推进技术

落地应用及商用，合作伙伴发展中心强化培训赋能，支撑伙伴一站式完成联合创新、方案验证和合作落地，共同做大市场。

4. 构建开放式创新生态系统

创新生态化意味着要放弃封闭式创新，苹果、微软和亚马逊等公司都是分别开垦出 iTunes 音乐平台、App Store 应用软件平台、Windows 操作系统平台、Azure 公有云平台、Amazon 电商平台、AWS 公有云平台等"黑土地"，并吸引来庞大的生态伙伴群落，这些生态伙伴的创新又不断反哺平台，激发"黑土地"完成自身的更新换代。传统的大型企业应设立负责技术研发与研发生态建设的"首席技术官"，统筹建立开放式创新生态系统，借助数字技术，转型成为本行业内全球技术创新的引领者。

14.2.8 技术转型

在企业确定了数字化转型愿景之后，如何推动转型的实现，需要企业所有业务部门的配合。不管是商业模式、组织运营还是产品服务的转型，这背后最大的支撑力量就是技术体系。面对数字化创造的外部机会，企业要升级自己的 IT 架构，通过支持业务规划、产品服务、客户体验等，使流程更灵活和高效。同时，企业要保持对通用技术的敏锐度，将其与内部的特有业务技术联通，随时将可以为自己带来价值提升的新兴技术内化，以保证技术体系价值的最大化。

1. 构建"大小 IT"模式，推动 IT 部门向利润中心转变

数字化已经加快了整个商业界的创新步伐，客户的期望值也已经提高，为此，很多国有企业已经被迫大幅提高 IT 体系对业务变革和创新的支持要求。但是，再造企业的整个 IT 架构总是面临着不可估量的高风险、高投资和高成本，而且此类变动本身也是成本高昂且持久的过程，故此处提出"大小 IT"模式。

"大小 IT"模式包含两个并行的 IT 体系，其中"大 IT"是"传统 IT"，即面向内部管理的，诸如 ERP、供应链管理等核心系统的开发和维护，注重稳定可靠和成本控制。"小 IT"是"敏捷 IT"，即面向客户的，诸如电商 App、会员体系、在线服务等面向客户的前端系统开发和维护，追求敏捷快速、随需应变。两个体系之间的数据交换等交互，往往借助一个集成的中间件平台，采用松耦合的方式实现。

"小 IT"一方面会影响与 IT 互动紧密的业务部门，并倒逼业务向更高效敏捷的方式转变；另一方面也会对其所倡导的敏捷工作方式甚至"大 IT"体系内的开发及管理人员产生极大的触动，促使他们思考如何优化"传统 IT"体系的工作方式，从而加快整个 IT 体系向更敏捷、更有效的相应业务诉求的方向转型。

2. 强化数据治理、数据安全防护和数据资产化

当前，个人、企业及政府所生成的数据呈几何式增长，强化数据治理、数据安全防护和数据资产化，将会是数字化转型的关键。

国有企业一方面需应用数字技术加强国有企业数据标准化、元数据和主数据管理工作，加快数据治理体系建设，建立覆盖全业务链条的数据采集、传输和汇聚体系，强化国有企业业务场景数据建模、深入挖掘数据价值的能力。比如国有企业智能化办公平台。

另一方面要使用安全可靠的设备设施、工具软件、信息系统和服务平台，保护数据处理系统不因偶然和恶意的原因遭到破坏、更改和泄露。

最后要在保障数据和个人信息安全的前提下，把数据从"资源"变成"资产"，用数据资产来驱动运营管理，推动业务模式创新。

3. 高度重视安全技术与责任归属

持续的测试和维护。无论是硬件、中间件还是应用软件，IT 架构中所有的组成部分都必须考虑安全要素，并且在开发过程中应当对安全要素的弹性进行持续测试和调整。所有这些组成部分汇集起来意味着大量的潜在安全问题，只

有通过持续的测试和维护才能发现。

设立独立的安全区。鉴于数字化快速的发展趋势，很多企业最近仓促地引进了一些新技术，但对这些新技术缺乏必要的管理能力，也不了解其与现有IT架构的兼容性。同时，企业也将原有IT系统的维护预算转移到新技术的建设上来，这一举措在业务上看似合理，但是通常会对IT架构的中期安全产生严重影响，因此需要在系统中设立独立的安全区。

明确安全要素的责任归属。问题通常存在于企业内部，IT部门、安全部门和产品开发部门在安全责任纠纷上耗费了大量的资源和预算。安全技术应该是每个企业治理中的第一要务，可通过设置安全委员会来进行统筹管理。

14.2.9　人才转型

人才转型概括来说，首先，需要调整人力资源管理的角色和定位；其次，界定数字化岗位，明确数字化岗位能力要求；最后，通过内部培养和外部招募两种方式，扩大数字化人才团队。

1. 调整人力资源管理的角色和定位

数智化时代，人力资源管理的重点是为企业价值的创造与获取，需要运用大量的数字化工具实现对组织中价值链的洞悉，以及链条中关键岗位人才的实时洞悉盘点和调遣等，致力于将人才和价值紧密联系，推动企业的规模化发展。这个时代的首席人力资源官必须从业务合作伙伴转变为与CEO、CFO共同合作的"黄金三角"，需要具备组织塑造、领导层变革、调动和整合资源等方面的能力，人力资源也将从单一部门的职能转变为渗透到企业数字化转型各个方面的跨领域职能，成为数字化能力中心。

2. 界定数字化岗位，明确数字化岗位能力要求

如表14-2所示，提炼数字化战略所需的关键能力，输出数字化关键岗位，构建数字化岗位的核心能力，形成各类数字化人才岗位体系。

表 14-2 数字化岗位

数字化能力	数字化岗位
数字化客户体验	◆ 用户客户体验设计 ◆ 数字化创新与新产品 ◆ 数字前端开发 ◆ 网站开发 ◆ 全渠道数字化技术嵌入
数字化传播与营销	◆ 社交媒体营销 ◆ 流量获取 ◆ 展示与视频营销
数字化内容	◆ 数字内容营销 ◆ 网站与应用软文
基础设施管理	◆ 云基础设施 ◆ 大数据平台与工具 ◆ 原有基础设施维护与转型 ◆ 面向服务的体系结构（SOA）开发 ◆ 云运营 ◆ 企业架构
大数据与高级分析	◆ 数据科学 ◆ 网站分析 ◆ 数据质量与维护 ◆ 商业情报 ◆ 数据架构
敏捷创新	◆ 敏捷管理技能 ◆ 产品管理技能 ◆ 敏捷工程 ◆ 敏捷辅导
安全与风险	◆ IT 风险 ◆ 技术安全 ◆ 新兴威胁

在明确数字化岗位之后，结合流程及组织架构，明确各部门所需的数字化岗位，以电信运营商为例，数字化关键岗位及能力加强方向如图 14-7 所示。

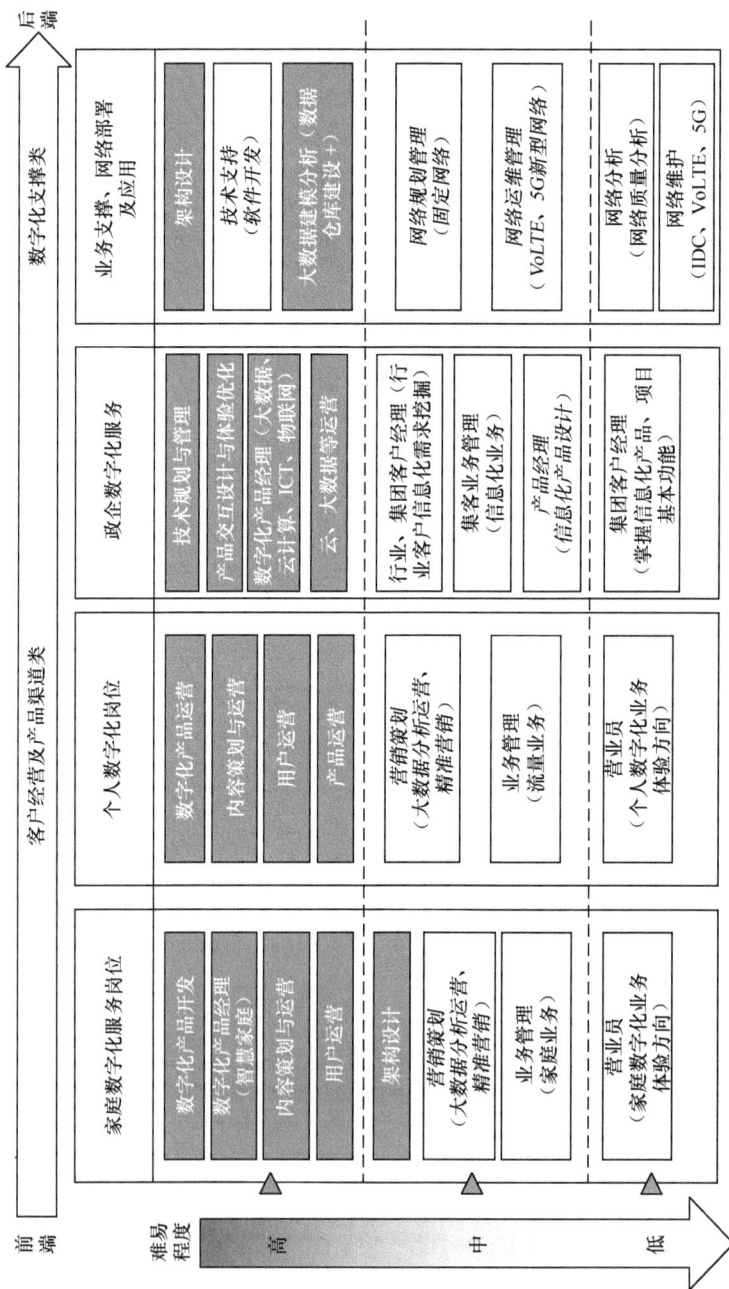

图 14-7 电信运营商数字化关键岗位及能力加强方向

注：白字为新增数字化岗位，斜体字为该岗位重点需要加强的数字化能力方向。

3. 扩大数字化人才团队

迅速扩大数字化人才团队是人力资源部门的重点任务。一般来说，有内部培养和外部招募两种形式，而外部招募方式有：①从母公司或其他子公司借调核心业务的一流人才；②通过收购初创型数字化企业，吸收其中的优秀人才；③通过外部招聘的渠道招募人才。总的来说，外部招募中的前两种方式效果最好。这些方式的共同标准是，需要该类人才既要有一定的数字化经验，也要对业务和行业有一定的了解，同时具有归零出发的学习能力与现有团队磨合。对于新成立的数字化业务部门来说，兼具数字化和业务能力的人才，是重点关注的对象。

参考文献

[1] 中国社会科学院经济研究所所长，研究员黄群慧，助理研究员张弛. 新发展阶段国有企业的核心使命与重大任务 [R/OL]：[2021-03-11].

[2] 国资委. 关于加快推进国有企业数字化转型工作的通知 [R/OL]：[2020-09-21].

[3] 新华网. IMF下调2022年全球经济增长预期至4.4%[R/OL]：[2022-01-26].

[4] 韩文秀. 中共中央新闻发布会 [R/OL]：[2020-10-30].

[5] 国家统计局. 中华人民共和国历年国民经济和社会发展统计公报 [R/OL]：[2021-02-28].

[6] 中国信息通信研究院. 中国数字经济规模预测 [R/OL]：[2021-12-26].

[7] 肖立晟，叶慧超. 疫情常态化对各行业的影响. 中国财经观察网 [R/OL]：[2021-02-04].

[8] MBA智库. 社交经济 [R/OL]：[2021-02-04].

[9] 国家统计局. 人口年龄结构年度数据 [R/OL]：[2021-12-31].

[10] 国家统计局. 人口总量保持增长，城镇化水平稳步提升 [R/OL]：[2022-01-18].

[11] 中国发展基金会. 中国发展报告2020：中国人口老龄化的发展趋势和政策 [R/OL]：[2020-06-11].

[12] QuestMobile.2020银发经济洞察报告 [R/OL]：[2020-07-13].

[13] 国资委彭华岗. 构建新发展格局国有企业要在六方面做出新作为 [R/OL]：[2020-11-26].

[14] 北京师范大学新闻传播学院喻国明学术工作室. 新青年新消费观察研究报告 [R/OL]：[2020-06].

[15] 贝恩. 凯度消费者指数. 2020年中国购物者报告 [R/OL]：[2020-12-07].

[16] QuestMobile. 2020"Z世代"洞察报告 [R/OL]：[2021-01-12].

[17] QuestMobile. 2020圈层经济洞察报告 [R/OL]：[2020-08-12].

[18] QuestMobile. 2020中国移动互联网春季大报告 [R/OL]：[2020-04-21].

[19] Mary Meeker. 互联网趋势报告 [R/OL]：[2020-04-18].

[20] Mary Meeker. 互联网趋势报告 [R/OL]：[2020-04-18].

[21] 国信证券. 拼多多社交拼团模式及其与传统电商的区别 [R/OL]：[2020-11-04].

[22] 唐庆，阮平南，张昊. 中西方组织环境差异对组织战略管理思想影响研究 [J]. 生产力研究，2020(09):1-9.

[23] 马浩. 战略管理学50年——发展脉络与主导范式 [J]. 外国经济与管理，2017(07): 15-32.

[24] 蓝海林，徐梅鑫，欧洁敏. 战略管理在中国：发展历程及未来趋势 [C]// 第五届中国管理学年会 (MAM2010). 0.

[25] 徐二明，李维光. 中国企业战略管理四十年（1978—2018）：回顾、总结与展望 [J]. 经

济与管理研究，2018, 39（009）: 3-16.

[26] 王凤彬. 中国企业管理组织变革：基本经验与方向 [J]. 经济理论与经济管理，1993，000（006）: 1-8.

[27] 武亚军. 90 年代企业战略管理理论的发展与研究趋势 [J]. 南开管理评论，1999（02）: 3-9.

[28] 徐二明，王智慧. 企业战略管理理论的发展与流派 [J]. 首都经济贸易大学学报，1999(01): 25-29.

[29] 李占祥. 矛盾管理是管理学的理论基础 [J]. 经济理论与经济管理，1997，V（006）: 53-58.

[30] 胡祖光. 管理金论——东方管理学 [M]. 电子工业出版社，1994.

[31] 谷书堂，李维安，高明华. 中国上市公司内部治理的实证分析——中国上市公司内部治理问卷调查报告 [J]. 管理世界，1999（6）.

[32] 周三多，邹统钎. 战略管理思想史 [J]. 复旦大学出版社，2002.

[33] 李怀祖. 管理研究方法论 [M]. 西安交通大学出版社，2000.

[34] 王凤彬，陈高生. 新经济中的虚拟一体化组织 [J]. 经济理论与经济管理，2002, 000（003）: 47-52.

[35] 魏江 陈劲. 中国创新管理前沿. 第 2 辑 [M]. 知识产权出版社，2006.

[36] 皮圣雷，蓝海林. 转型期中国横向整合企业动态竞争与管理模式研究 [M]. 经济科学出版社，2014.

[37] 苏东水. 东方管理学 [M]. 复旦大学出版社，2005.

[38] 席酉民，尚玉钒. 和谐管理理论. 中国人民大学出版社，2002.

[39] Lederer M, Knapp J, Schott P. The digital future has many names—How business process management drives the digital transformation[C]// 2017 6th International Conference on Industrial Technology and Management (ICITM). IEEE, 2017.

[40] Oswald G, Kleinemeier M. Shaping the Digital Enterprise // Digital Supply Chain Management Agenda for the Automotive Supplier Industry[J]. 2017, 10.1007/978-3-319-40967-2(Chapter 8):157-172.

[41] Fugh-Berman A, Brown S R, Trippett R, et al. Closing the door on pharma? A national survey of family medicine residencies regarding industry interactions[J]. Academic Medicine, 2011, 86(5): 649-654.

[42] Kowalkiewicz M, Safrudin N, Schulze B. The business consequences of a digitally transformed economy[M]// Shaping the Digital Enterprise. Springer, Cham, 2017: 29-67.

[43] Agrawal.A, Gans.J and Goldfarb. Prediction Machines: The Simple Economics of Artificial Intelligence[J]. Havard Business Press, 2018.

[44] Digital Innovation Management: Reinventing Innovation Management Research in a Digital World[J]. Nambisan Satish, Lyytinen Kalle, Majchrzak Ann, Song Michael. MIS Quarterly. 2017 (1).

[45] Hinings B, Gegenhuber T, Greenwood R. Digital innovation and transformation: An institutional perspective[J]. Information and Organization, 2018, 28(1):52-61.

[46] What Is Different About Digital Strategy? From Quantitative to Qualitative Change[J]. Ron Adner, Phanish Puranam, Feng Zhu. Strategy Science. 2019 (4).

[47] Vial G. Understanding digital transformation: A review and a research agenda[J]. The Journal of Strategic Information Systems, 2019, 28(2):118-144.

[48] 国务院国有资产监督管理委员会 . 构建高质量发展 "力量大厦" 创建世界一流示范企业 [R/OL] : [2019-11-27].

[49] 欧赛斯 . 欧赛斯思想基石：迈克尔·波特三大基本竞争战略深度解读 [EB/OL].

[50] Abe M, Jeng J J, Li Y. A tool framework for KPI application development[C]//IEEE International Conference on E-Business Engineering（ICEBE'07）. IEEE, 2007: 22-29.

[51] Hao Z, Yu-Ling H E. Comparative Study of OKR and KPI[J]. DEStech Transactions on Economics, Business and Management, 2018(eced).

[52]Huang J. eTOM and ITIL[J]. Business Process Trends, 2005.

[53] 田磊，叶刚跃 .《基于吉尔伯特行为工程模型的营业厅绩效提升》[J]. 电信技术，2018, 9.

[54] 李鑫，冯怡，江奎，陈曦 .《基于数字化成熟度评估视角的运营商数字化转型建议》[J]. 通信企业管理；2021 年第 7 期

[55] 谢康，吴瑶，肖静华，等 . 组织变革中的战略风险控制——基于企业互联网转型的多案例研究［J］. 管理世界，2016（2）：133 - 148.

[56] BARNIR A, GALLAUGHER J M，AUGER P. Business process digitization, strategy, and the impact of firm ageand size: the case of the magazine publishing industry[J]. Journal of Business Venturing, 2003, 18(6): 789 - 814.

[57] HAGIU A, WRIGHT J. When data creates competitive advantage[J]. Harvard Business Review, 2020(1/2): 94 - 101.

[58] Westerman G, D Bonnet, Mcafee A. Leading Digital: Turning Technology into Business Transformation[J]. 2014.

[59] 韦玮，张恩铭，徐卫华 . 数字化魔方 : 数字化转型的创新思维模式 [M]. 机械工业出版社，2020.

[60] 王昶 . 战略推演：获取竞争优势的思维与方法 [M]. 机械工业出版社，2019.

[61] 吕守升 . 战略解码：跨越战略与执行的鸿沟 [M]. 机械工业出版社，2021.

[62] 王钺 . 战略三环：规划、解码、执行 [M]. 机械工业出版社，2020.

[63] Treacy M, Wiersema F. The Discipline of Market Leaders-Choose your customers. narrow your focus dominate your market, 1995.

[64] 杰弗里·摩尔 . 公司进化论 [M]. 机械工业出版社，2014.

后　记

写这本书的念头由来已久，但决定动笔的时间大约是在 2020 年的冬天。21 世纪的第三个 10 年，全球政治、经济、社会乃至自然环境都在发生剧变，身旁的一切都仿佛在"敏捷迭代"，都在寻求着"数字化转型"。在这个百年未有之大变局中，热爱战略管理专业、热爱管理咨询事业、热爱中国 ICT 行业的普通个体，能为这个国家、行业做点什么，带来什么、留下什么？大概只有写一本书了吧，把这么多年来的所思、所想、所学、所悟，所有记在心里的，都落在纸上。这是 20 年战略咨询生涯的总结，是伴随对中国企业成长 20 年的研究感悟，也是对数智时代企业转型道路的一点建议与思考。

下定决心后不到一天，这个小团队就成立了。工作时我们是战友，是热爱咨询行业的小伙伴；写书时我们是"笔友"，是立志想为这个世界留下来点什么的写书匠。几个月来，每周一次的讨论与分享雷打不动、"嗒嗒"的键盘敲击声每晚不绝于耳。一个长假下来，家人记忆最深刻的不一定是沙滩或萌娃，可能是在飞机上、高铁上、出租车上甚至咖啡厅餐桌上码字的我们。或许全书定稿的时候每人都长舒了一口气，但我相信，这一年多来每一个写作的瞬间，都值得。

任何一家公司的战略选择与发展，都拥有着无限可能。结合团队每位成员的咨询实践，以及我们多年的工作和思考、经验和回顾，我们对数智时代国有企业战略转型的外部环境、理论依据、方法工具做了系统梳理，从理论、方法、工具、策略 4 个方面打开数智化时代国有企业战略转型的全新视角，希望对每一位阅读此书的读者都有所裨益。

最后，本书能够顺利完成，除了写作团队的辛劳付出，也离不开一群可爱的人们的帮助。请允许我向他们致以由衷的谢意：

感谢德国电信咨询公司（中国区注册名：青岛德泰通有限责任公司）给

了我们职业成长的机会，作者团队在德电咨询的职业历练中收获了宝贵经验和见识。

感谢人民邮电出版社编辑们在本书选题、写作、审校过程中提出的宝贵建议、提供的支持与帮助，是你们的不断鼓励使我们更加坚定了写作的信心和勇气。

感谢笔者的家人们，没有你们的支持，这本书的写作也不会如此顺利。

希望本书能够为中国企业的数智化转型发展贡献一点绵薄之力，祝愿祖国更加强大，祝愿中国企业基业长青。

笔者

2022 年 5 月 5 日